JN331163

清末中国の西洋体験と文明観

手代木有児 著

汲古書院

清末中国の西洋体験と文明観

目次

清末中国の西洋体験と文明観

序　論

伝統中国における知識人は、中国文明を道徳的、政治的、文化的秩序により、社会の安定と調和を実現したものと捉え、それを唯一の普遍的な文明と考えていた。そうした伝統的文明観は、清末の洋務運動期（一八六〇年代―九〇年代半ば）における西洋人宣教師（以下、宣教師）経由の西洋情報の受容や、常駐外交使節の西洋観察など広義の西洋体験を通じて、中国文明とは異質な西洋文明の存在を認める新たな文明観へと転換を遂げていった。本書は、この文明観の転換過程を解明することを目的としている(1)。

伝統中国において、士大夫と呼ばれた知識人によって共有された伝統的世界像は、およそ次のような秩序観にもとづくものだった。すなわち、世界は天子（中国皇帝）を頂点とする階層的で不平等な秩序を形成していると考えられていた。そこでは、全ての民は道徳的な萌芽を有し、天子の最大の任務は、自らの徳をもって民衆を教化し社会を秩序化することにあった。中国国内では、儒教経典に精通した知識人出身の官僚が天子を補佐し、道徳と文化において劣る庶民に正しい生き方を教える、というのが統治の建前であった。国内におけるこの知識人と庶民の区別は、国際秩序における所謂華夷の区別に対応していた。すなわち、世界は天子の教化の及ぶ華と及ばない夷に序列付けられていた。華夷の区別の最大の指標は「礼」の有無だったが、両者の境界は固定的、絶対的なものでなく、夷狄の国王が天子に朝貢して臣下の礼をとることが期待された。そして、こうした秩序観を成り立たせていたのは、前述のような中国文明を唯一普遍の文明と確信する伝統的文明観であった。世界は華と夷から構成されるとするこうした秩序観と、その根底をなす中国文明を唯一普遍の文明とみなす文明観からなる伝統的世界像は、ほぼ戦国時代から前漢時代までには成立したとされる。以来こうした伝統的世界像は何度かの変動をへつつも、清末のアヘン戦争（一八四〇―四二）前において依然として知識人の共通認識でありつづけていた。(2)

こうした世界像が転換を遂げるのは、アヘン戦争にはじまる西洋文明との衝突の過程においてであった。曾国藩、李鴻章の幕僚として洋務運動に深くかかわった薛福成は、その著作『籌洋芻議』（一八七九）において、清末中国が直面する変動を「華夷隔絶の天下」、すなわち中国文明が及ぶ華と及ばない夷からなる世界から、「中外聯属の天下」、すなわち中国と西洋諸国が密接に関連しあう世界への転換であると指摘するとともに、それを「始皇帝の世」における「封建の天下」から「郡県の天下」への転換以来の大変動と捉えている。(3) 洋務運動のイデオローグであった薛福成において、当時の変動は実に中国史上「始皇帝の世」以来のものとして認識されていたのであった。こうした変動の中で、アヘン戦争は確かに清末における世界像の転換への出発点だった。だが、アヘン戦争が直ちに世界像の転換をもたらしたわけではなかった。アヘン戦争後においても、知識人にとって西洋人は依然として文明の欠如態たる夷狄であり、貪欲で野蛮な人々として認識されていた。中国の知識人たちが、そうした伝統的世界像からの転換を遂げるまでには、アヘン戦争後半世紀以上に及ぶ過程が必要だった。とりわけ、儒教観念としての性格が強かった伝統的文明観は、現実の国際秩序を比較的反映しやすかった秩序観が、洋務運動期における西洋情報の増大により西洋中心の秩序観に転じても、それと同時に転換を遂げたわけではなかった。

伝統的文明観からの転換が進み、広範な中国の知識人が、中国文明とは別に、それとは異質な西洋文明が存在することを認識するようになるのは、日清戦争（一八九四―九五）での敗北後のことである。二十世紀初頭の知識人たちは両文明の差を中国の遅れとして認識し、中国文明批判が展開された。(4) 従来、日清戦争後のそうした認識を代表するものとしてよく知られるのは、『天演論』（一八九八）によって社会進化論を本格的に紹介した厳復（一八五四―一九二一）が、日清戦争での敗北の原因を論じた「論世変之亟」（一八九五）で示した次のような中西文明論である。厳復は西洋の自由と中国の不自由の差から、次のような中西の相違が生ずると指摘する。

中国では最も三綱を重んじるが、西洋人は平等を強調する。中国では親族関係を大事にするが、西洋人は賢人を重んじる。天下を治めるのに中国では孝に依拠するが、西洋人は公に依拠する。中国では君主を尊ぶが、西洋人は人民を重んじる。中国では道を一つにして風俗を同じにすることを貴ぶが、西洋人は党派や地域の独自性を好む。中国では批判を憚るが、西洋人は批判が多い。経済面では中国では節約を重んじるが、西洋人は開発を重視する。中国では純朴を好むが、西洋人は快楽を求める。他人との交際では中国では謙譲をよしとするが、西洋人は率直な態度に努める。中国では煩瑣な虚礼を尊ぶが、西洋人は簡易であることを好む。学問においては、中国では知識が多いことを誇るが、西洋人は新発見を尊ぶ。災害においては、中国では天命に委ねるが、西洋人は人力で乗り越えようとする。(5)

従来の研究、特に清末思想史を洋務――変法――革命の段階論で捉える傾向が強い中国の研究においては、こうした厳復の中西文明論は、洋務運動を伝統的文明観にもとづく中体西用論に依拠するものと批判した、日清戦争後における知識人の言説の象徴と見なされることが多く、その形成過程への関心は希薄だった。(6)日清戦争前における厳復に関する史料の大半はすでに失われており、今日その中西文明論の形成過程を考察することは困難である。しかし、深い伝統的教養をもち『天演論』を高雅な古文に訳した厳復は、決してはじめから伝統的文明観と無縁だったわけではない。厳復の中西文明論にみられる中西両文明の異質性への包括的な認識は、日清戦争での敗北によってにわかに得られたものではなく、福州船政学堂在学期（一八六七—七一）の西学受容や、英国留学期（一八七七—七九）の西洋観察を含む、長期にわたる両文明への考察をへてはじめて形成されたものであろう(7)。本書では、厳復の前世代と同世代の知識人たちを考察の対象として、伝統的文明観が日清戦争後に広まるこうした新たな文明観へと転換していく過程を明らかにしたい。

中国近代思想史研究において、洋務運動期以降における新たな文明観の形成過程の解明に一貫して取り組み、研究の新たな地平を切り開いたのは、佐藤慎一である。佐藤は、王韜、鄭観応、康有為、梁啓超らの思想の新たな関連づけを通して、中国文明を唯一普遍とする文明観にもとづく伝統的世界像の枠組みに代わって、政治的立場のいかんによらず誰もが認めるべき新たな世界像が提出されたことを明らかにし、日清戦争後の梁啓超にその完成を見出した(8)。清末中国の激動の核心を文明観の転換と捉え、洋務運動期から日清戦争後、さらには五四新文化運動期にいたるその全体像の把握を試みた、従来にない新たなアプローチによる佐藤の研究が、中国近代思想史研究にもたらした影響はきわめて大きく、今もなお研究者を強く刺激し続けている。筆者が清末の文明観の問題に関心を持ったのも、佐藤の影響によるところが大きい。

ところで、日清戦争以前における知識人の世界認識を深化させる上で、決定的な契機となったのは、次の二つの出来事であった。第一は、一八六〇年代以降、宣教師による出版・教育活動の活発化と洋務運動の開始により、西洋情報が急速に増加したこと。第二は、一八七〇年代以降の欧米諸国と日本による植民地獲得競争と、それに伴う伝統的中華世界の急速な崩壊を背景に、一八七〇年代後半から常駐外交使節派遣が開始されたことである。清末における文明観の転換過程を解明しようとする時、それらが知識人の世界認識にいかなる影響を与えたかについての検討は不可欠である。しかしながら、従来中国の学界においては、前述の洋務——変法——革命の段階論にもとづく洋務運動への否定的評価が支配的であり、文化大革命後の洋務運動への一定の再評価により、一九八〇年代にはいり洋務運動関連史料の整理・出版が開始されたものの、佐藤の初期の主要な論文が発表された一九七〇年代後半から八〇年代前半にかけては、文明観の転換過程を解明する上で、なお少なからぬ史料的制約が存在していた。佐藤の研究が、常駐外交使節に注目しながら、彼らの文明観に関しては薛福成を除いて本格的な考察を行なっておらず、洋務運動期については王韜、鄭観応ら例外的な経歴を持つ知識人を主な対象としたのは、そうした状況とも無関係ではないであろう。だが一九八〇年代半ば以降、常駐外交使節関係者等の出使日記を多数収録した鍾叔河主編『走向世界叢書』（岳麓書社、一九八四―八六）をはじめ、洋務運動期の文明観を考察するための重要史料の整理・出版が相次いだ。また、それらに依拠した洋務運動期における知識人の世界認識に関する研究や、宣教師の出版・教育活動に関する研究が進み、九〇年代に入るとまとまった成果が続々と公刊された。こうした中で、文明観の転換過程を研究する条件は大きく広がり、わが国でも関連分野において研究の進展が見られる(9)。

本書は、こうした一九八〇年代以降の史料の整備と研究の進展、及び筆者が上海図書館で独自に収集した関連史料に依拠しつつ、洋務運動期の知識人における文明観の転換過程を、宣教師経由の西洋情報の受容及び常駐外交使節の西洋観察に注目することによって、解明しようとするものである。そのために本書においては、特に次の二つの点に留意した。

第一に、洋務運動期における世界認識の変動が、知識人の多様化と深く関わっていたことをふまえ、そうした状況を反映できるよう考察対象を選択することである。一八六〇年代以降、宣教師経由の西洋情報が急増すると同時に洋務運動が開始され、同文館、広方言館などで外国語や西学の知識をもつ人材の養成が始まったことにより、清末中国では急速に知識人の多様化が進行した。とりわけ洋務運動の担い手には、概ねアヘン戦争以前に生まれ洋務運動期以前に思想形成を遂げた世代（以下、夷務世代）だけでなく、アヘン戦争前後以降に生まれ、洋務運動期の西洋情報の流入の中で思想を形成した世代（以下、洋務世代、一八四〇年前後から六〇年代までに生まれた世代）が加わるようになっていった。このうち夷務世代は、もっぱら科挙経由で官途に就くことを目指した伝統型知識人であったが、洋務世代には伝統型知識人から洋務人材の養成機関で学んだ新型知識人までが含まれていた。初期の常駐外交使節についてみれば、出使大臣や副使などを担ったのは、概ね夷務世代に属する知識人であった。だが、使節を支えた若手の随員の多くは洋務世代であり、そこには西洋情報にも通じた伝統型知識人及び洋務人材養成機関で学んだ新型知識人がともに含まれ、後者の比率が次第に高まっていった。本書が問題にする文明観の転換は、こうした知識人の多様化という新たな状況の中で徐々に進行していったのである。本書では、そうした状況を反映すべく、常駐外交使節の経験者の中から、夷務世代の伝統型知識人である劉錫鴻、郭嵩燾、洋務世代の伝統型知識人である薛福成、そして洋務世代の新型知識人である張徳彝、鍾天緯という、五人の知識人を取り上げる。このような考察対象の選択によって、文明観の転換を、夷務世代から洋務世代へ、伝統型から新型へという知識人の多様化の中で捉えたい。

第二に、この五人の知識人の文明観を考察するにあたって、可能な限り秩序観と文明観からなる彼らの世界像全体の中で考察することである。前述のように伝統的世界像においては、中国文明を唯一普遍の文明とみなす伝統的文明観と、この文明観にもとづき中国を頂点として周辺を序列化する華夷的秩序観とが、一体化していた。しかしこうした文明観と秩序観の関係は、宣教師経由の西洋情報の受容や常駐外交使節による西洋観察を通じて、知識人の世界認識が深化を遂げる中で、もはや知識人に共通のものではなくなり、その関係は流動化、多様化していく。あらかじめその概略を述べれば、それはほぼ次のようなものだった。知識人たちは世界認識が深まるにつれて、西洋中心の秩序観を受け入れることを迫られた。そして、もし西洋中心の秩序観を受け入れれば、従来の中国中心の秩序観が伝統的文明観に立脚していた以上、西洋中心の秩序観が伝統的文明観と矛盾しないことを、説明しなければならなかった。しかし、西洋中心の秩序観と伝統的文明観の矛盾は明らかであった。そうした中で、伝統的文明観に縛られることのなかった洋務世代、とりわけ新型知識人たちは、西洋中心の秩序観に対応する新たな文明観を形成していったのである。このように清末の世界像転換において、秩序観の転換は文明観の転換に直結したわけではなかったが、文明観の転換を先導する位置を占めていた。従って、文明観の転換過程の解明は、秩序観の変動を視野に入れてこそ、その全体像に迫ることが可能となるであろう。

最後に、本書の構成について述べておく。以下、本書は三つの章から構成されている。第一章「アヘン戦争以降の世界像と洋務運動期の西洋体験」では、まずアヘン戦争以降、一八六〇年代半ばまでの知識人の世界像（特に秩序観）を概観する。その上で、それ以降における伝統的世界像からの転換に決定的な影響を与えた、洋務運動期における宣教師経由の西洋情報の急増と常駐外交使節の派遣に注目し、その概要を明らかにする。

第二章「夷務世代知識人における西洋体験と世界像の変動」では、一八七六年に中国初の常駐外交使節として英国に派遣された二人の夷務世代の伝統型知識人、劉錫鴻（生卒年未詳）と郭嵩燾（一八一八―九一、初代出使英国大臣）を取り上げる。劉錫鴻は、一八四八年（道光二十八）の挙人。一八五〇年代、広西、広東で農民起義の鎮圧で功績を上げた。郭嵩燾は、李鴻章と同じ一八四七年（道光二十七）の進士。アヘン戦争時、浙江で海防に当たり、一八六〇年代広東巡撫の時に劉錫鴻を幕下に招いている。もっとも出使前すでに二人の立場には対立があり、劉錫鴻が伝統的価値観にもとづき人材育成や節財を説いたのに対し、郭嵩燾は西洋の機器・技術や重商政策の導入を説いていた。この章では、それぞれの出使以前の世界像を明らかにした上で、出使期の西洋観察によってそれらがいかに変化したのか明らかにする。

第三章「洋務世代知識人における西洋体験と新たな文明観の形成」では、洋務世代の三人の知識人薛福成（一八三八―九四）、張徳彝（一八四七―一九一九）、鍾天緯（一八四〇―一九〇〇）を取り上げる。薛福成は、経歴的には伝統型知識人ながら、曾国藩、李鴻章の幕僚として西洋情報を積極的に受容しつつ洋務運動を推進し、一八九〇年から九四年まで出使英法義比大臣として出使した。一方、張徳彝は北京の同文館で、鍾天緯は上海の広方言館で、ともに英語を学んだ新型知識人であった。張徳彝は、一八七六年、出使英国大臣郭嵩燾に随行したのを含め八度の出使を経験するなど生涯外交畑を歩み、鍾天緯は、一八八〇年、出使徳国大臣李鳳苞の随員としてドイツに赴き、八一年に帰国した後は西学書の翻訳や民衆教育に尽力した。この章では、彼らが出使前の西洋情報の受容と出使期の西洋観察による世界認識の深化を通じて、中西両文明の根底にある異質な価値観を認識し、新たな文明観を明確なものにしていった様相を明らかにする。なお、本書で使用した『刖足集』、『格致書院課芸』など鍾天緯関係の一次資料は、すべて筆者が上海図書館で収集したものである。

結論では、まず上記の三つの章の要旨を述べる。その上で、日清戦争前において洋務世代の新型知識人ら先進的知識人が新たな文明観を形成する上で、宣教師の言説がいかなる作用をもったかについて、改めて考察を加える。あわせて、格致書院における季課・特課（一八八六―九四）の答案を検討し、日清戦争後に新たな文明観が広がる背景には、洋務世代の新型知識人ら先進的知識人における新たな文明観の形成だけでなく、周辺の一般知識人における中西両文明の異質性への関心の広がりがあったことを指摘する。

なお、補論「張徳彝の総理衙門・在外公館改革論と国際認識」では、張徳彝の総理衙門・在外公館改革論を紹介するとともに、その背後にあった国際認識と主権国家化への志向について明らかにする。文明観を扱った論文ではないが、第三章で論じた張徳彝における新たな文明観の形成が、いかなる実践を生み出したかを理解する上で参考になろう。

第一章　アヘン戦争以降の世界像と洋務運動期の西洋体験

はじめに

前述のように、世界は華と夷から構成されるとする秩序観と、中国文明を唯一普遍とみる文明観からなる伝統的世界像は、アヘン戦争での中国の敗北によって直ちに動揺をきたしたわけではなかった。なぜなら、周辺異民族の武力侵入にもかかわらず、華夷観念が崩壊することがなかったことに示されるように、天子の教化の及ぶ程度によって世界を序列化する華夷的秩序観は、武力による支配関係とは全く別個に存在しえたからにほかならない[1]。清末知識人にとって伝統的世界像からの転換が、どれほど困難なことであったのかを理解するためにも、はじめにアヘン戦争から一八六〇年代半ばまでの清朝中枢と代表的な知識人の世界像について、一瞥しておきたい。

一、アヘン戦争以降の世界像

（1）アヘン戦争期の秩序観

アヘン戦争当時、清朝の対外政策[2]の建前は、例えば、道光帝の上諭に見える次のような文章に端的に示されている。

天朝が各国を撫馭（いつくしみ統率する、手代木注）するには一視同仁にする。およそ定制に現に定められているものは、これまで删減したことはない。定制に本来ないものを増加することはできない[3]。

また次のようにいう。

総じて遠人を懐柔しながらも天朝の定制を示し、争いのもとを生むことがないようにさせることが肝要である。(4)このようにアヘン戦争当時においては、「天朝の定制」の維持、すなわち前述の伝統的世界像における天子中心の華夷秩序を前提とする諸制度の維持こそが、依然として対外政策における基本であり、夷狄たる西洋諸国はあくまで「撫馭」「懐柔」の対象であった。

こうした建前は、アヘン戦争後の西洋諸国との諸交渉においても貫かれた。例えば、一八四二年（道光二十二）の南京条約締結の際、交渉に当たった欽差大臣耆英らは、

戦争をやめて通商することにできれば、それから徐々に（外国人を）束縛し操縦する途を考えることが出来る。

として、講和条約を結ぶことを唱え、(5)道光帝もまた、

止むを得ず下策にしたがいながらも、禍を未然に防ぐ方法をつとめて求めなければならない。(6)

と述べている。このように中国側の講和条約締結の動機は、あくまでいまだ天子の教化の及ばぬ野蛮な夷狄を束縛、操縦することにあった。

一方、アヘン戦争後、中国に流入する西洋情報の量には少なからぬ変化が起きていた。従来の西洋情報は、正史、歴代地理書、明末清初の宣教師の著作などに限られていた。だが、この時期になると外国との通商、宣教師による中国語書籍の出版、さらには林則徐の翻訳事業等により、情報はかつてなく増大する。(7)しかしながら、こうした変化も直ちに秩序観の枠組に明確な変動をもたらすことはなかった。例えば、徐継畬（一七九五―一八七三）の『瀛環志略』

（一八四八）とともに当時の地理書の双璧として知られる『海国図志』（一八四四）の序文で、著者魏源（一七九四―一八五七）は伝統的華夷秩序を前提としつつ、この書の目的を「夷を以て夷を攻め」（以夷攻夷）、「夷の長技を師として以て夷を制する」（師長技以制夷）ため[8]、すなわち、西洋諸国の置かれた状況を知りぬき、野蛮な西洋人の優れた技術・武器を積極的に導入し、彼らを制御するためだと述べている。

また、アヘン戦争期に両広総督、広東巡撫の幕僚として活躍した梁廷枏（一七九六―一八六一）は、アメリカ合衆国の民主制を肯定的に紹介したその著作『海国四説』（一八四六）の自序で、天子の教化が外国に及んで朝貢が盛んになり、西洋人は二百年来深く天子の恩恵に浴してきた、と指摘した上で次のように述べている。

そもそも西洋諸国の風気は、ただ利を貪るのみであり、君民は常に資金を集め、わずかな金銭を計りくらべ、数万里を歩き回り、多くの年月をかけても、その道程の険しく遠いことを恐れない。（中略）だから古来夷狄をあやつるには、もっぱら羈縻（手なずけ、つなぎ止める。手代木注）に努め、欲望を満たしてやり、誠意を示して交際し、恨みをかって争いを引き起こさぬようにするのである。これこそ夷狄を懐柔する永遠の善術である[9]。

西洋人は「ただ利を貪るのみ」の夷狄であり、恩恵を与え欲望を満たしてやれば手なずけられる、という梁廷枏のこの議論は、伝統的世界像における秩序観を前提とし、それを維持するための方策を「羈縻」に求める点で、清朝の対外政策と変わらぬものであった。このようにアヘン戦争後に西洋情報を受容した知識人たちも、依然として伝統的な華夷的秩序観に依拠していたのである。

南京条約締結後、清朝は米国をはじめとする列国に、英国と同様の最恵国待遇を付与することになるが、この際の論理も、最恵国待遇を与えぬことによって、新制度を英国以外の諸国に及ぼさず旧制度を維持することは、争端を生む原因となるのであり、「天朝の定制」を維持するには、むしろ諸国に対して「一視同仁」に対応したほうがよい、というものであった[10]。また、こうした対外政策の枠組は、一八五四年（咸豊四）の英、米、仏三国との条約改正交渉においても基本的に変化はなかった。このように清朝は条約締結後も、対等な主権国家の併存を前提とする近代国際法秩序を受け入れず、中国と西洋諸国を華夷の関係で捉え、西洋諸国に対しても中国と朝貢国との階層的で不平等な華夷秩序を擬制しつづけたのだった。

（2）　総理衙門の秩序観

第二次アヘン戦争（一八五六—六〇）の結果、一八五八年（咸豊八）に天津条約、六〇年（咸豊十）には北京条約が締結され、中国の開国は制度的に完了する。そして一八六一年（咸豊十一）には、近代国家の外務省にあたる総理各国事務衙門（以下、総理衙門）が北京に設立され、中国でも近代外交のルールにもとづく外交が一応開始される。もっとも、こうしたいわゆる洋務の開始は、決して伝統的秩序観にもとづく清朝の対外政策の転換を意味するものではなかった。総理衙門の設立を求めた一八六一年（咸豊十一）一月の恭親王奕訢らの上奏文は、次のような内容のものであった。すなわちアヘン戦争以来、一八六〇年（咸豊十）の連合国軍の北京侵入にいたる「夷禍」が極まる中で、今日の夷狄への対応は「信義を以て籠絡しその性を馴服し」、間に合わせの処理によって目前の急を救うほかはなく、

（夷狄は）条約によって侵入させず、外に信睦を厚くし隠に羈縻を示せば、暫らくはたとえ時たま要求があっても、なおにわかには大害を及ぼすことはないだろう。

とされた[11]。すなわち、この場合も伝統的華夷秩序の枠組みを前提として、夷狄たる西洋諸国を「羈縻」の対象とみな

す点で、従来の対外政策からの変化は見出せない。

同様のことは、総理衙門が米国人宣教師マーチン（William Alexander Parsons Martin 丁韙良）の翻訳『万国公法』の刊行を援助した際の論理にもうかがえる。一八六四年（同治三）、国際法を体系的に紹介したホイートン（Henry Wheaton 惠頓）の著作 *Elements of International Law* を、翻訳・刊行しようというマーチンの計画を、米国公使バーリンゲーム（Anson Burlingame 蒲安臣）を介して知らされた恭親王らは、マーチンの求めに応じて資金を援助することを上奏している。しかし、その際の恭親王らの意図は、中国自身が拘束される規範として国際法の普遍性を認めるのではなく、外国人が中国文を学び中国を研究し、中国の律令を根拠に自らの行動を合理化するのに対抗して、「外国の事例を借りて、それによって外国人の説を論破しようとする」ものであった。従って恭親王らはマーチンに、

中国には独自のやり方があるのであり、外国の法律書を適用することは出来ない。

と告げて、この書を中国に行なうよう要求することを認めなかった。また恭親王らによれば、マーチンもまた、

大清律例はすでに外国で翻訳されているが、中国は決して外国にそれに従うよう強制してはいない。どうして外国の書に中国が従うよう強制しようか。

と明言したとされる[12]。このように『万国公法』の刊行への援助も、決して伝統的秩序観に変化が生じたことを意味するものではなかった。

二、洋務運動期における西洋情報の急増と常駐外交使節の派遣

こうした中、清末知識人が伝統的世界像からの転換を遂げる上で、決定的な影響を与えたのは、第一に、洋務運動期における宣教師の出版・教育活動の活発化とそれに伴う西洋情報の急増であり、第二に、一八七六年以降開始された常駐外交使節の派遣であった。ここでは、本書で五人の知識人における広義の西洋体験を検討するための準備作業として、あらかじめそれらの概要を示しておきたい。

（1）洋務運動期における西洋情報の急増

はじめに洋務運動期を中心に、宣教師の出版・教育活動の活発化とそれ伴う西洋情報の増大について概観する。[13] アヘン戦争後の南京条約締結の結果、プロテスタントを主とする宣教師は、活動拠点を南洋から香港、広州、廈門、福州、寧波、上海に移す。これに伴いこれらの開港場では、キリスト教の布教や学校・病院の開設がはじまり、咸豊年間（一八五一―六一）には上海、香港、寧波を中心に、西洋情報が盛んに発信されるようになる。当時の主な西学書出版機構には、メダースト（Walter Henry Medhurst 麦都思）が上海に設立した墨海書館（一八四三）、米国長老会が寧波に設立した華花聖経書房（一八四五）があった。この時期にはこれらによって、宣教師による宗教や自然科学関係の著作・翻訳の出版が活発化し、林則徐、梁廷枏、魏源、徐継畬、李善蘭らは、それらを通じて積極的に西洋情報の受容に努めた。こうした中で刊行された魏源『海国図志』（一八四四）や徐継畬『瀛環志略』（一八四八）などは、清末知識人が西洋について知る上での貴重な情報源となったのみならず、その影響力は幕末維新の日本にも及んだ。また李

善蘭、王韜、管嗣復、張福僖らのように、西学書の翻訳に携わる知識人も登場する。一八四三年から一八六〇年までに、香港及び五つの開港場で出版された西学関係の書籍は四三四種、うち宗教宣伝冊子等は三二九種（七六％）、その他天文、地理、数学、医学、歴史、経済等の書籍は一〇五種（二四％）であった(14)。

一八六〇年代にはいると、第二次アヘン戦争により結ばれた天津条約（一八五八）及び北京条約（一八六〇）による開港場の増加、長江の開放、西洋人の内地旅行権とキリスト教布教権の認可などの結果、宣教師の活動範囲は中国内地にまで拡大し、西洋情報の流入量も急増する。また、総理衙門や曾国藩、李鴻章ら地方の総督・巡撫層を中心に洋務運動が開始されると、中国側の西洋情報の受容へ向けた主体的な取り組みも活発化する。こうした中で、上海を中心に新式学校や西学書出版機構の設立、各種の新聞・雑誌の発行が盛んとなり、西洋情報の知識人層への浸透はかつてなく加速する。

まず、新式学校としては、上海をはじめ各地に教会学校が設立され、科学技術をはじめとする西学知識のみならず、学校の教育・管理方式等を含む西洋文化を普及する上で、無視できない役割を果たした(15)。また、外国語に優れた人材の養成を目指す官制の学校として、北京に同文館（恭親王らの奏請により一八六二年に開設）、上海に広方言館（李鴻章の奏請により一八六三年に開設）が設立され、外交や翻訳などの分野で活躍した人材を輩出した。このほか上海では、一八七六年、メダースト（Sir Walter Henry Medhurst 麦華陀。麦都思の子）、フライヤー（John Fryer 傅蘭雅）、徐寿、王韜ら中西知識人からなる理事会が運営する格致書院が設立され、西洋情報の普及に大きな役割を果たした(16)。

次に、この時期に設立された主な西学書出版機構としては、教会系統のものに上海の広学会（一八八七年同文書会として設立、九四年に改称）、美華書館（一八六〇年、前身は寧波の華花聖経書房）、益智書会（一八七七）、土山湾印書館（一八六〇年代）、広州の博済医局（一八五九）などがあり、また政府系統のものには上海の江南製造局翻訳館（一八六八）、北京の同文館（一八六二）、天津機器局（一八六七）、天津武備学堂（一八八五）などがあった。これらのうち曾国藩の奏請により江南製造局に開設された江南製造局翻訳館で翻訳・出版された西学書は、質量ともに同文館等を上回り、同館の主な訳員には、フライヤー、アレン（Young John Allen 林楽知）、ワイリー（Alexander Wylie 偉烈亜力）、徐寿、華衡芳、徐建寅、趙元益、鍾天緯らがいた。[17] また、ロンドン会のウィリアムソン（Alexander Williamson 韋廉臣）らプロテスタント宣教師により上海に設立された広学会は、中国の知識人を対象に西学書の翻訳・出版による西洋文明の普及を目指し、当時まだ知識人にほとんどみられなかった中国文明への批判的検討をも重視した。[18] こうした西学書出版機構等での翻訳作業は、西洋人だけで行うことは不可能で、多くの場合外国語に精通した知識人との共同作業によって行われ、そのことが知識人の西洋文明理解や西洋人による中国文明批判の受容を促進することになった。[19] 一八六〇年から一九〇〇年までの翻訳西学書は合計五五五種、うち哲学社会科学一二三種（二二%）、自然科学一六二種（二九%）、応用科学二二五種（四一%）、その他四五種（八%）で、前半世紀における総量の五倍に上った。

また、雑誌のうち知識人に最も影響力あったのは、『万国公報』と『格致彙編』であった。一八六八年（同治七）、アメリカ人宣教師アレンが上海で創刊した『万国公報』（週刊、初期の名称は『中国教会新報』、『教会新報』、七四年に改称、八三年停刊。八九年広学会の月刊機関紙としてアレンの主編で復刊、一九〇七年廃刊）は、キリスト教教義とともに、中外の時事、西洋の科学技術などの情報を提供したほか、西洋文明との比較により中国文明批判を展開した。また、一八七六年（光緒二）フライヤーによって同じく上海で創刊（月刊）された『格致彙編』は、西洋の科学技術の普及を目的とした専門誌で、鮮明な挿絵入りで自然科学の基礎知識、工芸技術、科学者の伝記等を掲載し、当時の知識人にとって西洋の科学技術の理想的な入門教材だった。これらの雑誌の編集においても、中国の知識人の協力は不可欠であり、『万国公報』では沈毓桂、蔡爾康らが編集者として重要な役割を担い、『格致彙編』には徐寿、華衡芳、徐建寅、舒高第、楊文会、賈歩緯らが協力していた。

一八六〇年代以降、上海を中心に設立された以上のような西洋情報の受容・普及のための諸機構に属した中西知識人は、しばしば複数の機構と関係を持ち、そこに属する翻訳者、編集者、学者、さらには周辺の官僚、外交官、商人など支援者たちと、個人的なつながりを有していた。そして、こうした機構と個人、ないし個人間の緊密な連携は、西洋情報の受容・普及に向けて合作する事実上の共同体を形成していた。個々の機構や個々人の成果は、今日からみて多いとはいえないにせよ、こうした共同体が西洋情報の受容・普及の上で清末知識人に与えた影響は、当時においては巨大なものであった。[20][21]

（2）常駐外交使節の派遣

洋務運動期における宣教師経由の西洋情報の急増によって形成された知識人の世界認識は、常駐外交使節の派遣を通じて、より一層深化されることになる。もっとも、一八六一年に総理衙門が設立されても、清朝は直ちに常駐外交使節派遣を開始したわけではなかった。第二次アヘン戦争により結ばれた一八五八年（咸豊八）の天津条約には、中国からの常駐外交使節の派遣に関する規定も含まれていた。だが総理衙門は、かつて中国が外国に在外公館を置いたことがないこと、費用や適当な人材の確保が困難なこと、常駐外交使節派遣は外国宮廷での謁見儀礼問題を引起すことなどを理由に、西洋諸国への常駐外交使節派遣を先延ばしにしていた。アヘン戦争後も西洋諸国に対して朝貢関係を擬制し続けてきた中国にとって、国家間の対等な外交関係を前提とする常駐外交使節の派遣は、依然として直ちに受け入れられることではなかったのである。[22]しかしこうした状況は、主として中国に滞在していた総税務司ハート（Sir Robert Hart 赫特）、英国外交官ウェード（Sir Thomas Francis Wade 威妥瑪）ら西洋人の働きかけによって、少しずつ動きはじめる。[23]こうした中で清朝は、一八六六年（同治五）三月、斌椿[24]を代表とする西洋諸国への最初の使節（同年十月帰国）を派遣したのを皮切りに、一八六八年（同治七）一月には、アメリカ公使バーリンゲームを欽差大臣とする欧米諸国への使節（翌年十月帰国）を、一八七〇年（同治九）十月には、同年の天津事件を謝罪するために、崇厚を代表とするフランスへの使節（一八七二年三月帰国）を派遣する。そして、これらの使節による西洋観察の報告は、各使節関係者の出使日記の公刊により、[25]広く当時の知識人に提供されることになった。

もっとも、これらの使節はいずれも臨時の使節であり、その西洋観察には質量ともに大きな制約があった。だが、一八七〇年代にはいると、中国をめぐる国際情勢は大きく変化し、それに対応するかたちで常駐外交使節の派遣が開始される。一八六〇年代は、中国の安定を望む欧米諸国の支持と、総理衙門と地方の総督・巡撫層によって進められた洋務運動のもとで、中国の相対的安定がもたらされた時期だった。しかし一八七〇年代以降、欧米諸国及び日本は、中華世界における朝貢関係や版図支配など独自の伝統的秩序原理を排除して、東トルキスタン、ベトナム、ビルマ、琉球、朝鮮などで、植民地や保護国など新たな近代的関係の拡大を図り、[26]その結果、中華世界の統合のバランスは急速に崩れていった。そうした中で、一八七四年に起きた日本による台湾出兵を契機に、日本への対応や西洋諸国との積極的交流の必要に迫られた清朝は、李鴻章らの提起等を受けて、ようやく常駐外交使節の派遣を開始する。一八七六年（光緒二）、清朝が前年の英国公使館書記官マーガリー殺害事件の謝罪を目的として、郭嵩燾を英国に派遣した機会に、郭嵩燾がそのまま初代出使英国大臣（駐英公使）として英国に駐在するという形で、ようやく常駐外交使節の派遣が実現するのである。[27]

ではなぜ、洋務運動期の世界像の転換過程において、常駐外交使節の派遣が決定的な役割を果したといえるのか。筆者がそう考える理由は、さしあたり次の通りである。

第一に、知識人たちが西洋情報の受容により形成した世界認識を、長期の西洋観察によって検証し深化させる機会が、恒常的、制度的に確保されたからである。ちなみに、辛亥革命前までに、清朝が常駐外交使節を派遣したのは十八ヵ国、うち実際に駐在したのはイギリス、アメリカ、日本、ドイツ、ロシア、フランス、朝鮮、オーストリア、イタリア、ベルギー、オランダの十一ヵ国（出使大臣の任命順、その他七カ国は兼任）。一八九八年までに派遣した人数（出使大臣、参賛、領事、随員、通訳等）は四百名以上（うち出使大臣は五十八名）にのぼる。しかも彼らの平均年齢は、出使大臣は四十七・八歳、その他は三十一・二歳と、将来の活躍が期待できる若い世代であった(28)。

第二に、出使から帰国した知識人たちは、新式学校あるいは西学書や各種新聞・雑誌の出版機構等に関わり、また日清戦争後は変法運動に直接関与するなど、彼らが獲得した世界認識や西洋情報の普及に尽力したからである。個々の新式学校や出版機構について見れば、その成果は大きいとはいえなかったにせよ、前述のように、彼らはしばしば複数の新式学校や出版機構で西洋情報の受容・普及に従事しながら、同様の活動に従事する知識人、さらには彼らを支援する官僚、外交官、商人など中西人士との間でネットワークを広げ、それによって清末社会に西洋情報の受容・普及を担う一種の共同体が形成されていった(29)。また彼らの一部は、日清戦争前すでに西洋観察にもとづき議院制導入を含む改革の提言を行っていた。日清戦争後には、大部分の出使経験者が変法に賛同し、各地で変法派の学会や報刊に関与するなど変法運動に直接関与し、戊戌政変後、清朝による新政のもとで立憲運動を担ったのも彼らだった(30)。

第三に、出使を通じて知識人たちが新たに得た世界認識や西洋情報が記された出使日記は、朝廷に提出され関係者に回覧されたばかりでなく、次第に公刊することが恒例化し、より広範な知識人に影響を与えたからである(31)。とりわけ、出使日記を多数収録する王錫祺編『小方壺齋輿地叢鈔』（一八九一）の刊行などにより、出使日記の公刊熱は急速に高まり、日清戦争後に対外的危機感が強まる中で、変法期にはピークに達する(32)。こうした状況は、洋務運動期に常駐外交使節に参加した知識人たちが蓄積した新たな世界認識、世界像が、変法期にいたって広範な知識人によって急速に受容されていったことを示すものといえよう。本書が、清末知識人における世界像の転換過程において、常駐外交使節が果たした役割に特に注目するのは、以上のような具体的な理由にもとづいている。

以上、清末知識人における世界像転換の決定的要因となった洋務運動期における宣教師経由の西洋情報の急増、及び常駐外交使節の派遣について、その概要を述べた。この二つの要因のうち、洋務運動期に急増した西洋情報の受容の程度が、その後知識人たちが常駐外交使節として出使した際の世界認識のあり方に深く関わることになった。洋務運動が開始された時期、すでに地方官僚やその幕僚として活動していた夷務世代の知識人たちもまた、個人差はあれ西洋情報の影響を受けていた。だが、洋務運動期に青年期の思想形成を遂げた洋務世代の知識人たちが受けた影響は、格段に大きかった。そしてその差が、出使期の西洋観察による知識人たちの世界認識のあり方を、強く規定することになったのである。

第二章　夷務世代知識人における西洋体験と世界像の変動

第一節　劉錫鴻の西洋体験と世界像

はじめに

劉錫鴻（生卒年未詳、注（1）参照）は、広東番禺の人、字は雲生。一八四八年（道光二十八）の挙人。一八五二年（咸豊二）から広西右江道だった張敬修の幕僚となり、農民起義の鎮圧にあたった。一八五四年（咸豊四）、桂林で軍務を務めた後、一八五七年（咸豊七）には、張敬修に従って広州に赴き、英国軍に抗戦して広州東砲台を奪回し、その戦功により刑部員外郎に推薦された。一八六〇年（咸豊十）、河南で団練を監督していた都察院左副御史毛昶熙の幕僚となり、一八六三年（同治二）には、当時広東巡撫であった郭嵩燾に招かれ、省団練総局の事務に携わった。一八六五年（同治四）、郭嵩燾の命令により広東各地で盗賊の討伐で功績を挙げたが、一八六六年（同治五）に郭嵩燾が解任されたのに伴い、北京に赴き刑部員外郎の任に復した。また一八七〇年（同治九）、天津教案が起こると、毛昶熙に命じられ天津で事件の取り調べにあたった。一八七四年（同治十三）の日本による台湾出兵を契機に、清朝内部で塞防海防論争が開始されると、西洋の機器・技術や重商政策の導入など洋務の積極的推進を説く郭嵩燾らに対し、機器・技術の導入より人材育成、重商より節財を重視するなど自説を表明した。一八七六年（光緒二）には、出使英国大臣となった郭嵩燾の副使に任じられ、一八七七年（光緒三）一月、ロンドンに着任する。出使中は、西洋を賞賛する郭嵩燾の言動を総理衙門に密告するなど、郭嵩燾との対立を深め、一八七七年十一月、出使徳国大臣に任じられてベルリンに赴くが、翌年には解任され帰国する。一八七九年（光緒五）、ドイツでの見聞をふまえて砲台の建設を熱心に唱え、また一八八一年（光緒七）には、劉銘伝、李鴻章の鉄道開設論に対し「倣造西洋火車無利多害摺」を朝廷に提出し、反鉄道論の中心的論客となるが、数年後に死去した(1)。

一、出使以前の問題意識と世界像

一八七四年（同治十三）の日本の台湾出兵による危機感の高まりの中で、清朝内部では同年から翌年にかけて、中国の自強のあり方をめぐって所謂塞防海防論争が展開された。そうした中で、当時刑部員外郎の地位にあった劉錫鴻は、李鴻章、丁日昌、郭嵩燾ら有力者に対して書簡を送るなどして、自らの主張を表明している。ここではそれらの書簡等をもとに、出使前における劉錫鴻の政治的主張の枠組みと、その背後にある世界像及び西洋人観をうかがっておこう。

劉錫鴻は、当時洋務派によって提起されていた海防重視論に対して、内政重視論を展開した。劉錫鴻によれば、沿海地域が脅かされるのは、各官署の官吏の腐敗堕落により内政に中身がないためであり、官吏の人材養成によって腐敗を除き、現状を改善することなくしては、いかに海防を強化しても無駄だとされる。こうした内政重視論は、劉錫鴻の次のような認識と不可分に結びついていた。

古代より夷狄を操る方策としては羈縻（つなぎ止めること、手代木注）をやめるわけにはいきません。英哲の君主、太平の時代であってもこの方法以外にはありません。思いますに、天子は天にのっとり天下をいつくしみ育てるのであり、中華・夷狄を問わずみな天子の民でないものはなく、民が戦乱にあわぬように、己れを屈してもさらに努力するのであります。

劉錫鴻はこう述べた上で、さらに次のように述べている。

今日の西夷は（中華から）いくつもの海を隔てており、数万里を跨ぎ越して中華を併呑できるような情勢にはありません。(2)

ここに見出せるのは、伝統的な華夷的世界像における秩序観そのものといって差し支えないであろう。とはいえ、現に「西夷」の軍隊は攻めてきたのであり、再び攻めてくる可能性を否定することはできない。そこで劉錫鴻はいう。

私が思いますに、西洋のことは和平をもって主となし、防衛をもって和平を輔け、軽々しく戦うことを戒めるべきであります。（中略）今はただ聖人柔遠の道によって夷狄に対応し、彼らのみだりに承諾しない性格を理解してやり、彼らの悪者にだまされ馬鹿正直に苛立つ感情を哀れみ、はっきり教え諭してその非をいましめ、冷静に対応してその恨みを解くべきであります。彼らの意図は貿易にあり、決して我々と交戦することを欲してはおりません。(3)

こうした発言から明らかなように、結局のところ劉錫鴻は伝統的秩序観に立脚しつつ、西洋諸国をなおも「懐柔」「羈縻」の対象と捉え続けていたのである。

こうした伝統的秩序観を背景としつつ、劉錫鴻はその内政重視論において、アヘン戦争以来の官吏の腐敗とそれによる民と軍隊の混乱を解決すべく、清初の政治を模範とする改革案を提出する。そこで唱えられたのは、第一に、無用の官吏と出費及び八旗と緑営の兵力を削減し、かつ徴税引き締めを図ること、第二に、賞罰の厳格化により官吏の人材養成を図ることであった。そしてこうした改革案のもとになっていたのは、次のような伝統的な農本主義的富国論であった。すなわち劉錫鴻によれば、「承平之世」にあっては、官吏の政治は正され政教は明らかとなり、民はみな農事に務め倹約を知る。農事に務めれば物産は多く物価は安くなり、倹約を知れば消費は少なく物価は一層安くなり、物価が安いため人の嗜欲は抑制され、衣食日用の消費も甚だ少なく、財富は満足りる。これに対して「季世」においては、紀綱は廃墜し、官吏の政治は正されず、政教は正しく行われず、官はみな安逸・獲利し、民は游手・盗賊と化し、生産は日々減少し、消費は日々増大する。とりわけ最大の害は商人が多く官吏が多いことで、彼らの消費は他の生産者に伝染して消費者が増加し、値が上がり、財銭の消費は増加し、民の財富は尽きる、とされた。(4)

こうした農本主義的富国論、ことに商人の活動への否定評価は、劉錫鴻の西洋人への否定的評価と結びつき、それを増幅することになった。劉錫鴻は一八六〇年代広東で活動した頃から西洋情報に触れていたのであろう。彼は、郭嵩燾が総理衙門に提出した「条議海防事宜」（一八七五）を批判した文章において、西洋諸国では財力に富む商人が政治に少なからぬ発言力をもつことを、指摘している。もっとも、商人が財力によって官吏となる当時の中国における風潮を、「利が朝廷を操る」ものと批判する劉錫鴻においては、そうした西洋における商人の活躍は、西洋人が利を貪るだけの夷狄に過ぎないことの証拠とみなされた。同時に劉錫鴻においては、商人の盛んな活躍や政治への関与が西洋（夷狄）に見出せる現象であることが、中国における商人の活動や政治参加を批判する際、大きな論拠ともなった。劉錫鴻は同じ文章において、次のように述べている。

中国が天下を一家のように治めること既に数千年になるが、この間、政令は一君に統べられ財富は一君に帰し、尊卑貴賤の礼制は厳格であり、士農工商の品級は明確に区別され、命令が発せられれば行きわたって八方従わぬ者はなく、まして商人が妄りに国の政治に参与することなどありえない。（中略）夷狄の道は中国に施すことはできないのだ。(5)

このように西洋を夷狄とみなす劉錫鴻にとって、西洋への出使に当たって目的といえるものがあったとすれば、中国でのキリスト教布教の中止を要請することのほかは、せいぜい当時彼が主張していた西洋人による洋砲の代理購入、西洋人からの商船の借用、あるいは西洋人の起用による西洋情報の収集、中外交渉の処理などを行なうことくらいであったろう。(6)

二、出使期の西洋観察と世界像の変動

劉錫鴻は出使英国大臣となった郭嵩燾の副使として、一八七六年十二月三日（光緒二年十月十八日）英国の郵便船で上海を出発、一八七七年一月二十一日（光緒二年十二月八日）にロンドンに到着した（ロンドン駐在は一八七七年十一月十三日［光緒三年十月九日］まで。その後、出使徳国大臣としてベルリンへ赴く）。一行は、本書で取り上げる劉錫鴻、郭嵩燾、及び翻訳官張徳彝のほか、郭嵩燾夫人梁氏、参賛黎庶昌（一八七七年駐独公使館参賛官、七八年駐仏公使館参賛官、七九年駐スペイン公使館参賛官、八一―八四年及び八七―九〇年駐日公使）、翻訳官鳳儀（同文館出身、一九〇二―〇六年駐シンガポール総領事）、マカートニー（Sir Samuel Halliday MaCartney 馬格里）、随員李荊門（一八七八年駐仏公使館随員、以後英仏露三

国公使館を往来）、劉孚翊（一八七七年駐独公使館随員）、張斯栒（一八七七年駐独公使館随員、七八年駐英公使館随員、七九年駐米公使館随員、八二―九四年駐英公使館随員）、姚嶽望、黄宗憲、武弁郭斌、羅雲翰、周長清、紀端、賀志斌、龔紹勳、及び従者十余名と英国公使ウェードに派遣された英文翻訳官ヒリアー（Walter Caine Hillier 禧在明）からなっていた(7)。

（1）　初代駐英使節の活動概要

それでは、初代駐英使節一行の出使中の活動は、一体いかなるものだったのだろうか。ここではまず、個別の西洋観察を論ずる上で前提となる一行の活動の特徴について述べておく。

初代駐英使節の活動に見出せる第一の特徴は、それが外交交渉よりも、西洋観察を中心とするものだったということである。そもそも郭嵩燾の派遣が、マーガリー事件の謝罪のためのものであったように、当時は第二次アヘン戦争後に外国との間に生じた懸案事項が山積していた。郭嵩燾の英国出使中の日記には、英国植民地への領事館設置など華僑・華工保護問題、英国の煙台条約批准問題、カシュガル問題など、外交交渉に関わる記述が少なくない。しかし、出使英国大臣としての活動に占める外交交渉の比重は、決して大きいものではなかった。郭嵩燾自身、ロンドンに駐在して一年半後の一八七八年（光緒四年）八月、条約の批准を英国外務省に要請した際、次のように述べている。

外務省と外交問題を議論しても、いつも十数語の簡単なやりとりしかできない。外務省が一切論駁することを認めないので、申し立てる方法がないのだ(8)。

初代駐英使節にとって外交交渉は、まだその活動の主要な部分となってはいなかったのである。こうした中で、初代駐英使節は、西洋の富強を支える政治、教育、学術、産業、交通、軍事に関わる各地の機関、施設、団体、工場等の視察、国王や大統領への国書の捧呈、パリ万国博覧会の開会式など公式の行事への出席、あるいは西洋の外交官、政治家、駐在各国公使、企業家、学者などとの交際、彼らの催す各種パーティー、舞踏会、講演会、学会などへの参加、西洋の新聞・雑誌からの外交情報の収集などを通じて、精力的に西洋観察に取り組み、西洋の政教風俗への理解を深めていった。(9) 一八六六年（同治五）の斌椿使節団以来、外国への使節の最も重要な任務は、西洋観察であり、初代駐英使節の出使にあたって定められた「出使章程」（一八七六）においても、常駐外交使節は「緊要事件」のみならず「尋常事件」についても、総理衙門を通して朝廷に報告するよう義務付けられていた。(10) この意味で彼らによる西洋観察は、駐英使節としての任務に忠実な活動であった。彼らが連日の多忙な日程の中でも、日記をつけ続けたことはこうした事情抜きには説明できない。

初代駐英使節の活動に見出せる第二の特徴は、一行の諸観察が西洋人によって少なからず誘導された側面をもっていたことである。斌椿使節団以来、中国使節の西洋観察には案内役としての西洋人が深く関わっていた。斌椿使節団の場合、その立案、人選、実施は、すべてハートの主導によるものだったが、彼のそうした精力的な関与の動機は、使節団に同行して西洋に向かう航海中の日記にうかがうことができる。彼はまず「中国が文明化した諸国家の外側に自らを置くこと」をやめ、西洋文明を公明正大に受け入れるなら、「国際社会における最も重要な勢力の一つ」となりうるとの確信を表明し、そのための向こう五年間の目標として、外国使節の中国皇帝への謁見の許可、西洋各国への常駐外交使節の派遣の二点を挙げている。そしてその第一歩として、西洋各国政府に斌椿使節団一行を手厚く歓迎させ、西洋人に中国使節への好意と関心を持たせ、西洋各国での体験により一行を魅了することが、今回の西洋行の目的であると明言している。(11) こうした西洋人側の戦略は、十年後の初代駐英使節の派遣に際しても、変化することはなかった。(12) 駐英使節の派遣を目前にして、ハートやウェードの熱心な働き掛けは決してやむことはなかった。また元英国軍人だった一行の通訳マカートニーの行動には、一層露骨な愛国的意図が見出せる。上海からの出発に際し、一行は当初フランス船での航海を予定していたが、マカートニーの説得により英国船に搭乗することになる。マカートニーの伝記作者によれば、彼のこの行動は、英国の操船術へのプライドのみならず、すべての寄港地（それは英国の植民地だった）に英国国旗が掲げられていることが、一行に与える大きな効果への確信によるものだったという。[13] 一行の西洋での観察は、多くの場合このマカートニーら西洋人を案内役として進行していった。出使前に有していた西洋理解の程度によって、西洋観察の視角や深さに個人差はあったにせよ、一行の西洋観察が西洋社会の現実を反映するものであったことはいうまでもない。だが、こうした西洋側の中国を西洋化・文明化しようとする意図[14]を念頭に置けば、我々はそれが一行の西洋観察に一定の影響を与えていた可能性にも、留意しておくべきであろう。それでは、以上のような西洋観察を通じて、劉錫鴻の世界認識はいかなる変化を遂げたのであろうか。以下、劉錫鴻の出使日記『英軺私記』に即して検討する。

（2）　西洋観察と世界認識の変化

前述のように概して否定的だった劉錫鴻の西洋への認識は、早くも一行が上海を出発した直後から、寄港地での観察や西洋人との接触により、変化しはじめる。例えば、香港の監獄では、その宿舎の広く清潔なことや、労働で習得した技芸が罪人の更生に有益なことに関心を示し、マルタ島では、総督の礼儀正しく丁重なもてなしに好感をもっている。[15] そうした変化は、英国到着後、一層顕著なものとなっていった。英国では、産業革命が完成期を迎えた一八二〇―四〇年代にかけて、工業化を契機として地主、資本家、労働者からなる階級社会が完成され、続く一八五〇―六〇年代の所謂ヴィクトリア朝中期の「黄金時代」には、労働者の生活水準の全般的な改善が進行した。その後、一八七三年からは後発資本主義国ドイツ、アメリカ等の登場により、二十年にわたる「大不況」期に入り、英国は自由主義の時代から帝国主義の時代へ入ることになる。(16) 初代駐英使節の一行が英国に滞在したのは、ちょうどこの「大不況」期の初期に当たる。だが、アヘン戦争以来の対外的危機と国内の混乱の続く中国からやってきた一行にとって、ヴィクトリア朝中期の「黄金時代」を経た英国社会の豊かさは、目を見張るべきものであった。劉錫鴻がまず実感したのは、英国の都市が、民の生活を向上させることを重視して整備されていることであった。例えば、劉錫鴻は当時西洋の都市を訪れた中国人の多くと同様に、ロンドンの街についてその街路、建物が壮麗、清潔なこと、各所に設けられた公園やベンチが都市住民の健康を配慮したものであること、さらには週に一度の休日が民の生活に活力をもたらしていることに注目している。また電報局、郵便局では、官民双方に利益をもたらす電報、郵便の制度に、関心を示している。(17)

このように英国社会が、民への配慮の行き届いた社会であるとの印象をもった劉錫鴻は、そうした生活環境に生きる人々にも、従来の夷狄のイメージとは異なる姿を見出していった。例えば、一行の従者が路上で酔っ払いに暴行を受けた際の劉錫鴻の記述は興味深い。劉錫鴻によれば、事件を知ったロンドン市長は中国からの使者に蛮行をはたらいたことを理由に、犯人を厳罰に処すとともに、新聞紙上で使節一行への保護を呼び掛け、郭嵩燾が犯人への寛大な処置を求めても応じなかったという。(18) あわせて劉錫鴻は、西洋への航海中、西洋人乗客が一行の従者の一人を侮辱したため、船主に下船させられそうになったことを記した上で、次のように述べている。

これまで英国人は辺鄙な島国に住んでいるので、ただ空威張りするだけで、人を敬いゆずる態度を欠くと思っていた。だが意外にも地位の高い者も低い者も心を合わせ、礼儀をもって身を処し、このように国事を全うすることを気にかけているのだ[19]。

こうした体験を重ねる中で、ロンドン到着から二ヵ月後、劉錫鴻が英国の政教風俗に関して下した評価は、

ただ父子の親愛、男女の区別が全く重んじられない点は、貴賤を問わず同じである。

という不満を別にすれば、

閑官はなく、游民はなく、君臣上下の情に隔絶なく、残忍不仁の悪政はなく、虚礼の応酬もない[20]。

というものだった。英国への航海中、劉錫鴻は鉄道敷設を中国の急務とするマカートニーの主張に反論して、次のように述べていた。

我が中国の歴代聖君賢相は、才智が西洋人に劣るのではないのに、（西洋人のように）自然を開発し、妄りに力量を誇り、造化と能力を争って富強を図ろうとする者はついにいなかった。思うにそれは（中国の歴代聖君賢相が）道理を見極め、災害を避けるための予見に優れており、英国人がただ利益をはかることを知るのみで、邁進するばかりで顧みることがないのとは違うからだ[21]。

こうした英国到着以前の認識を念頭におけば、上記のようなロンドン到着後の西洋の政教風俗への評価が、全面的肯定ではないにせよ、従来に比してはるかに肯定的なものになっていることは明白であろう。このように英国到着後、貪欲で野蛮という従来の西洋への否定的評価は、物質的にも道徳的にも優れているという肯定的な評価へ変化していっ

た。

それでは、劉錫鴻がこのように全面肯定ではないにせよ肯定的にとらえた西洋の富強の源泉はどこにあるのか。劉錫鴻が第一に注目したのは、「教人之法」、すなわち教育制度であった。劉錫鴻は日記の中で、英国の教育制度に詳しく言及し、五歳以上のすべての子女が小学に入れること、優れた者はさらに大学に進むこと、また図書館、博物館、動植物園等の文化施設が民衆に開放されていることを述べ、かつ英国では単に学校を設けるだけでなく、民が進んで教育を受けるよう政府が法律により監督し、それが民の勤勉さを生み、国家の富強を生んだと指摘している。(22)英国の富強の源泉として、劉錫鴻があわせて注目したのは、「養民之政」、すなわち労働福祉政策であった。劉錫鴻は前述のように、都市住民のための公園等の整備、週に一度の休日の設定などに言及している。また、英国では毎年の戸籍調査によって、各戸各人の寿命や労働条件、経済状態の点検がなされ、例えば、夭折者が多ければ、環境衛生の整備が図られ、過剰労働で寿命を縮める者が多ければ、労働時間を短縮するなど原因の除去につとめており、こうした努力が国家の富強をもたらしていることを指摘している。(23)このように劉錫鴻は渡英後数ヵ月のうちに、英国における富強の実現が、決して単なる優れた機器・技術の賜物ではなく、教育制度、労働福祉政策など、社会のあり方と深く結びついているとの認識を獲得するにいたるのである。

劉錫鴻の西洋観察の深まりは、これにとどまるものではなかった。彼は英国の富強の根底にあるこうした制度・政策を生んだ政治のあり方にも、言及している。まず注目されるのは、英国の地方自治制度への言及である。劉錫鴻は、英国では都市や郷村毎に、全体を統治する「美亜」(mayor)、各地域を管轄する「奥徳門」(alderman)、「奥徳門」によって区分された小地域を管理する「看習勒」(councilor)が選挙で選ばれると述べ、さらに次のように指摘する。

その制は漢の三老、明の里老とほぼ同じである。しかし選ばれる者は富民、選ぶ者も富民であり、官は決してこれに参与しない。選ばれる者は富裕なので汚職の恐れはなく、選ぶ者は富裕なので賄賂を贈る心配もない。官はそのことに関与しないので、お上にとりいる面倒もない。民によって民を治め、事は衆議に帰する。（中略）道路はきれいに整備され、橋梁はよく備わり、巡捕は仕事に励み怠けることがない。[24]

このように劉錫鴻は、「民によって民を治める」地方自治制度のあり方が、西洋の民生の充実をもたらしていると捉えているのである。

また劉錫鴻は議会制度について、出使前すでに一定の知識を持っていたが、英国滞在中の議会制度に関する記述は、やはり明らかに肯定的なものになっていく。ロンドンに滞在して一ヵ月にならない頃、劉錫鴻は郭嵩燾とともに英国議会の開会式に招かれている。その日の日記で、劉錫鴻は次のように述べている。

議論の長時間にわたること、常に昼から夜、夜から朝に及び、道理に適い役に立つよう議論を尽くしてはじめておわる。官政に錯誤があれば、これをすてて議員に従う。（中略）従って何をするにも、上下心を合わせ、善意をもって取り組まないことはない。思うに多数の議論を合して、その官長を選ぶから、美として備わらないものはなく、多数の意志に従って法令を行うから、力としてつくされないものはない。[25]

また議員の選出については、前述の英国の政教風俗への評価にみえる「上下隔絶の情なし」の説明として、

都市、農村、町、開港場から各々議員一、二人を選出し、随時民情を官吏に上達する。遠く外国貿易に従事する商人はロンドンに総商会を設け、これを議員につかさどらせて、上下のかなめとする。民の欲するところを官

吏が不都合とすれば、事理によって詰問し、必ず衆情とすべて一致させた上で実施させる。[26]

と述べ、議員の選出が民情の伝達、民意の実現に有効に機能していることを指摘するとともに、出使前には「夷狄の道」として強く批判していた英国における商人の政治への参加も、肯定的な文脈において捉えているのである。

（3）西洋評価の基準

以上みてきたように、英国の富強への評価の肯定的な方向への変化は、結局のところ、劉錫鴻が英国の富強の源泉とみた英国の政教風俗への肯定的評価にもとづくものだったのである。それでは、直接の西洋観察を通じて急速に形成された、こうした概して肯定的な西洋の政教風俗への評価は、一体いかなる基準にもとづくものだったのであろうか。

例えば、前述の地方自治制度についてみると、劉錫鴻はそれを、清末の地方自治論において『周礼』の郷官制の流れを汲むものとされた、「漢の三老、明の里老」になぞらえている。このことは劉錫鴻が、周代に始まる郷官制を念頭に置いて西洋の地方自治制度を肯定的に評価していたことを示している。また前述のように、議会制度についての説明として、「随時民情を役人に上達する。（中略）民の欲するところを役人が取り上げねば、事理によって詰問する」と述べられているのも、例えば、「民情は大いに見るべし」（『尚書』、周書、康誥）といった儒教の理念を念頭に置いたものと考えられる。さらに前述のような「君臣上下の情に隔絶なく、残忍不仁の悪政はない」といった西洋の政教風俗への評価にしても、一八六七年から七〇年まで英国に滞在した王韜が、英国の政治の核心に「上下」「君民」の密接な関係を見出し、かつそこに「三代以上の遺意」が存在すると指摘した[27]のと同様に、「三代」（すなわち夏、殷、周の三王朝）の政教風俗を基準とした評価といえよう。このように劉錫鴻においては、儒教における理想の時代であった「三代」の政教風俗が、西洋の政教風俗を評価する基準となっていたのであり、彼が西洋理解の深化の中で、こうした儒教的価値観に代わりうる新たな価値基準を見出した痕跡は、どこにも見当らない。

ところで、伝統的な儒教的価値観は、単に議会制度、地方自治制度あるいは教育制度、労働福祉政策や日常の行動・礼儀など、劉錫鴻が西洋に見出した現に存在する完成態としての政教風俗を評価する基準となっただけではなく、西洋における政教風俗（すなわち文明）の形成過程、特に政教が過去においていかに実践されたか、将来においていかに実践されるべきかに関する劉錫鴻の認識にも、大きな影響を与えていた。

ここでは「聖人の教え」である「仁義」をめぐる劉錫鴻の議論に注目して、この問題を考えてみたい。劉錫鴻は西洋観察を通じて、西洋の風俗について次のように述べている。

今日の西洋の風俗が、貧困をのぞき難儀を救うことを美挙とするのは、これこそ仁の一端である。また正義によって誠を守ろうとするのは、これこそ義の一端である。(28)

ここで劉錫鴻は、完成態としての西洋の風俗を、儒教における「聖人の教え」である「仁義」を基準として評価している。後述するように彼は天子の儒教的価値観による教化が西洋に及んだ結果、そうした西洋の風俗が形成されたと理解していたのである。もっとも、劉錫鴻において「聖人の教え」としての「仁義」は、完成態としての西洋の文明を評価する基準となっただけではなかった。劉錫鴻は英国滞在中、ある英国人が自国の電学、熱学、天文学等を実学とし、これに中国の「聖人の教え」を「空談無用」として対置するのに反論し、次のように述べている。

聖人の教えは仁義にこそある。仁とは人心固有の純善であり、義とはものごとを処理する上でのあるべき筋道である。（中略）その重要な役割は、君臣、父子、兄弟、夫婦、朋友間における守るべき道を維持することにある。（中略）それらの関係を和らげるのに仁をもちいて、互いに害なわず、それらの関係を取り決めるのに義をもちいて互いに侵さなければ、家は安定し、国も安定し、天下も安定する。だから聖人の教えは、宇宙を安定させ天地が万物を慈しみ育てる仕事を助ける手段なのである。(29)

すなわち劉錫鴻においては、君臣、父子、兄弟、夫婦、朋友の間で「仁義」が正しく実践され、守るべき道が維持されてこそ、天下の安定・繁栄が実現するとされる。劉錫鴻においては出使前から、民生の充足と社会の安定・繁栄を実現する上で、為政者が「聖人の教え」を正しく実践することを重視する傾向が強かった。ここでの主張は、劉錫鴻は西洋観察を通じて西洋の富強を肯定的に評価するようになってからも、「聖人の教え」が「天下」そして「宇宙」を安定させると喝破していることにうかがえるように、西洋で安定・繁栄が実現されるまでの過程（政教風俗の形成過程）を、西洋独自の道筋を見出すことによってではなく、やはり為政者が「聖人の教え」を正しく実践することを重視する儒教的価値観にもとづく伝統的思考様式(30)に依拠して、理解していたことを示している。

（4）華夷の接近

このように劉錫鴻は、西洋観察の中で西洋理解を深め、西洋の政教風俗を全面肯定ではないにせよ肯定的に評価するようになる。ただし、それはあくまで儒教的価値観やそれにもとづく伝統的思考様式の文脈においてなされたものであり、決して従来からの西洋評価の基準が変更されたわけではなかった。それでは、こうした西洋評価の変化は、西洋諸国を夷狄とみなし、「懐柔」「羈縻」の対象としていた劉錫鴻における従来の秩序観に、いかなる変動をもたらしたのであろうか。前述の「聖人の教え」をめぐる発言に続けて、劉錫鴻はこう述べている。

中国では秦漢以来、元明まで、教化が進めば世の中は治まり、教化が衰退すれば、世の中は乱れた。（中略）だが君臣、父子、兄弟、夫婦、朋友のそれぞれのあるべき道は、けがれることなくなお存在しており、よほど愚かなものでなければ仁義を重んずることを知り、敢えて傲慢なことをしすぎることはなく、それ故に掠奪や殺害があっても、聖化の及ばぬ地に比べてその残忍さはいつも異なっている。(31)

すなわち劉錫鴻は、秦漢以来の一治一乱を認めつつも、中国においては聖人の「仁義」の教えが今日も正しく実践され、人が守るべき道徳が行なわれており、「聖化未被の地」とは異なるとして、中国の中華としての優位を確認している。西洋への評価の高まりにもかかわらず、中国中心の伝統的華夷秩序観はなお崩壊するにはいたらず、依然として維持されていたのである。従って、当然その根底にあった中国文明を唯一普遍の文明とみなす伝統的文明観も維持されていた。

しかしながら、このように従来の世界像の枠組みは維持されたとはいえ、前述のような西洋評価の変化は、劉錫鴻の華夷的世界像における西洋諸国の夷狄としての位置付けに、かつてない修正を迫ることになった。前述のように歴代王朝における一治一乱を論じた際、劉錫鴻は、

治世においては、遠方の未開の国が天子の徳を慕っていくつもの海を隔てて教化に従い、それによって仁義の教えが、徐々に四方の果ての未開の国に及んだ。(32)

と述べている。そして、その教化の結果としてさきに引用したように、西洋で「貧困をのぞき難儀を救うことを美挙とする」のは、「仁の一端」であり、「正義によって誠を守ろうとする」のは、「義の一端」であると指摘し、さらにこれに続けて、この「仁」「義」の一端を推し広めれば、「五倫」、すなわち君臣、父子、兄弟、夫婦、朋友の守るべき道が明らかになり、それによって

勝つことを好んで闘争心を奮い起こすことをせず、欲望をほしいままにして殺意を起こすことをしなければ、それによって人民の禍はなくなるであろう。(33)

と指摘している。すなわち、劉錫鴻は天子の「聖人の道」による教化が及んだ結果、かつて貪欲で野蛮な夷狄とみなされた西洋にも、今日では部分的ながら「仁義」による教化がみられるのであり、それをさらに推し広めるならば文明化が可能であるというのである。(34)

以上のように、劉錫鴻においては伝統的世界像の枠組は維持されたものの、その枠組みのもとでの西洋の政教風俗への評価は、肯定的な方向に変化する。その結果、彼においては中国の中華としての優位性は維持されたが、その一方で秩序観における西洋の位置づけは、「仁義」を実践するという意味で、従来の貪欲で野蛮な夷狄から中華へ向けて、大幅に接近を遂げたのであった。

小　結

挙人出身の伝統型知識人だった劉錫鴻は、出使前においては世界を中国中心の華夷秩序によって捉える伝統的秩序

観に依拠して、西洋諸国は貪欲で野蛮な夷狄であり、「懐柔」「羈縻」の対象であると考えていた。しかし出使期（一八七六―七八）の西洋観察の中で、富強を遂げた西洋の政教風俗への評価は、全面肯定ではないにせよ肯定的なものへと変化する。もっともこうした変化は、中国文明を唯一普遍の文明とみなす伝統的文明観と中国中心の華夷的秩序観からなる、伝統的世界像の枠組みを基本的に維持しながら、儒教的価値観とそれにもとづく伝統的思考様式を基準としてなされたものであり、従来からの西洋評価の基準が変更されたわけではなかった。また劉錫鴻が西洋の政教風俗を肯定的に評価したのは、西洋にも儒教的価値観に合致する政教風俗が偶然にも存在していると考えたからではなく、古の「聖人の教え」である「仁義」による教化が西洋にも及び、部分的ながら優れた政教風俗が形成された、と考えたからにほかならなかった。

このように劉錫鴻における西洋の政教風俗への肯定的評価は、あくまで伝統的文明観と秩序観の枠内のものであった。しかしながら、出使前には貪欲で野蛮な夷狄とみなされていた西洋が、「仁義」の教化により部分的ながら優れた政教風俗を有すると認識されたことは、その教化がさらに進めば、西洋の文明化＝中華化が実現することを意味するものだった。かくして劉錫鴻の秩序観における西洋の位置は、「仁義」を実践するという意味で、従来の貪欲で野蛮な夷狄から中華へ向けて大きく接近したのであった。

第二節　郭嵩燾の西洋体験と世界像

はじめに

郭嵩燾（一八一八―九一）は、湖南湘陰の人、字は伯琛、号は筠仙、晩年には玉池老人と号した。李鴻章と同じ一八四七年（道光二十七）の進士。同郷の曾国藩とも親しかった。アヘン戦争が開始されて間もない一八四〇年（道光二十）九月、二十三歳で浙江学政だった羅文俊の幕僚として浙江に赴き、海防強化のための献策に努めた。一八五三年（咸豊三）からは曾国藩に協力して湘軍の組織、財政に関与し、一八五五年（咸豊五）には、曾国藩の命により再び浙江へ赴き塩務に当たる。一八五八年（咸豊八）、四十一歳の時北京に赴き翰林院編修となり、一八六三年（同治二）には広州に赴き、六六年（同治五）まで両広総督毛鴻賓のもとで広東巡撫をつとめている。広東巡撫解任後は、故郷に隠居し著述と講学の生活をおくるが、一八七五年（光緒元）二月、福建按察使として官界に復帰する。同年八月、李鴻章の後押しで、英国公使館書記官マーガリー殺害事件の謝罪のための出使大臣に任じられ、十一月には北京へ赴き、兵部侍郎兼総理衙門大臣として出使まで外交交渉に携わった。一八七六年十二月、五十九歳で英国へ出使し、そのまま初代出使英国大臣（駐英公使、その後出使法国大臣を兼任）として約二年間駐在した。その間、総理衙門への報告のため提出した出使日記『使西紀程』で西洋文明を賞賛したことが、翰林院編修何金寿による弾劾を受けたのをはじめ、当時の知識人の激しい批判を浴びた。帰国後は総理衙門に不満を抱き、郷里にあって著述と講学に従事するかたわら、朝廷や李鴻章に対して洋務に関する意見を発し続けた[1]。

郭嵩燾については、初代出使英国大臣として世界認識を深めたことがしばしば取り上げられる。だが、彼における世界像変動の原動力となった広義の西洋体験は、決して英国出使に始まるものではなかった。約二年に及ぶ英国出使が、郭嵩燾にもたらした世界認識の深化を明らかにするためにも、本節ではまず、郭嵩燾が西洋文明と接触する最初の機会となったアヘン戦争当時にまで遡り、出使以前の世界認識を明らかにしておきたい。

一、出使以前の世界像

（1）一八四〇―一八六二年

一八四〇年（道光二十）六月に開始されたアヘン戦争は、郭嵩燾にとって、西洋の富強の威力を直接目撃する最初の機会となった。同年九月、郭嵩燾は浙江学政羅文俊の幕僚として浙江に赴き、当地で海防強化に努めたが、翌年には定海、鎮海、寧波が英国軍により次々に占領され、中国側の海防の不備をみせつけられる[2]。

郭嵩燾は一八五五年（咸豊五）から、曾国藩の命により再び浙江へ赴き塩務に当たる。これが西洋文明と接触する第二の機会となった。特に上海に滞在した際の日記には、洋涇浜に林立する西洋建築の「奢靡」かつ「清潔」なこと、西洋人の子どもの「秀美」な姿は「夷種」とは思えないものであること、また英国領事を訪問した時の接待の様子などが記され、西洋人の風俗に好感をもったことがうかがえる。さらに、当時キリスト教や自然科学関係の書籍を出版していた墨海書館では、経営者の宣教師メダーストをはじめ、ワイリー、李善蘭、王韜らと会い、香港の英華書院の発行する雑誌『遐邇貫珍』数部を贈られている[3]。一八五九年（咸豊九）二月、郭嵩燾は対外政策のあり方を論じた上奏の中で、かつて康熙帝がロシアの事情に通じ、また近年広東、上海の西洋人が中国の情況に詳しいのは、ともに外国語学習の重視によるものだと指摘した上で、「夷情に通じその言語文字に習熟する」ことこそ今日における「御夷の竅要」(4)であるとして、英語やロシア語に通じた人材を、北京に集めて教授させることを提唱している。こうした発言は、前述のような西洋人との接触の中で、郭嵩燾が西洋理解の必要性を切実に認識していたことをうかがわせる。

とはいえ、夷狄と観念されてきた西洋人への否定的評価は、容易に消え去るものではなかった。この時期の郭嵩燾は、しばしば夷人が中国へやってくる目的は、ただ通商による「利」の獲得にあると指摘している。しかも郭嵩燾によれば、西洋人にとっては、中国も「賊」(太平天国)も「利」を獲得するための交易相手である点では同じであり、彼らにとって順逆の区別など問題にならない、とされた(5)。こうした郭嵩燾の西洋人観に、伝統的夷狄イメージを見出すことは容易であろう。そもそも「義」を重んじ「利」を軽んずる儒教的価値観からすれば、「利」の追求それ自体、無条件には肯定しえぬものであった(6)。郭嵩燾の議論に「利」の追求への肯定的発言が現われるのは後年のことで、この時期そうした発言を見出すことは出来ない。

ところで、この時期の郭嵩燾は、第二次アヘン戦争の勃発(一八五六年十月)、天津条約の調印(一八五八年六月)、その批准をめぐる再交戦(一八五九年六月)、英仏連合軍の北京進攻、北京条約の締結(一八六〇年十月)などの事態が進行する中で、こうした事態を招いた清朝の対外政策への批判を展開している。郭嵩燾の対外政策批判は、ほぼ次のように要約できる。すなわち、郭嵩燾によれば、古来夷狄を手懐けるには、「理」にもとづきつつ、その時代の中国の「勢」と夷狄の「情」を踏まえることが必要であり、それによって夷人を欺かず、その怒りに触れることなく、その暴虐の芽を摘まねばならない。しかし、今日においてはこうした伝統的な懐柔策が行なわれず、巨大な禍がもたらされた、とされる(7)。それでは、こうした事態はなぜ生じたのか。郭嵩燾のみるところ、それは南宋以来の対外強硬論

（攘夷論）が、実際を考察せず虚驕の議論に終始する士大夫によって、今日まで受継がれてきたことに起因するものであった。(8) かくして郭嵩燾は、一方で、南宋以来の士大夫の堕落を批判し、他方で、北宋以前の伝統的な「夷狄を控馭する所以」への研究を深め、そこに中国の対外危機を克服する方途を見出そうと試みるのである。こうした議論からは、この時期における郭嵩燾の対外政策のイメージは、なおも古来の華夷的秩序観の枠組みに依拠しており、西洋諸国は依然として「撫御」「羈縻」の対象と捉えられていたことがうかがえる。

しかし、その一方で西洋に関する知識が増加し、西洋が少なくとも機器や技術おいて優れていることが理解される中で、従来夷狄とみなされてきた西洋への否定的評価は、徐々に緩和されていく。一八六二年（同治元）十月、蘇松糧道として上海に赴任した郭嵩燾は、当時上海にあって李鴻章の淮軍とともに太平天国の鎮圧に当たっていたゴードン（Charles George Gordon 戈登）等外国人の率いる常勝軍を、「軍隊は精鋭で武器は性能がよく」、「大砲の精密さは、いまだかつてみたことのないものである」などと称賛している。(9) またこうした記述に関連して興味深いのは、郭嵩燾における西洋人の呼称の変化である。第二次アヘン戦争の結果、中国は公文書に「夷」字を使用しないことを条約上承認させられた。(10) だが、西洋を夷狄と捉えてきた中国人の観念を、にわかに改めることは実際上困難であり、まして個人レベルの文章においてはなおさらであった。こうした中にあって、郭嵩燾の日記における「英夷」、「夷人」など「夷」字の使用は、一八六二年（同治元）半ばまでで途絶え、それ以降は「洋人」「洋槍」など「洋」字が用いられるようになる。こうした変化は、直ちに従来の西洋評価からの転換を示すものとはいえないにせよ、西洋人との接触を通じて、郭嵩燾が西洋の機器や技術の優秀性を認識しつつあったことと、決して無関係とはいえないだろう。

(2)　一八六三―一八七五年

一八六三年(同治二)から一八七五年(光緒元)にかけて、郭嵩燾は広東、福建、北京での西洋人との交流や外交交渉を通じて、従来の西洋への認識を大きく転換させる。そのうち特に注目されるのは西洋の富強を支える商人の経済活動への関心の高まりである。

広東巡撫に在任した当時、郭嵩燾は西洋人を通じて、西洋における商人の活躍ぶりについての情報に接するようになる。例えば、英国領事ロバートソン(Sir Daniel Brooke Robertson 羅伯遜)からは、西洋諸国では汽船など大型の機器は、国主が所有できなくても、商人が所有して国主に提供していることを知らされ、また、マーチンからは、英国がビルマまで鉄道を引き、ロシアがイリまで鉄道を引いたのは、みな商人によって実行されたことを教えられたという。[11] こうした情報を通じて、郭嵩燾は西洋の商人に対する私利を貪るだけの夷狄といった従来の評価を修正し、彼らが国家の富強化の過程で果たす役割の大きさを、深く認識するようになっていたと考えられる。一八六六年(同治五)四月、中国の条約履行や改革を求めるハートの「局外傍観論」及びウェードの「新議論略」をめぐって、各省の督撫から総理衙門への意見書が相次ぐ。この時郭嵩燾も上記のような見聞をふまえて、長文の意見書を書き送っている。郭嵩燾はその中で、清朝による民間商船の海外貿易禁止の政策を批判し、元代にならい沿海に市舶司を設け、民間の商船と官弁企業の船舶をともに管理するよう提唱し、商人に造船・貿易を許可してこそ経済活動において西洋人に勝利できるのだと述べている。[12]

一八六六年(同治五)の意見書で示された西洋商人に関する認識は、その後福建按察使在任中の一八七五年(光緒元)、日本の台湾出兵(一八七四)を契機に清朝内部で開始された塞防海防論争において、より整理された意見書として提出された。この中で郭嵩燾は、西洋と中国における商人の活動を次のように極めて対照的に捉えている。すなわち郭嵩燾によれば、「西洋の立国」の基盤は、

広く開港場を開き、商人が商取引をするのをたすけ、それによって税収を得て国家の歳出をまかなうことにあります。(13)

とされる。また郭嵩燾は西洋商人の活動について、商人としての利益を求めて、中国と交易するとはいえ、私利の追求のみに偏ることはない(14)と指摘し、こうした国家に対する貢献の大きさ故に、「商人は必ず国家の政治に関与する」(15)のだとする。このように郭嵩燾は、西洋において政府の施策と商人の経済活動が、緊密に連携していることを強調している。一方、中国について、郭嵩燾は次のように指摘する。

各開港場には商人が集まっておりますが、官・商の思惑はいたずらにかけ離れ、互いに顧みることがないため、中国の税は西洋人より数倍も軽いにもかかわらず、(中国商人は)あの手この手で脱税をもくろむので、西洋人だけが利益を独占しております。(17)

こうした認識に立って、郭嵩燾は西洋に倣って中国における商人の活動のあり方を改革すべく、次の二点を提言している。第一に、清朝による商人の貿易活動の禁止政策を改め、沿海商人に広く機器局を開設させ、汽船や機器を製造し貿易経営にあたらせることにより、国家の利益に貢献させること。第二に、宋元の制度に倣って市舶司を設け、各開港場において官・商双方の汽船の製造・運航を管轄することにより、官・商ともに貿易に関与させ、それによって商人に公共心をもたせ私利に走らぬようにすることであった。要するに、郭嵩燾は西洋における商人の活動について

の見聞をもとに、国家の富強化には国家と商人が互いの利害をよく知り（通官商之情）、国家の公利と商人の私利の結合を図る（通籌公私之利）ことが、不可欠であることを提起したのであった。郭嵩燾の主張は、前節でみた出使前の劉錫鴻が、広東で洋務に携わった経験をもちながら、農本主義的な富国論にたって商人の活動を否定的に捉えたのとは、きわめて対照的なものであった。

前述のように広東滞在期以前、郭嵩燾においては、すでに西洋人との接触を通じて、華夷的秩序観にもとづき西洋を夷狄として否定的に捉える認識が、徐々に緩和されつつあった。広東滞在期以降の郭嵩燾は、西洋情報の急激な増大の中で、国家と商人の連携により富強を実現した西洋と、それとは逆に官民がともに私利を追求し衰弱を極める中国、という対照的な現実を明確に認識し、中国に対する西洋の優位を認めざるをえない地点に立ちいたる。かくして郭嵩燾においては、中国＝中華、西洋＝夷狄という旧来の秩序観の修正は、避けられないこととなっていった。

（3）儒教的価値観による西洋評価

しかしながら、このような広東滞在期以降の西洋優位の認識は、社会の安定・繁栄をいかに実現するかに関して、中国文明とは異質な価値観を有するものとして西洋文明の優位を認めるものではなかった。そもそも郭嵩燾は、中国文明とは異質な文明として西洋文明の存在を認めたわけではなかった。一八七五年（光緒元）の意見書の冒頭で郭嵩燾は、今日中国の患は「官吏の政治が正しく行われず、制度は弛み、民間のエネルギーは鬱積して発揮されず、盗賊が横行している」[18]ことにあると指摘し、「自強」の必要を説いている。そして「自強」の方策は、富強の所在を明らかにし、民がそれに従事するよう導き、民の利益によって制度を作ることだとする。だがその前提として「自強」には根本があるとして、それは「朝廷を正し、百官を正し、大小の官吏は人材を択んで任用する」[19]こと、要するに朝廷の政教を正すことだとするのである。つまり郭嵩燾においては、中国か西洋かを問わず、何よりも有徳の為政者（朝廷）により儒教における「聖人の教え」が正しく実践され、人心風俗が涵養されることこそが、社会の安定・繁栄を実現する上での根本とされるのである。いうまでもなくこれは、前節において劉錫鴻に見出せた、伝統中国の知識人に共通の儒教的価値観にもとづく思考様式[20]にほかならない。郭嵩燾は劉錫鴻と同様に、西洋社会における富強実現への過程を論ずる際に、西洋社会に生きる人々の思考と行動への客観的観察によってではなく、伝統中国の知識人が中国社会を論ずるのに用いてきた伝統的思考様式を、そのまま西洋にも当てはめて、その枠内で西洋の個々の事象を理解していたのだった。郭嵩燾と劉錫鴻の違いは、依然華夷的秩序観に依拠していた劉錫鴻が、社会の安定・繁栄を実現するあるべき政教風俗をなお現実の中国に見出したのに対し、もはや中国を中華、西洋を夷狄とは捉えられないこと、すなわち、あるべき政教風俗が中国には見出せないことを認識しつつあった郭嵩燾は、そのあるべき政教風俗を西洋に見出そうとした点にある。つまり、前述の通り郭嵩燾は、この段階で西洋においては国家と商人の連携が実現しているという認識をもっていたが、なぜそれが可能となったのかに関して、明確な認識を持っていたわけではなく、漠然と為政者が「聖人の教え」を正しく実践した結果だとみていたにすぎない。そうした中で、出使英国大臣に任じられた郭嵩燾は、富強を実現した西洋から、商業活動や機器・技術等にとどまらず、その根底にある優れた政教とそれによって涵養された風俗を学ぶべく、意見書の提出からほぼ一年半後の一八七六年十二月（光緒二年十月）、上海から英国へ出発した[21]。英国到着の二日前、郭嵩燾は日記に次のように記している。

西洋の立国を支えるものには本（すなわち政教風俗、手代木注）と末（商業活動、機器・技術等、同上）がある。誠にそうした西洋の立国のあり方を悟れば、本と末が補い合うことによって富強を実現でき、それによって千年に

わたり国家を維持することが可能となろう。西洋の立国のあり方を悟らなければ、反対に禍をもたらそう。(22)

かくして郭嵩燾は、直接の西洋観察を開始したのだった。

二、出使期の西洋観察と世界像の変動

英国出使以前の郭嵩燾に関するこれまでの考察は、次の二点に要約できる。第一に、出使前、郭嵩燾はすでに中国に滞在した西洋人から得た情報によって、現実の中国に対する西洋の優位を明確に認識し、従来の中国＝中華、西洋＝夷狄という秩序観の修正が不可避なものとなっていた。だが第二に、そうした認識はあくまで伝統的な価値観と思考様式、そして中国文明を唯一普遍の文明とみなす伝統的文明観に即した西洋理解にもとづくものであり、富強を遂げた西洋に中国文明とは異質な文明を見出したわけではなかった。それでは、英国到着後、直接の西洋観察の中で、郭嵩燾の秩序観及び文明観には、いかなる変動がみられたのであろうか。出使期の郭嵩燾ら初代駐英使節の活動概要についてはすでに前節で述べた。ここでは直ちに出使期の秩序観と文明観の検討にはいることにする。(23)

(1) 伝統的秩序観の変動

はじめに、秩序観の問題について検討する。西洋観察は、郭嵩燾における中国に対する西洋の優位という認識を、一層深化させることになった。とりわけ注目されるのは、西洋の優位を捉える上で新たな視野の広がりがもたらされたことである。前述の通り郭嵩燾は、出使前から西洋は優れた政教風俗とそれによってもたらされた富強において、

中国より優位にあるとの認識を有していた。もっとも、それはあくまで中国の内側からの目で、西洋と中国を比較したものであり、西洋列強の世界規模での勢力拡張について、その実態を把握していたわけではなかった。しかし、直接の西洋観察を通じて、西洋人側の西洋中心の秩序観を目のあたりにした郭嵩燾は、西洋の優位を中国との対比においてだけでなく、世界秩序全体の中で捉えるようになっていった。

西洋では大航海時代以来、西洋中心の世界秩序の中に、人類を分類・序列化する作業が進行していた。十七世紀半ばには、新たに発見された世界を分類する原理として博物学が成立し、十八世紀後半から十九世紀にかけては、各地に近代的な博物館や動植物園が開設され、博物学的な分類システムの国民一般への普及・公開が進んだ。そして、十九世紀半ばには、帝国主義・植民地主義の宣伝装置としての性格が強い万国博覧会の開催がはじまる。(24) 我々は、郭嵩燾らの英国出使が、折しも西洋中心の秩序観を示すこうした諸装置が完成した時期に当たっていたことに、留意しておくべきであろう。本章第一節で述べた通り、中国の常駐外交使節派遣を働き掛けた西洋人たちは、西洋文明の普遍性を確信し、中国を西洋化・文明化しようとする明確な意図をもっていた。そうした意図をもつ西洋人にとって、元来西洋の大衆に西洋中心の近代的秩序観を受容させるための場であった博物館、動植物園、万国博覧会などは、中国人の世界像を転換させるための恰好の道具でもあった。他方また、西洋における富強の所以の探求という目的意識をもっていた中国人にとっては、西洋人に押し付けられるまでもなく、それらが興味深い観察の対象であったことも間違いない。こうした中で郭嵩燾は、西洋人の案内で、あるいは随員や厳復ら留学生とともに、しばしばそれらを見学している。中国人の伝統的秩序観とは全く異なる西洋中心の秩序観との出会いの多くは、そうした際にもたらされることになった。

例えば、一八七八年（光緒四）四月末から五月中旬にかけて、出使法国大臣（同年二月より出使英国大臣と兼任）として、万国博覧会の開会式に出席するためパリへ赴いた郭嵩燾は、各国兵士の装備を集めたある博物館の展示に、思いがけず日進月歩の西洋式装備とは対照的な未開の民の風俗を見出した時の様子を、次のように記している。

アフリカ、アメリカの土蕃や各海島の蛮人の人形があわせて四十数ヵ国分あり、その半分は裸体で体や額にいれずみし、額や唇に飾りを付け、鼻に飾りを通し、歯を飾っており、奇妙な姿をしていないものはない。中国及び日本、インドの人物もその間に混じっており、インドと日本は各二人、中国は五人であった。これと向き合って、ただただ大いに嘆息するばかりだった。(25)

この展示を見る以前、郭嵩燾はすでに展示の背景をなす西洋人の非西洋観について、明確な認識をもっていた。郭嵩燾はこの二ヵ月余り前の同年三月初め、『タイムズ』が、ペルシャは半開の国家であるとの理由で、英国君主によるペルシャ王への勲章の授与を批判したことを紹介した上で、次のように述べている。

蓋し西洋では、政教修明の国を civilized という。欧州諸国は皆そう呼ばれている。その他中国及びトルコ、ペルシャは half-civilized といわれる。half とは半分のことをいい、半ば教化され半ば教化されてない意である。アフリカの回教諸国は、barbarian と呼ばれている。中国でいう夷狄のことであり、西洋ではこれを教化されていない意味でいうのである。(26)

西洋文明の普遍性を確信する西洋人の文明観にもとづくこうした文明化の序列は、伝統的文明観にもとづく中国中心の華夷的秩序観とは、相容れないものであった。しかし、富強を達成した西洋に、社会の安定・繁栄のためのあるべき政教風俗をすでに失った中国への優位を認めていた郭嵩燾は、西洋諸国を中心にすえ、中国を含むアジア、アフリカ諸国を文明化の遅れた地域とするこうした秩序観を、少なくとも当面する現実世界への認識としては、受け入れざるを得なかった。そのことは、西洋とアフリカの関係に関する郭嵩燾の次のような記述からもうかがえる。郭嵩燾は、英国の西アフリカ総督が英国による西アフリカ統治を、「すべて現地人を保護するためにすぎない」と述べたのをそのまま記しており、後日、郭嵩燾自身も西洋人によるアフリカの文明化への努力を指摘した上で、次のように述べている。

ここにおいて、（アフリカ）沿海地域もまた次第に西洋の風俗の影響を受け、日に日に繁栄するようになった。しかしアフリカ内地の未開の地は、なお以前のままである。そこで西洋人が遂に大挙してこれを経営するようになったのも、世のめぐりあわせの自然な成り行きであって、抑えることの出来ないことなのだ。(27)

こうした記述は、西洋文明の普遍性を確信する西洋人の西洋中心の秩序観を否定しえなかった郭嵩燾の状況認識をうかがわせる。

（2）　華夷の「逆転」とその論理

もっとも、中国の場合はアフリカと同列には論じられない。伝統的秩序観において、文明の中心であったはずの中国が、西洋中心の秩序観において西洋に劣る位置しか与えられないとすれば、なぜそうなったのか。それでもなお中国文明は唯一普遍の文明といえるのか。西洋中心の秩序観を受け入れようとすれば、郭嵩燾は少なくともこうした問題について説明しなければならなかった。結論からいえば、郭嵩燾は出使期においてもなお、伝統的文明観に依拠しつつ、この問題を説明しようとしたのであった。さきに引用した西洋人の秩序観の紹介に続く郭嵩燾の次のような発言は、この問題に対する彼の基本的認識を示している。

三代以前においては、中国だけが教化を有していた。故に要服、荒服（ともに天子の直轄地と諸侯の国々の外側に同心円状に広がる夷狄の地域。手代木注）の名があり、皆これらを中国から遠ざけ、夷狄と呼んだ。漢より以来、中国の教化は日に日に衰え、政教風俗は欧州各国がひとり優位をほしいままにし、欧州各国は三代の盛時に（中国が）夷狄をみたように中国をみている。(28)

ここで「三代」においては、中国だけに教化が存在したとされるのは、伝統的文明観に依拠して、中国文明を唯一普遍の文明とみる郭嵩燾においては、当然の前提である。そしてそうである以上、漢代以来中国で教化が次第に失われ、欧州各国の政教風俗が優位を独占しているというとき、その政教風俗とはいうまでもなく西洋固有のものではなく、「三代」の政教風俗を継承するものなのである。つまり郭嵩燾は上記の問題について、あくまで伝統的文明観に依拠しつつ、中国文明は中国では漢以降衰退したが、その成果は西洋に伝わり、中国文明を継承した欧州各国が、世界の中で優位を占めているとするのである。その上で、直接的な表現を避け、あくまで欧州各国は中国を夷狄とみなしているという間接的表現によって、中国＝中華、西洋＝夷狄という旧来の華夷関係の逆転を、暗に示しているのである。

郭嵩燾に見出せるこうした華夷の逆転の論理は、決して郭嵩燾の独創によるものではなく、伝統的華夷観念が元来内包していたものだった。伝統中国の知識人においては、世界は「礼」の有無によって中華と夷狄に序列付けられていたが、この華夷観念は文化的なもので、人種、血族などの違いにもとづく固定的、絶対的なものではなかった。従って夷狄が中華に変じ、また逆に中華が夷狄に貶価される可能性は論理的には存在していたし、実際に『春秋』の注釈書である『公羊伝』や『穀梁伝』にはそうした記述もみられる。(29) 世界像の激動期であった清末においては、こうした伝統観念をふまえた華夷の逆転に関する議論がしばしば見出せる。郭嵩燾もまた出使から帰国して三ヵ月後に書いたと考えられる書簡で、次のように述べている。

地球全体がみな夷狄で、ただ中国だけ政教風俗の如何を問わず、他をしのいでその上に立ち続けられるというわけではありません。(30)

伝統的華夷観念が華夷の逆転の論理を内包していたことからすれば、中国文明を唯一普遍とする文明観を放棄しえず、同時に西洋中心の秩序観を認めざるをえなかった郭嵩燾が、このように華夷の逆転の論理に依拠することによって、西洋の文明を中国で失われた文明を継承するものと捉えたのは、彼における思想的営為の必然的な帰結であったのである。

（3）　伝統的文明観の維持

これまでの検討において指摘したように、出使期の郭嵩燾においては西洋中心の秩序観との出会いを通じて、伝統的秩序観における華夷の逆転が暗示されるにいたる。それは、あくまで中国文明を唯一普遍の文明とみなす伝統的文明観の枠内での変化であり、出使前からみられた伝統的文明観に即した西洋理解は、基本的には維持されていた。そしてそのことは、出使から帰国した後も同様であった。英国から帰国して一ヵ月余り後、英国での二年二ヵ月をふまえて書かれた書簡で、郭嵩燾は富強の方策を論じ、「人心風俗政教の集積こそがその根本」(31)であると述べている。

こうした認識はその後も変わらず、一八九〇年ごろ書かれた書簡でも、「富強の源」について次のように述べている。

その源は、政教がよく整い明らかで、風俗が純朴かつ真心あるものであり、どの家も衣食足りて豊かで、民が喜んで公におもむき、それによって国家の安定した基礎が形成されることにあります。そうであってこそ、富強が達成できるのです。（富強を実現するための）本末を実行するには、順序があるのです。従って西洋を手本とするまでもなく、本をただし民を満足させることは、西洋も中国と同じなのです。[32]

このように郭嵩燾は、帰国後も従来同様に、政教風俗が儒教的価値観に照らして肯定できる優れたものであってこそ、国家が安定し富強が可能となるのであり、西洋も中国もその点で同様であるとみていた。郭嵩燾は西洋の富強の原因を、中国文明とは異質な価値観や思考様式に見出したわけではなく、依然として伝統的文明観を前提として、儒教的価値観とそれにもとづく伝統的思考様式に依拠することによって、理解していたというべきであろう。[33]

もっとも、郭嵩燾においてそうした理解が明確なものとなるためには、西洋の文明が中国文明と同質の文明であることを示すそれなりの根拠が必要であった。その根拠はいかにして見出されたのであろうか。結論からいえば、前述のように西洋の政教風俗を「三代」の理想を継承するものとみる、伝統的文明観の枠内での西洋理解は、西洋における政教風俗の個々の事例が、儒教における古の理想の政教風俗と合致することの確認、[34]すなわち、いわゆる附会説[35]を積み重ねることによってもたらされたのであった。ここでは郭嵩燾の西洋観察の中から、その具体例を紹介しておきたい。

西洋の政教風俗への観察においてまず注目されるのは、西洋の政治のあり方、とりわけ議会制度等に関する記述である。英国到着から約二ヵ月後の李鴻章への書簡で、郭嵩燾は次のように述べている。

百余年来、官民あいともに国政の改善の方法を求め君主に建白を行ない、日に日に善政がもたらされました。今日に至って君主はその賢明な態度を称賛されており、人心風俗は進んで一層改善されております。[36]

この時期、郭嵩燾はすでに英国議会を見学しており、[37]この記述にはその際に得た知識が、ある程度反映していると考えられる。郭嵩燾は出使以前から、西洋の議会制度等について一定の認識を持っていたが、これ以後その認識は次第に深化し、議会制度等が西洋の政治の重要な部分をなすものと認識されるようになる。英国到着から十一ヵ月後、郭嵩燾は英国における国勢の伸張の原因について、次のように記している。

（英国で国勢が伸張した原因は）議会に国是を維持するという義があり、また市長が設けられ、民を治め、民の願望に従おうとする情があるからである。この両者が互いに支え合っているが故に、君民が互いに連携し、互いに盛衰を繰り返しながらも、立国以来千余年ついに衰退せず、人材・学問は継承され、それぞれ皆力を尽くしている。これこそその立国の本である。（中略）中国では秦漢以来二千余年まさにそれと反対の状況にあるが、その事をわきまえている者は少ない。[38]

このように、英国では議会や市長を設け、君民が連携してきたが、中国では秦漢以来それと反対の状況にあるという時、郭嵩燾は前節でみた劉錫鴻がそうであったように、この時点では、議会制度や地方自治制度に儒教における古の理想政治を投影して理解しているようにみえる。

ほかにも、郭嵩燾は西洋の政治のあり方を、しばしばそれに儒教における古の理想の政治を投影することによって理解している。例えば、一八七七年（光緒三）十一月、郭嵩燾は英国のロシア出兵をめぐる新聞の論調に言及した際、西洋では社会の諸問題に関する多様な主張は、新聞によって伝えられるのであり、その主張の是非はすべて世論の判断に委ねられ、為政者が介入することはない、と新聞言論の自由について指摘している。その上で「『周礼』で『群臣に訊き、万民に訊く』といっているのはこの意味である[39]」と述べ、西洋近代における新聞の役割を経書の記述に附会することによって説明している。

郭嵩燾は、西洋の風俗についても多くの記述を残しているが、特に西洋人の「礼」に強い関心を示している。郭嵩燾に限らず当時の中国人の出使日記には、西洋人の「礼」に関する記述がしばしば見出せる。それは、彼らが、「礼」を重視する儒教的価値観にもとづいて、「礼」の有無を西洋の政教風俗を評価する基準にしていたためである。上海を出発して数日後、西洋の艦船が海上で行き交う際の「礼譲の行」を目にした郭嵩燾が、そこに西洋の「富強の基」を見出したことはよく知られる[40]。また英国滞在中の日記にも、西洋人の「礼」に関する記述は少なくない。一行の従者がロンドンで酔っ払いから暴行を受けた際の、英国側の対応への評価は、その一例である。事件を目撃した英国の紳士が犯人の処罰を求めたのを受けて、裁判所は厳罰をもって臨む。郭嵩燾はこうした英国社会のあり方を評して、「礼をもって自ら任ずることが、この通りであり」、「この国の民の風俗の尊さをうかがうことができる[41]」と述べ、英国の風俗における「礼」の浸透ぶりを称えている。また郭嵩燾は、貧家の子弟を集める学校を訪れた際、児童による食前食後の「鼓琴、作歌」の儀礼を、「三代の礼楽はこれ以上のものではなかった[42]」と「三代」の理想の儀礼を念頭におきつつこれを称賛している。

このようにして郭嵩燾は、西洋における政教風俗の個々の事例への観察を通じて、それらが儒教的価値観に合致するとみなし、そうした経験を積み重ねる中で、中国文明は中国では失われたが西洋に伝わり発展したという、伝統的文明観に即した西洋の文明への理解を形成して行ったのである。

ところで、こうした西洋の文明への理解を可能にしたのは、儒教における理想の政教風俗を、西洋に投影する附会的な解釈だけではかった。郭嵩燾の日記には、儒教に関心や敬意をもつ西洋人たちとの実際の出会いの様子が、少なからず記録されている。前述のような西洋の文明への理解は、こうした体験によっても支えられていた。例えば、香港に寄港した際、郭嵩燾は西洋人が経営する学校で、中国人のみならず西洋人の子弟に対しても四書五経が講じられている様子を見学し、「あたかも古人における人材養成の遺意を踏襲しているようだ(43)」と述べている。また、英国到着から四ヵ月後の一八七七年（光緒三）五月の日記には、ある西洋人が中国に対する西洋の傲慢な態度を批判し、「中国の聖人の道は、十分に道理を備えており、他教をもってこれを乱すべきではない(44)」と述べたことを記している。さらにその半年後、郭嵩燾は儒教経典の英訳者として著名な漢学者レッグ（James Legge 理雅各）の招きで、オックスフォード大学を訪れる。その際郭嵩燾は、儒教を重んじた康熙帝の『聖諭広訓』に関するレッグの講義を、数百人もの学生が熱心に受講する光景に接し、「我が聖祖の徳教が遠方まで流布していることがうかがえる(45)」と述べている。同様の体験は、その後も途絶えることはなかった。一八七八年（光緒四）七月、パリに滞在した際には、「考究東方学問会」「東方語言会」等の役員をはじめ、中国の「尊祖事親の義」を信奉する人物や、学問は皆中国に起源をもつと唱える化学者らとの出会いを、印象深げに記録している。また、ロンドンに戻ってからも、儒教、仏教、道教、キリスト教の異同に通じ、中国の知識人以上に「孔孟立言の旨趣」を究めた英国夫人との出会い等を、記録している(46)。

十六世紀以降におけるイエズス会士の儒教礼賛によって、従来から西洋に存在した中国を理想化する風潮は一層強化され、十八世紀にはその頂点に達する。しかし産業革命以降、英国をはじめとする西洋諸国の国力の伸張と、それに伴うアジアに対する優越感の高まりの中で、十九世紀初めには前世紀の中国熱は一変し、歴史家や思想家は概して中国を劣等とみなすようになる。当時中国への布教を開始したプロテスタント宣教師たちが、儒教への研究を深め、表面的には儒教を否定せず、キリスト教との類似性を強調したのも、多くの場合布教上の必要によるものであった。[47]ただし、十九世紀になっても十八世紀的な中国観は完全に消滅したわけではなかった。郭嵩燾の記述はそうした状況を、多分に伝統的文明観の側からの思い入れをこめて記録したものだったとみるべきであろう。郭嵩燾の立場からすれば、たとえ少数とはいえ、西洋社会にも儒教に関心を持つ人々を見出したことは、とりもなおさず、儒教そして中国文明が西洋においても普遍性を持ち得ることの、西洋人自身による証明にほかならず、文字通り特筆に値する出来事だったに違いない。

（4） 中西の異質な価値観への認識の萌芽

これまで述べてきたように、儒教的価値観及びそれにもとづく伝統的思考様式に依拠した郭嵩燾の西洋理解は、出使期においても出使前と大きく変化することはなかった。郭嵩燾はあくまで伝統的文明観を前提として、その枠内で中国における文明の衰退、それに対する西洋の優位を認めたにすぎず、西洋の文明を中国文明とは異質な文明と捉えてはいなかった。しかしながら、郭嵩燾の言説を仔細に検討すると、我々は彼が西洋観察を深めるにつれて、西洋の文明に中国文明とは異質な価値観が存在することに、ごく断片的ながら気づきはじめていたことを見出すのである。

a　女性をめぐる風俗における異質な志向

まず、女性をめぐる風俗への郭嵩燾の認識に注目してみたい。出使中、郭嵩燾は頻繁に各種の社交の席に招かれている。そうした体験は、彼が西洋における女性のあり方について観察を深める上で、恰好の機会となった。一八七七年（光緒三）六月二十二日、郭嵩燾はヴィクトリア女王が開いたバッキンガム宮殿での舞踏会に出席し、その時の様子を次のように述べている。

各自が知り合いの異性を抱きかかえてともに踊っても、それを非としない。もし中国であれば、どれほど乱れることだろうか。(48)

また一八七八年（光緒四）五月二十二日、同じくバッキンガム宮殿での舞踏会の際には、男女が入り交じり手を取り合って早朝まで踊る様子を紹介しつつ、次のように記している。

これは中国の礼法から論ずれば、荒廃した風俗に近い。しかしその風俗と教化は、実に中国よりはるかに優れており、いまだかつて常軌をはずれた行ないを聞かない。(49)

こうした記述からは、男女がともに踊っても整然として風紀の乱れがなく、女性が社交の場に参加することが認められる西洋の風俗が、肯定的に評価されていることがうかがえる。また、西洋における教育制度の充実ぶりを高く評価していた郭嵩燾は、「西洋人が学問を尊ぶのは、男女とも同じである」(50)と述べ、女性にも学問・教育に携わる者がいることに注目しており、一八七八年（光緒四）十月、スコットランドで、ある女学校を視察した際には、女子が識字や算数を学んでいることに注目し、こうした女子教育は「皆中国の士大夫がいまだかつて知らぬものである」(51)と述べている。このように郭嵩燾は西洋における女性の社交への参加や、学問・教育への従事、あるいは女子教育の推進など、中国とは異質な女性の社会参加への志向に注目し、肯定的に捉えているのである。

しかも郭嵩燾は、こうした女性の社会参加への志向を受け入れ、自らも実践をしようとしている。一八七八年（光緒四）六月十九日、郭嵩燾はロンドンの中国公使館で各国公使や英国の政治家・官僚等七九〇名余を招き、西洋式の茶会を主催した。当初郭嵩燾は、西洋の流儀にならい、夫人名義で招待状を出すつもりだった。中国に伝われば非難を免れまいとの張徳彝の説得によって、夫人名義での招待は思い止まったが、茶会当日は夫人も来賓に応対したという。[52] 付言すれば、劉錫鴻の場合は、出使期に西洋の風俗への評価を肯定的なものに改めながらも、西洋に「男女の別」がない点には違和感を持ち続け、西洋の社交の場に夫人を参加させるのに積極的だった郭嵩燾を、「婦女を利用して西洋人に迎合した」と批判し、これが郭嵩燾に対する弾劾の根拠の一つともなった。[53]

出使前の段階で、郭嵩燾が富強を実現した西洋の政教風俗を、肯定的に捉えることができたのは、さしあたりその内容が、儒教的価値観に反するものでないとみなせたからであった。そして出使期においても、郭嵩燾は西洋観察を通じてそのことを確認していった。しかし、ここで女性の社会参加への志向が肯定的に捉えられているのは、それらが「三代」の政教風俗によって代表される儒教的価値観に合致していたからではない。むしろ、西洋の舞踏会について「中国の礼法から論ずれば、風俗が荒廃した状態に近い」と述べ、女子教育について「皆中国の士大夫がいまだかつて知らぬもの」と指摘しているように、郭嵩燾にとってそれらは、「男女に別あり」（『礼記』大傳）、「男女授受するに親らせず」（『孟子』離婁上）といった儒教的価値観とは、相容れない異質なものであった。にもかかわらず、郭嵩燾はそれらを機械的、感情的に否定することはなかった。このことは、西洋における富強の根源を見極めようとする、郭嵩燾の冷静かつ柔軟な観察眼を示すものとして、注目されてよい。

b　政治のあり方における異質な志向

こうした郭嵩燾の冷静かつ柔軟な観察の中でも、とりわけ我々の目を引くのは、西洋における政治のあり方、とりわけ議会制度等に関する記述である。前述のように郭嵩燾は、英国到着後早い時期に、議会制度等が政治において重要な位置を占めていることを認識していた。出使して十一ヵ月後の日記（注（38）参照）では、議会制度や地方自治制度を通じて君民が連携してきたことが英国の「立国の本」であるとみなしているが、すでに指摘したように、この時点での議会制度や地方自治制度への認識は、儒教における古の理想政治を投影したものだったようにみえる。しかし、郭嵩燾の認識は、そこでとどまることはなかった。

郭嵩燾は、この記述から一ヵ月後の一八七八年（光緒三）一月二十日の日記で、フランス大統領マクマオンによる王政復古の企図をめぐる王党派と共和派の対立を論じている。そこでは西洋の政治のあり方とそこでの議会制度の位置付けが、「三代」の政治との対比において論じられている。郭嵩燾はまず西洋の政治の特質について、次のように指摘している。

西洋の君徳は、中国の三代の優れた君主には及ばないが、（中略）国政をもっぱら臣民に公にし、君主は（国政を）私物化しない。官吏を選び政務を執らせるにも、階級・資格があり、採用されるのは皆賢能な人材であり、もっぱら臣民と国政をともにし、朝廷の愛憎を施すことがない。臣民にひとたび不満があればその地位に安んずることは出来ない(54)。

郭嵩燾はこのように君主が国政を「臣民に公」にして私物化しない点に、西洋の政治の特質を見出している。その上で郭嵩燾は、議会制度について次のように論及している。

はじめて議会を設立して以来、立場を異にする二党に分かれ、それぞれ意志を尽くし、研究、論争することによって是非を定めさせ、（中略）論難、詰問は、ただありのままの事実を告げ、隠し立てすることなく、（中略）また人民の立居振舞いももっぱら真実に従い、謙退辞譲の形式的な儀礼を行なわない。国家は法令を設け、とりわけ騙すことを禁じ、偽りをなくすように努力している。(55)

このように郭嵩燾は、君主が国政を「臣民に公」にして私物化しない西洋の政治のあり方が、それを制度的に保障する議会制度等によって安定的に維持されていることを指摘しているのである。こうした郭嵩燾における西洋の政治への理解には、「天下を公と為し、賢と能を選び、信を講じ睦を修む」（『礼記』礼運篇）といった、古の聖人における政治のあり方が投影されているようにもみえる。だが、郭嵩燾がこの記述において西洋の政治に見出しているのは、「天下を公と為す」、すなわち君主が天下を私物化しないことだけでなく、議会制度の導入などにより、国政を「臣民に公」にする、「三代」にはみられない政治のあり方であった。五ヵ月後の一八七八年（光緒四）六月二十日の日記で、郭嵩燾は「三代」の政治との対比をより明確にしつつ、次のように述べている。

三代の有徳の聖人は、西洋のよく及ぶところではない。（中略）しかし聖人はその一身を以て天下のために苦労を厭わないが、西洋は国政を臣民に公にする。聖人一身の聖徳は、永続するものではなく、周の文王、武王、成王、康王の治世はあわせて百年も続かなかった。一方、（西洋では）臣民が善政を推し広めることきわまりなく、時とともに政治は益々優れたものとなっている。三代聖人は政治を天下に公にしたとはいえ、西洋で政治が臣民に公にされるのに比べれば、なお及ばぬのではなかろうか。（中略）（三代の）聖人の治民は徳を以てし、徳には盛衰があり、天下はこれによって治乱を繰り返す。徳は自己に対するものであり、それ故天下に対する要求は常にゆるい。西洋では民を治めるのに法を以てする。法は他人と自己をともに治めるものであり、それ故その法を推し広め他国を拘束し、従うよう要求をすること常に厳しい[56]。

すなわち、中国の「三代聖人」は、天下を私物化せず、徳による政治を行なったが、長続きしなかった。これに対して西洋では政治を民に公にして、法による政治を行ない、政治の発展がみられる。郭嵩燾はこのように指摘するのである。ここに見出せるのは、西洋の政治を「三代」の理想の政治の「遺制」として肯定・礼賛する前述のような態度ではない。むしろ、ここでは西洋と「三代」の政治との間に、民の参加と法の重視、及び天下を私物化しない有徳の為政者への依存という異質な志向を指摘した上で、西洋の政治を肯定的に捉えているのである[57][58]。

郭嵩燾におけるこのような西洋における女性の社会参加への志向や、民の参加と法を重視する政治への志向の発見は、中西両文明の根底にある異質な価値観、さらには中西両文明の異質性についての認識の起点をなすものであった。とはいえ、それらは郭嵩燾の西洋理解の全体からすれば、ごく断片的なものに過ぎず、彼における西洋の政教風俗への理解が、基本的に伝統的文明観のもとで儒教的価値観とそれにもとづく伝統的思考様式に依拠していたことは、これまで論じてきた通りである。しかしながら、こうした異質な志向の指摘は、郭嵩燾は伝統的文明観の維持を目的化していたわけではなく、彼の目的が中国が富強化にこそあったことを示すものといえるだろう。我々はこうした意味で、清末における中西両文明の根底にある異質な価値観への認識の萌芽として、こうした異質な志向への指摘に、特に注目しておくべきであろう[59]。

小　結

郭嵩燾はアヘン戦争の開始当時、浙江で英国の圧倒的軍事力を目撃し、中国の海防の不備を痛感する。一八五五年（咸豊五）には、上海の墨海書館で宣教師メダースト、ワイリーや李善蘭、王韜らに会い、西洋を理解することの必要性を切実に認識する。ただし、西洋人を夷狄とみる認識は直ちには変化せず、依然として華夷的秩序観の枠組みに依拠し、西洋諸国を「撫御」「羈縻」の対象とみなしていた。しかし、一八六〇年代には太平天国を鎮圧した常勝軍の精巧な武器などの観察を通じて、西洋の機器や技術の優位性への認識を深めていった。

一八六三年（同治二）から一八七五年（光緒元）まで、郭嵩燾は広東、福建、北京で官僚として西洋人との交渉等に携わり、西洋商人に対する貪欲な夷狄という評価を修正し、その富強化の過程での役割の大きさへの認識を深めていった。広東巡撫だった一八六六年（同治五）には、民間商船の海外貿易禁止政策を批判して、市舶司により民間商船と官弁企業船舶をともに管理するよう提案し、また福建按察使在任中の一八七五年には、中国の富強化に向けて西洋に倣って国家と商人が互いの利害を知り合い、国家の公利と商人の私利を結合するよう提言した。こうした中で、国家と商人の連携で富強を実現した西洋、それとは逆に官民がみな私利を追求し衰弱を極める中国という対照的な状況認識のもと、旧来の中国＝中華、西洋＝夷狄という秩序観の修正は、郭嵩燾にとって避けられないものとなっていった。しかし広東期以降のこうした西洋優位の認識は、社会の安定・繁栄をいかに実現するかに関して、西洋に中国文明とは異質な価値観をもつ文明を見出し、その文明の優位を認めたものではなかった。郭嵩燾はあくまで伝統的文明観のもとで、儒教的価値観やそれにもとづく伝統的思考様式に即して、西洋での国家と商人の連携を、中国では失われた為政者の優れた政教の結果とみていたにすぎない。

出使期の郭嵩燾は、直接の西洋観察、ことに博物館、万国博覧会の展示などを通じて華夷的秩序観と全く異なる西洋中心の秩序観と遭遇する中で、西洋の優位を世界秩序全体の中で捉えるようになる。そしてあくまで伝統的文明観の枠内で、伝統的華夷観念が元来内包していた華夷逆転の論理に依拠しつつ、中国文明は中国では衰退したがそれを継承した欧州各国が世界で優位にあり、欧州各国は中国を夷狄とみなしている、という間接的表現によって、中西間の伝統的華夷関係の逆転を暗示するにいたる。同時に郭嵩燾は、西洋における政教風俗のあり方に、儒教における古の理想の政教風俗との多くの合致を見出し、また中国文明に敬意をもち信奉する一部の西洋人との接触を重ねる中で、中国文明を唯一普遍とみる伝統的文明観に依拠した西洋理解を深めていった。ただし、伝統型知識人たる郭嵩燾においては、さしあたり伝統的文明観に依拠する以外の選択肢はなかったにせよ、郭嵩燾の目的は中国の富強化にあり、伝統的文明観の維持を目的化していたわけではなかった。そうした中で、西洋の富強の所以を解明しようとする彼の西洋観察は、中国とは異質な女性の社会参加への志向や、民の参加と法を重視する政治への志向などを見出しており、それらは中西両文明の根底にある異質な価値観への認識の萌芽といえるものだった。

第三章　洋務世代知識人における西洋体験と新たな文明観の形成

第一節　薛福成の西洋体験と文明観

はじめに

薛福成（一八三八―九四）は、江蘇無錫の人、字は叔耘、号は庸盦（また庸庵）。貧しい読書人の家庭に六人兄弟の三男として生まれた。[1]鎮江府学教授であった父薛湘（一八四五年恩科進士）と母顧氏のもとで知識人としての伝統的教育を受け、幼少から科挙合格を目指した。[2]十二、三歳の時には、経世の士となることを決意し群書を博覧した。[3]一八五八年（咸豊八）、湖南新寧県令の任にあった父が死に、また太平軍の無錫攻略により一家は蘇北宝応へ逃れる。この時期薛福成は内外危機の原因を清朝内部に求め、八股取士制度を批判し、経世実学を提唱した。

一八六五年（同治四）、二十八歳の時、両江総督曾国藩の幕僚となり、[4]南京の曾国藩幕下で黎庶昌、向師棣、張裕釗、呉汝綸らと交流を深めた。[5]これに先立ち曾国藩は、安慶の幕営に華蘅芳、徐寿・徐建寅父子、李善蘭ら、後に江南製造局翻訳館で活躍する人材を招き、西洋科学技術の積極的導入を図っていた。こうした曾国藩周辺の雰囲気は、[6]薛福成が西洋に目を開く上で大きな刺激となったと考えられる。一八六七年（同治六）秋、薛福成は三十歳で江南郷試を受験するが合格できず、科挙の道を断念する。六九年（同治八）夏には、直隷総督となった曾国藩に随行し保定に赴くが、七二年（同治十一）曾国藩が死去し、蘇州書局で編集・著述に従事する。

一八七五年（光緒元）一月、光緒帝即位にともなう垂簾政治に当り、薛福成が豊富な西洋情報にもとづいて書いた

「応詔陳言疏」は、山東巡撫丁宝楨を介して朝廷の重視するところとなり、政策決定に影響を与えた。[7] かくして名声を得た薛福成は、同年三十八歳で、当時北洋大臣、直隷総督であった李鴻章の幕僚となり、[8] 以後内外の重要課題について西洋への広範な知識を駆使して活発な提言を行ない、また李鴻章の奏疏・書信の多くを代筆し、清朝の方針決定に重要な役割を果たした。[9] 一八七九年（光緒五）後半には当面する内外問題への対策を論じた『籌洋芻議』を、朝廷に提出（出版は一八八五年）し、総理衙門では重視されなかったものの、当時の先進的知識人の間では広く流布した。[10]

一八八四年（光緒十）、四十七歳の時、清仏戦争（一八八四―八五）が始まると薛福成は寧紹台道に任じられ、李鴻章のもとを辞し浙東の防衛に尽力した。[11] またこの頃、格致書院が公開で実施した考課に出題するなど、同書院とかかわり、フライヤーとも交流があった。一八八八年（光緒十四）に湖南按察使となるが、八九年（光緒十五）五月、五十二歳で出使英法義比大臣に任じられ、[12] 翌九〇年（光緒十六）一月一日上海を出発、三月九日パリの中国公使館に赴任する。これより四年間、薛福成は海外僑民保護のための領事設置などに尽力する一方、西洋観察に努め、徐継畬の『瀛環志略』をこえる地理書の編纂を目指した。一八九四年（光緒二十）五月二十五日、パリをたち、七月一日、上海に到着するが、同月二十一日上海で病死した。享年五十七歳。

このように薛福成は伝統型知識人ながら、洋務運動を推進する立場から出使前においても西洋情報を積極的に受容していた点で、洋務世代を代表する知識人の一人といってよい。薛福成については、中国では専論も多いが、わが国ではしばしば言及されるものの、その文明観についてのまとまった研究はまだない。[13]

一、出使以前の秩序観と文明観

はじめに、出使期における薛福成の文明観の変動を明らかにするための準備作業として、出使以前の秩序観と文明観について検討する。前述のように、薛福成は経歴的には伝統型の知識人であった。だが、洋務運動期に急増した西洋情報を積極的に受容しつつ思想形成を遂げていった。以下ではこうした点にも注意をはらいながら、各時期における代表的著作を取り上げて検討する。

（1）「上曾侯相書」（一八六五）から「贈陳主事序」（一八七二）まで

a　秩序観

薛福成が、中国の置かれた状況と改革への方策を体系的に論じた最初の著作は、一八六五年（同治四）、二十八歳で曾国藩に認められるきっかけとなった「上曾侯相書」である。この書簡は、「人材を養う」「墾田を広げる」「屯政を興す」「捻寇を治める」「吏治を澄す」「民生を厚くする」「海防を籌《はか》る」「時変を挽く」という八項目の提案からなっていた[14]。このうち、当時における薛福成の秩序観をうかがう上で注目されるのは、「海防を籌る」である。ここではまず、当時の世界情勢を「古今の変局」と指摘し、次のように述べている。

> 古代においては、中国内部でも、土地が殊なると服装が異なり、数百里隔たると往き来がない地域がありました。（中略）次第に今日にいたり、西洋諸国は海を渡って外国と貿易し、およそヨーロッパ、アメリカの数十ヵ

国の人々が、競い合って中国に至り、そのうちイギリス、ロシア、フランス、アメリカの四国が最強であります。かくして地球上には、往き来のない国は殆どなくなりました。[15]

西洋諸国のアジア進出により国際関係が緊密化したという、ここでの世界認識は、一八七二年（同治十一）、アメリカ留学に赴く幼童七十名を引率する旧友陳蘭彬に贈った「贈陳主事序」において、より整理された形で示された。薛福成は次のように述べている。

天地開闢以来、清淑純霊の気がこもり、神聖なる天子の統治が行なわれてきたのは、恒に中国においてであります。（中略）天下の人民の長い歴史の中で、技術が盛んになり風俗が開けるにつれて、中国の趨勢には変化が生じました。中国の徳威は遠方まで及び、（中略）辺境の開発は進み、すでに古代から大きく変化しております。一方、近来西洋諸国は智力に勝ろうと競い合い、器数の学（科学技術、手代木注）は日に日に進歩を遂げました。その威力は水火を思い通りに操り、風雹を駆使することができるほどとなり、（軍艦の）旋風のような速さを恃んで数万里を越えてやってきて、わが中国を見下ろしております。中国は未曾有の事態に震撼しながら、なすすべを知りません。当初は皆追払おうと議論したものの、国土が広大で軍隊は疲弊し、たやすく西洋人につけこまれ、西洋人は勢を得て益々ほしいままに振る舞い、広く利益を求めて厭くことを知りません。[16]

ここで薛福成は、西洋諸国が圧倒的な軍事力によって中国を震撼させていることを指摘している。しかし、その前段では「中国の徳威が遠方に及ぶ」ようになったことを強調しており、決して西洋諸国の中国に対する全面的な優位を認めているわけではない。彼はさらに次のようにいう。

今日、海外諸国の中国と競うものはイギリス、フランス、アメリカ、ロシア、ドイツであり、その他海上に往来するものはおよそ数十ヵ国に上ります。彼らは中国の状況について知り尽くしております。その大砲の精密さ、軍艦の速さはとても中国のよく及ぶものではありません。しかし中国の優れた点は、礼に則り義を守り、三綱五常がはっきりしていてやぶれることがないことであり、諸国はこれに遠く及びません。(17)

すなわち、薛福成にとって中国は依然として「礼義の郷」であり、これに対して西洋諸国は、その優れた兵器にもかかわらず、「利を貪り、集まって淫色にふけり、生臭物を食べる」（饕利、朋淫、腥羶）人々の住む地域に過ぎないとみなされていた。(18) 薛福成においては、圧倒的軍事力を背景とする西洋諸国の中国進出という未曾有の事態、及びそれへの中国の震撼という状況認識にもかかわらず、伝統的文明観にもとづいて中国と西洋諸国の関係を華夷の関係で捉える伝統的秩序観は、放棄されたわけではなかったのである。

b 「変局」への対応策

それではこの時期の薛福成は、こうした「変局」に中国はどう対応すべきだと考えていたのであろうか。薛福成はまず「上曾侯相書」において、西洋諸国の中国進出に対して中国が取るべき防衛の方策には、「体」と「用」があるとした上で、まずその「体」について次のように指摘している。

政刑を治め、風俗を厚くし、賢才を育て、旧法を変じ、積弊をはらい、民を養い兵を鍛え、外国と貿易し商品や金銭を往来させ、中興の施策を盛んにすることであります。(19)

このように薛福成は、社会の安定・繁栄を実現すべく儒教的価値観とそれにもとづく伝統的思考様式に依拠して、まず内政を重視している（ただし末尾で対外貿易にも言及する）。その上で防衛の方策の「用」、すなわち西洋諸国への具体的対応策としては、「西洋人の長所を奪いかつその短所に乗ずる」[20]ことを提唱する。「その長所を奪う」とは、西洋からの機械の購入と技術者を招聘により武器を製造し、また留学生派遣により西洋の言語・学問に通じ、汽船を模造させることとされる。当時すでに曾国藩が開設した安慶内軍械所では、中国人技術者による武器や汽船の製造が行なわれていた。薛福成は当然そのことを知った上で、そうした事業のさらなる推進を提起したのだった。薛福成によれば、西洋人は「利を貪り」、「得意とすることを自慢するのを好む」から、その利器を購入し技術を学ぶことは可能である。しかも、西洋の利器は人類の智恵の結晶であって、西洋人だけが独占できるものではなく、西洋の利器を奪うことは決して恥ではないとされた。また、「その短所に乗ずる」とは、第一に、西洋の軍隊が遠来でありかつ多勢でないことに着目し、兵力を主要地に集中して戦うこと、第二に、列強の対立関係を利用し、中国に悪意のない国を利益で誘導すること、第三に、各国が中国と戦えば他国の商業の利益をあがなわねばならず、また自国の商人や宣教師の活動の妨げとなることをもって、各国を牽制すること、とされた[21]。

こうした「上曾侯相書」における内政重視を根本として西洋の機器・技術の導入を図るという「変局」への対応は、「贈陳主事序」においても同様に見出せる。薛福成が中国のとるべき対応として重視したのは、「まず政教をおさめることに努め、その補いとして自強の術を行う」ことであり、「自強の術」の要点は「上曾侯相書」で述べたのと同様に「西洋の長所を奪って我の短所を補い、また西洋の短所を明らかにして我の長所を活かす」[22]こととされた。

このように一八七〇年代初めまでに、薛福成は軍事的に圧倒的優位にある西洋諸国による中国に対する圧迫を、未曾有の「変局」と認識するにいたる。ただし、薛福成は依然として中国文明を唯一普遍の文明とみなす伝統的文明観にもとづき、中国を「礼に則り義を守る」中華、西洋諸国を「利を貪り、集まって淫色にふけり、生臭物を食べる」夷狄とみなしていた。伝統的文明観とそれにもとづく華夷的秩序観は、放棄されたわけではなかったのである。従って「変局」への対応は、あくまで儒教的価値観とそれにもとづく伝統的思考様式に即して、内政を重視し政教風俗を修めることを主とし、西洋の機器・技術の導入はあくまでその補いとされた。しかしながら、儒教的価値観とそれにもとづく伝統的思考様式に即して議論を展開しながら、彼の提起には対外貿易の促進、西洋の技術者の招聘、留学生の派遣など、当時としてはきわめて積極的な対応が含まれていた。

（2）『籌洋芻議』（一八七九）

一八七九年、薛福成は李鴻章を通じて朝廷に『籌洋芻議』を提出している。この著作は、「贈陳主事序」で示された世界像の枠組みを継承しつつ、欧米列強と日本による中華世界における伝統的秩序の排除、保護国・植民地の拡大など、一八七〇年代における国際情勢の変化、及び薛福成の西洋理解の深化をふまえ、西洋諸国への対抗と中国富強化の方策を論じており、出使前における薛福成の秩序観と文明観を知る上で、最もまとまった著作である。

a　秩序観

『籌洋芻議』は全十四篇からなるが、とりわけ注目すべきは最後におかれた「変法」篇である。すでに序論でもふれたように、ここで薛福成は、人類がかつて経験した世界秩序の変動（大変）には、第一に、「唐虞の世」における「鴻荒の天下」から「文明の天下」への変化、第二に、「始皇帝の世」における「封建の天下」から「郡県の天下」への変化があったが、今日中国が直面している世界秩序の変動こそは、それらに次ぐ第三の「華夷隔絶の天下」から

とはいえ、実際のところ、薛福成は『籌洋芻議』においても依然として、伝統的文明観と中国を文明の中心（中華）とみなす華夷的秩序観を維持し、西洋人を「遠図に昧く近利に溺れ」「飽くなき欲求がやむことのない」[23]ところの夷狄とみなしていた。そうした立場から薛福成は「変法」篇で、西洋諸国に対抗して中国の富強化を実現すべく、そのための方策を次のように提起している。

（今日においては）不変の道によって、今日の情況を変化させ、古の理想の治世にかえるべきであります。また次第に変化する方法は、古い方法を変化させ、今日に相応しい方法に改めるべきであります。[24]

このように、古の聖人の「不変の道」を保持して古の理想の治世を実現すべく、状況にあわない古い方法を改め、今日に相応しい方法を実施するというのが、彼の基本的立場であった。薛福成はまた古の聖人が示した「不変の道」を継承することと、西洋の「器数の学」に倣うことの関係を、次のように述べている。

衣冠・言語・風俗は中外の異なるところでありますが、自然の恵みを借り人類の用に利することは中外の同じくするところであります。たまたま西洋人が先に発達させたからといって、どうして天地が漏らした秘密を西洋人が独占できましょう。（中略）西洋人の器数の学に倣い、それによってわが堯、舜、禹、湯王、文王、武王、周公、孔子の道を守れば、西洋人に中華を蔑視させることはありません。堯、舜、禹、湯王、文王、武王、周公、孔子が再び生まれて来たとしても、器数の学につとめ、それによってその道もまた必ず次第に八紘を被うでありましょう。これこそ（『孟子』の）所謂『夏を用いて夷を変ずる』ということであります。[25]

すなわち、薛福成の理解によれば、「器数の学」は天然資源を社会の発展に役立てようとする人類共通の営みの成果であり、西洋がやや先んじたからといってそれを独占できるものではない。従って、中華としての中国が今日の状況に対応する方法として「器数の学」を受容し、古の聖人の「不変の道」を守り広めれば、「遠図に昧く近利に溺れ」「飽くなき欲求がやむことのない」西洋人をも教化しうる、とみなされていたのである。

以上のように、『籌洋芻議』において薛福成は、西洋諸国の中国に対する軍事的な圧倒的優位のもとで、世界秩序の中に「華夷隔絶の天下」から「中外聯属の天下」へという変化を見出しているが、それは伝統的文明観にもとづく華夷的秩序観からの転換を意味するものではなく、中国＝中華、西洋＝夷狄という認識に明確な変化が生じたわけではなかった。この点に関する限り、出使期の郭嵩燾が間接的表現ながら華夷の逆転を暗示したのに比して、この時点における薛福成は、その一歩手前にとどまっていたようにみえる。[26]

b　「変法」の提唱

このように薛福成においては、世界秩序の変化への認識はあったにせよ、伝統的な文明観と秩序観からなる世界像の大枠は維持された。従って、依然として古の聖人の「不変の道」により、理想の政治を実現することが目指され、当面する世界秩序の変動には、「不変の道」の枠内で状況に相応しい方法の実施により対応することが唱えられた。もっともその方法とは、「器数の学」をはじめ西洋諸国における富強化のための諸方策の導入を意味し、その内容は薛福成が精力的に進めてきた西洋情報の収集をふまえた、当時としては最先端のものであった。薛福成は「変法」篇において、古の聖人も黄帝が弓矢や指南車を造ったように富強の術を行なったことを根拠に、西洋諸国に倣って商業・礦業を発展させ、機械の製造を精密にし、汽船・汽車・電報を導入し、また西洋の条約の利弊、外交官の優劣、軍隊の制度を研究するなど、富強化の方策を講ずることを主張している[27]。

ところで、薛福成は一八七五年（光緒元）に日本の台湾出兵（一八七四）を契機に清朝内部で自強の方途をめぐる論争がおこると、山東巡撫丁宝楨を通じて朝廷に「応詔陳言疏」と題する意見書を提出している。この「応詔陳言疏」は、『籌洋芻議』で示された富強化の方策の前段階に位置するものであった。「応詔陳言疏」は「治平六策」及び「海防密議十条」からなり、「海防密議十条」において、西洋諸国との外交や中国の富強化のための提言がなされている。外交に関しては、まず第一条で、中国が西洋諸国からの孤立を回避する上で友好国を選択すること（択交）の重要性を強調している[28]。また第十条では、国家間の条約や国際法を重んじる国際外交の慣行と、そのことに全く無知な中国の交渉担当者の状況を直視し、通商条約と国際法を各省藩司より州県へ頒布し参照させるよう述べている[29]。富強化に関しては、第三条において、まず西洋における「器数の学」の発達は、西洋諸国が機械の発明を奨励し、新たな発明をした者を保護・優遇してきたことに由来すると指摘し、中国もそれに倣うよう述べている[30]。また第五条では、西洋諸国にならい商業活動を保護し商人に利益を上げさせることを唱え、具体的には西洋諸港で活動する華商から収税し軍艦を各洋に配置して華商の商船を保護することを、「富強の道」として提案している[31]。以上のうち第十条は、少なくとも一八六四年（同治三）に総理衙門の援助により刊行されたマーチンの翻訳『万国公法』や、一八六六年（同治五）総理衙門に提出された二つの意見書、すなわち条約を遵守することの中国にとっての重要性を力説したハートの「局外傍観論」、及び西洋の新法を学び中国の旧法を変ずることによって中国の自主権を守るべきことを強調したウェードの「新議論略」などをふまえていたであろう。また第五条は、西洋各国が南京条約により開港された五港に軍艦一隻ずつを停泊させる権利を有し、それにより自国民の貿易管理と保護を行っていたことをふまえている。薛福成の提言には、ほかにもいくつかの情報源があったと考えられるが、薛福成自身はそれを明らかにしておらず、今後の研究に待つほかない。だが、「海防密議十条」におけるこれらの提言からは、曾国藩、李鴻章の幕僚として洋務への提言を求められる立場にあった薛福成が、中国に対する西洋諸国や日本の圧力が強まる中で、様々な経路で流入する西洋情報を旺盛に受容していったことがうかがえる。前述のように、「応詔陳言疏」が朝廷の政策決定に大きな影響力を持ちえたのは、決してこのことと無関係ではなかった。ただし、商業保護を唱える一方で、「治平六策」の第六策においては、「不涸の源」は朝廷による節倹の崇尚にあり、「理財の政」は開源ではなく節流にこそあると説くなど(32)、儒教的な経済観念はなお維持されていた。このように西洋情報の受容は、決して体系的なものであったわけではなかった。だが西洋情報が増大する中で、西洋に学ぶ富強化への積極的な姿勢が、従来になく強まっていたことははっきりと確認できる。

こうした一八七五年の「応詔陳言疏」での提言をふまえつつ、その後さらに受容された西洋情報を盛り込んで書かれたのが、一八七九年の著作『籌洋芻議』であった。前述のような『籌洋芻議』「変法」篇での改革の提唱は、他の諸篇における西洋情報をふまえた中国の対外政策、国内政策に関する主張にもとづいていた。そうした主張のうち特に注目されるのは、条約・国際法への理解の深化をふまえた指摘である。まず、「約章」篇では、最恵国待遇と領事裁判権を認めたことを、中国の条約締結時の誤りとして指摘し、条約改訂を機会に撤廃を要求すべきことを主張している(33)。また、「敵情」篇では、国際法においては条約国の一方に他国との外交問題が生ずれば、他の条約国は調停することになっているが、中国は条約締結時にしかるべき対応をせず、調停が得られないのだと指摘する。そして、調停を受けるには友好国を確保しておくべきだとして、アメリカ、ロシアを候補としてあげている(34)。さらに、「利権一、二」篇では、西洋諸国の厘金撤廃要求は条約・国際法いずれに照らしても不当であると批判している(35)。条約・国際法を重視する姿勢は「応詔陳言疏」にも見られたが、国際法や外交に関してはその後『星軺指掌』（一八七六年、原書は

Guide Diplomatique)、『公法便覧』（一八七七年、原書は *Woolsey's International Law*）などマーチンらによる欧米文献の翻訳が刊行されている。『籌洋芻議』にみられる以上の主張は、そうした文献を参考にしつつ[36]、条約・国際法を口実に不当な要求を突きつけてくる「ただ利を観るのみ」（惟利是観）の西洋諸国に対し、ほかならぬ条約・国際法に依拠して対抗しようとしたものであった。なおこうした主張は、以後の外交実践、ことに出使期に英国外務省との香港領事設置交渉を成功させた体験などをふまえ、一八九二年（光緒十八）に「論中国在公法外之害」としてまとめられることになる。

西洋情報の受容をふまえた主張として、『籌洋芻議』においてもう一つ注目されるのは、従来以上に通商の重要性が強調されていることである。薛福成は「商政」篇において、西洋人は工商業を重んずることにより富強を遂げたとし、「商務未開」の時代と異なり、「天下が商務を務めと為す」時代においては、国家間に利の移動が起こり、「衰国の利」は「旺国」へ移るから、通商の禁止はもはや不可能であり、中国は自ら商務をおさめなくてはならない、と主張する。その上で、商務を興し外国の利益を奪うための具体策として、①輪船商招局を数局増設し、西洋が独占する販運の利を回収すること、②中国の主要輸出品である茶、生糸の栽培奨励と栽培方法改良により、競争力の強化を図ること、③英国の洋布に対抗し、株式を集め公司を設立した者を優遇し、機械導入による洋布生産をさせること、を提言している[37]。これらのうち茶、生糸の栽培方法の改良、公司設立のよる洋布生産などの提言は、例えば、中国の富強化への方策を説き大きな影響力があったアレンの『中西関係略論』（一八七五―七六）[38]などから、ヒントを得ていた可能性がある。また「船政」篇では、こうした通商重視の立場から、西洋の通例にならい軍艦を派遣して海外で通商に従事する華人を保護せよ、という「応詔陳言疏」に見られたのと同様の提言がなされている[39]。

以上のように、一八七〇年代後半の薛福成においては、依然として古の聖人の「不変の道」にもとづく政教こそが治世をもたらすという、伝統的思考様式が維持されていた。だが、西洋諸国の中国への圧迫の一層の強まりの中で、「不変の道」の普遍性が強調される一方で、大量に受容された西洋情報をもとに中国の対外政策、国内政策の問題点が指摘され、富強化へ向けての「変法」、すなわち、新たな状況に相応しい方法を実施することが提唱されたのであった。かくして行なわれた『籌洋芻議』での薛福成の提言は、総理衙門では重視されなかったものの、鄭観応が『盛世危言』（十四巻本、一八九五）「交渉下」篇に『籌洋芻議』の「変法」篇全文を収録し、梁啓超が「読西学書法」（一八九六）において『籌洋芻議』を「中国人所著言西事之書」の「佳者」と評していることが示すように、変法期の先進的知識人の間で、少なからぬ影響力を持つことになったのである。(40)

（3）出使まで

一八八四年（光緒十）、寧紹台道に任じられた薛福成は、李鴻章のもとを去り浙東の防衛に尽力する。そのかたわら、一八八〇年代後半には過去の著作の整理・出版に集中的に取り組むとともに、引き続き西洋情報の受容に努めた。一八八八年（光緒十四）十月から湖南按察使の任にあった薛福成が、劉瑞芬の後任として出使英法義比大臣に任じられたのも、そうした西洋への関心の強さと無関係ではないであろう。薛福成は当時すでに、西洋事情に通じた人物に数えられており、上海の格致書院が西洋科学技術の普及を目的に公開で実施した考課にも、一八八六年（光緒十二）春季課、八七年（光緒十三）秋季課、八八年（光緒十四）秋季課の三度にわたり出題している。(41)(42)

薛福成をこのように西洋通たらしめたのは、なんといっても上海を中心に出版・発行された宣教師の著訳書や新聞・雑誌など、西洋情報を伝える媒体への強い関心であった。一八八九年（光緒十五）、西洋への出使前に上海に滞在した薛福成は、出使に携帯するために江南製造局翻訳館の天算、輿地、製造、格致の諸分野にわたる歴代訳書各一冊を取り寄せている。[43]また出使期の日記においても、中国における西学書の翻訳状況にふれ、江南製造局では五、六十種、天津機器局では軍事・武器関係の二十余種、同文館では各国史書、西学書など二十種が訳されていること、また当初それらは「無益の費」と誇られたが、今ではそれらが紹介する西学諸説を学ばない者はないことを指摘している。また中国の新聞として、香港の『循環日報』、『中外新報』、『維新日報』、広東の『広報』、上海の『申報』、『滬報』、天津の『時報』など、雑誌としては月刊誌『万国公報』、『中西教会報』、季刊誌『格致彙編』の名を挙げており、[44]薛福成の日配りのよさがうかがえる。薛福成はこのうち『万国公報』に二度文章を載せており、『格致彙編』にはフライヤーの求めに応じて序文（趙元益の代筆）を贈っている。[45]また、出使期の日記に見える西学関係の記述には『格致彙編』からの引用が少なくない。[46]薛福成は多くの場合西洋情報の来源を示していない。だが、こうした宣教師の著訳書や新聞・雑誌への関心の高さをふまえれば、彼がそうした出版物やその関係者との接触を通じて、少なからぬ情報を受容していたことは明らかであろう。かくして洋務世代の薛福成は、十三年前、出使時の郭嵩燾が有していたのに比して、はるかに豊富な西洋情報を携えて西洋に赴いたのだった。

二、出使期（一八九〇―九四）の文明観

薛福成は一八九〇年（光緒十六）二月一日、フランス公司船イラワジ号で上海を出発した。一行は薛福成、夫人盛氏、次女及び参賛許珏（一八九三年駐米公使館二等参賛官、一九〇二―〇六年駐イタリア公使）、随員顧錫爵、趙元益（江南製造局翻訳館訳員）、銭恂（一九〇五年考察政治大臣参賛官、一九〇七―〇八年駐オランダ公使）、張美翊、楊振鑣、沈翊清（著作に『東遊日記』）、左運璣、潘承烈（一八八四―八七年駐ドイツ公使館随員）、翻訳胡惟徳（広方言館、同文館出身、一九

○二年駐ロシア公使、一九〇八年駐日公使）、王鳳喈（第二批留米幼童）、王豊鎬（同文館出身、一九〇一年駐日公使館参賛官、一九〇二年駐横浜総領事代理）、世増（同文館出身、一八九七年駐ロシア公使館二等翻訳官）、郭家驥（同文館出身、外務部承参庁参事、駐ポルトガル公使館二等秘書官、『時務報』「法文報訳」訳者、著作に『革雷得志略』）、供事王錫庚、武弁趙占魁、王鋒、及び家人二名、従者七名からなり、途中香港から参賛黄遵憲（一八七七—八〇年駐日公使館参賛官、八二—八五年駐サンフランシスコ総領事、九一—九四年駐シンガポール総領事、強学会会員、著作に『日本雑事詩』『日本国志』）、通訳那三（同文館出身）、随員聯豫が乗船した。また、王咏霓（一八八四—八七年駐ドイツ公使館随員、著作に『道西齋日記』）は服喪、陳星庚は会試受験のため、後日出洋することになっていた。[47]一行は一八九〇年三月六日、マルセイユに上陸、三月九日にはパリに到着し、中国公使館に赴任する。以後薛福成は、一八九四年（光緒二十）五月二十四日、任務を後任の龔照瑗に引継ぎ、翌日パリを立つまでの四年と二ヵ月半の間、主にロンドンとパリの公使館を往復しながら、出使英法義比大臣（公使）として外交行政と西洋観察にあたることになる。

薛福成は、出使日記として『出使英法義比四国日記』六巻及び『出使日記続刻』十巻（以下、日記と記す）を残しており、これらが薛福成の西洋観察を知る上で第一の史料となる。[48]以下では主にこれらによって、出使期の薛福成が直接の西洋観察を通じて、世界認識をいかに深化させていったのかを検討する。

（1）　西洋における文明の発見

前述のように、出使前の代表作『籌洋芻議』において、薛福成は現実の国際情勢への観察を通じて、従来の「華夷隔絶の天下」から「中外聯属の天下」への世界秩序の変化を見出し、富強を遂げた西洋諸国が経済的、軍事的に中国を圧迫している現実に対応すべく、西洋に学ぶ「変法」を唱えた。しかし、伝統的文明観にもとづく華夷的秩序観は放棄されたわけではなく、西洋人はなお古の聖人の「不変の道」による教化の対象とされていた。
　それでは、こうした出使前の世界像は、西洋観察の中でいかなる変動をみせるのであろうか。ここであらかじめ述べるならば、伝統的文明観とそれにもとづく華夷的秩序観からなる出使前の世界像の大枠は、出使期を通じて維持された。しかし、それは決して西洋観察が薛福成の世界像に何ら変動を与えなかったということではない。出使期の薛福成に見出せる最も大きな世界認識上の変化は、西洋にも優れた政教風俗、すなわち、文明が存在することの発見、及びそれに伴い「遠図に昧く近利に溺れ」「飽くなき欲望がやむことがない」という従来の西洋人への評価が修正されたことである。
　西洋での生活を始めてまだ一ヵ月にならない時点で、薛福成は西洋の政教風俗について、早くも次のように記している。

　昔、郭筠仙（嵩燾）侍郎はつねに西洋の国政民風が優れたものであることをほめたたえ羨み、清議の士に排斥されることになった。私もまたいささかその発言を妥当でないのではないかと怪しみ、（曾国藩幕下の同僚だった）陳荔秋（蘭彬）中丞や黎蒓斎（庶昌）観察に尋ねてみたが、皆その説は偽りではないといっていた。今回欧州に来て、パリからロンドンに至り、初めて郭侍郎の説を信じるようになった。議院、学校、監獄、病院、街道のどこでも、かならずこのことを確認できる。(49)

こうした西洋の政教風俗への認識の修正に伴い、従来からの西洋人に対する貪欲で野蛮という評価は大きく変化する。例えば、薛福成は一八九二年七月の日記で、次のように述べている。

西洋各国の駐華公使、領事で、気ままに脅迫したり問題を起こしたりしない者はない。私はその原因を、西洋人は気性が激しく怒りっぽく、礼義を重んじないためだと思っていた。欧州にやって来て各国外務省（の役人）と接触してみて、はじめて彼らの物事への対応には一定の規準があることを知った。応酬の中に彬彬たる礼があり、またよく交誼を重んじ、力を頼みに人を凌駕しようとする気持ちを顕にしようとせず、また智謀を誇り策略を重んじる気持ちを顕にもしない。それはただイギリス、フランスだけではなく、各国皆同じであり、外務省の役人だけでなく、各役所の役人皆同じである。(50)

このように薛福成の西洋人への評価は、従来の貪欲で野蛮という否定的評価から、礼義・交誼を重んじるという肯定的評価へと変化する。(51)出使中の薛福成は外交儀礼や社交の場で、西洋諸国の政治家、外交官としばしば接触していた。加えて、上記の記述が見える一八九二年七月の時点までに、すでに香港領事設置問題、教案問題、雲南・ビルマ分界問題等をめぐって、通訳マカートニーを派遣して、あるいは自らが赴いて英国外務省と交渉を重ねていた。こうした記述の背景には、そうした体験の中での観察があったと考えられる。

（2）　儒教的価値観による西洋評価

こうした西洋における文明の発見は、直接の西洋観察によって世界認識が深化した結果であった。だが前述のように、薛福成においては従来からの伝統的文明観が維持されていたのであり、従って、その西洋評価の基準が儒教的価値観であることは容易に変わることはなかった。そうした状況は、出使期の日記の記述に、出使前から見られた西洋の機器を古の聖人の発明とみなす附会説(52)だけでなく、西洋の政教風俗を古の「聖人の道」に合致するものとする附会説が、しばしば登場するようになることからもうかがえる。
例えば、パリ到着後十ヵ月が過ぎた頃の日記には、次のような記述がみえる。

西洋各国における学校、病院、監獄、街道などの経営は、方法も考え方も優れていないものはなく、十分に三代の遺風を備えている。西洋で信仰されているキリスト教も、また大変よく天を畏敬し欲望に打ち勝ち、他人を助け世の中に役立つことを旨とし、甚だしく聖人の道に背くことはない。西洋に設けられている上下議院も、古の刑賞は衆とこれを共にするの意に合致する。(53)

この記述において、薛福成が現実の中国には必ずしも同様に存在するわけではない、議院、学校、病院、監獄、街道の設置・経営など西洋の政教風俗を、優れたものと認めたのは、儒教的価値観において理想の治世とされる「三代」の政教風俗を、西洋の政教風俗に投影した結果だった。また、長く夷狄とみなされてきた西洋への評価を修正する自らの見解を、中国の知識人に対し説得力あるものとするためにも、西洋の政教風俗を「三代」の治世と結びつけて説明することは不可欠だった。こうした事情のもとで、出使前にはみられなかった、西洋における政教風俗の「三代の遺風」「聖人の道」への附会説が、西洋到着後、頻繁に登場するようになるのである。(54)
そうした中で、西洋到着八ヵ月後の日記で、薛福成は西洋の政教風俗を『管子』に附会して、次のように述べている。

『管子』一書は富国強兵を旨とするが、書かれた時代は三代を去ること遠からず、その言説の純粋さは先王の遺意を尽くは失っていない。私が西洋各国の治国の方法を観察するところ、それは『管子』の趣旨に暗合しており、従って富強の勢をほしいままにすることもまた多いのである。『管子』には、「民力を量れば、成就しないことはない。民が嫌がることを強制しなければ、（民は）うそをつかない。民を騙さなければ、下は上に親しむ」とあり、西国が上下議院を設けるのは、よくこの考え方を理解したものだ(55)。

薛福成は、このように西洋における富強の達成や議院の開設を、『管子』の趣旨と暗合するものと指摘しただけではなかった。彼は続けて、西洋においては学問・産業が分野ごとに専門家・専門公司を重視すること、さらには軍事、科学技術、通商の発達などを、みな『管子』の主張と合致するものと述べている。概ね戦国後期から漢初にかけての作とされる『管子』は、内容的には儒家、道家、兵家を交えているが、法家に分類される思想書である(56)。従って、ここで薛福成が西洋の治国の方法を儒教の理想たる「三代の治」と結びつけるために、わざわざ『管子』を引くのは必ずしも適切とはいえない。だが、経済的施策を重視しつつあるべき政治を説いた『管子』の記述は、富国強兵を唱える点で富強化という問題意識と合致したのみならず、西洋における政治、学問、産業、軍事、通商の発達という現実と結びつく記述が多く、薛福成にとっては西洋の政教風俗を「三代の治」と結びつける上で、格好の論拠と考えられたのであろう。儒教経典ではない『管子』を、「三代を去ること遠からず」「先王の遺意を尽くは失っていない」と述べつつあえて持ち出したところに、西洋の文明を儒教理念に附会することで肯定しようとした薛福成における伝統思想の根深さ、及び当時の知識人を説得するための配慮がうかがえる。

ところで、薛福成の西洋の政教風俗への賞賛は、それが儒教的価値観にもとづくものであった以上、決して西洋で目にした政教風俗の全てに対して、同様になされたわけではなかった。薛福成のみならず、清末に西洋へ出使した知識人たちは、しばしば西洋の議院、学校、監獄、病院、街道などを賞賛している。なぜならそれは、薛福成がそれらをしばしば有徳の聖人による徳治の一環たる「教民」（『論語』子路篇）、「養民」（『尚書』大禹謨篇）といった施策の具体化として理解していることからうかがえるように、[57]経書の記述に照らせばそれらが整備されていることが、聖人の理想の政教の結果を示すものと解釈できたからにほかならない。[58]西洋諸国の王侯や官僚の礼儀が、しばしば観察の対象となるのも、同様の理由によるものであった。他方、彼らの西洋観察が儒教的価値観を基準としていたために、たとえ西洋社会において重要な価値を有するものであっても、後述するように中国とは異なる君臣、父子、夫婦（男女）関係など批判の対象となる風俗もあったし、彼らの西洋観察の視野にさえ入らないものもあった。[59]

付言すれば、こうした薛福成における儒教的価値観による西洋の政教風俗への賞賛の背景には、郭嵩燾の場合と同様、西洋人が古の「聖人の道」を尊重・継承していることを示す「証拠」を、現実の西洋社会に見出すことができたという事情も存在していた。例えば、薛福成はベルギーの外務省に赴いた際、官僚の一人が二十五、六年前に中国を訪れた時に見聞した「中国の風俗の教化された様子を、心から敬慕して忘れることはない」と述べたことを記している。[60]また、ベルギー国王への国書奉呈の際には、国王が答辞で中国を「教化最先の国」と称えたことを記している。こうした発言をわざわざ記録しているのは、薛福成にとっては、それらが決して外交辞令に止まらぬ意味を持っていたからであろう。また、薛福成は次のようにも述べている。

西洋諸国では軍備は日々更新され、文教もまた日がさしのぼるように盛んである。（中略）ロンドンにあるブリティッシュミューズィアム（大英博物館、手代木注）は最大の図書館で、中国の経史子集（の主な書物で）で収蔵しないものはない。男女の閲覧者は（一日に）三百余人にのぼり、朝入場し夕方に帰り、まさに中国の聖人の道において心を尽くして体得しないものはない。英国の文教は思うにこのようなものである。[61]

こうした体験は、西洋の政教風俗の「聖人の道」への附会を助長することになったと考えられる。

さらに一点付け加えれば、薛福成の儒教的価値観を基準とした西洋に現存する完成態としての個々の政教風俗への評価は、劉錫鴻や郭嵩燾の場合と同様に、伝統的思考様式における「治世」実現の過程への理解と一体のものであった。第一章で述べたように、劉錫鴻や郭嵩燾ら伝統型知識人の場合、伝統思想の西洋観察への作用は、単に西洋社会の中に見出した議院、学校、監獄、病院、街道あるいは礼儀など、政教風俗の完成された具体的なかたちが、儒教的価値観を基準として評価されたことだけでなかった。彼らにおいては、そうした政教風俗が儒教的価値観に照らして優れたものであり、そうした政教風俗によって「治世」が実現しているとすれば、それは何よりもまず為政者において道徳性が完成され、有徳の為政者により「聖人の教え」にもとづく優れた政教が行なわれ人心が涵養される、という「治世」実現への正しい道筋が実践された結果として理解された。

出使前における薛福成の議論をみると、例えば、西洋諸国に対して中国が取るべき方策について、「上曾侯相書」では、「旧法を変じ、積弊をはらう」ことを主張するが、その前提として「政刑を治め、風俗を厚くし、賢才を育てる」ことを説いており、「贈陳主事序」でも「まず政教をおさめることに努め、その補いとして自強の術を行う」ことを指摘している。このように薛福成においても、劉錫鴻や郭嵩燾と同様に、伝統的思考様式に依拠して「治世」実現への道筋が捉えられていた。また、出使期においても、この点において明確な変化は見出せない。伝統的思考様式に依拠して「治世」実現への道筋をとらえる姿勢は、出使期においても維持されていたとみてよいだろう。

（3）　中西両文明の同質視と西洋の政教風俗への批判

以上のように、直接の西洋観察を通じて、西洋近代における富強の原因を解明しようとした薛福成は、優れた機器を生み出す科学技術の発達のみならず、議会制度をはじめ教育制度、公司制度、税制度あるいは職業の専門化などが、西洋近代の富強の根底に存在していることを見出し、(62) 総じて西洋の文明が中国文明に劣らぬものであるとみるようになっていった。だが、多様な文明の存在を前提とする今日の我々とは異なり、西洋情報を豊富に受容した洋務世代ながら、伝統型知識人としての性格を強く残していた薛福成においては、結局のところ、中国文明以外には文明はありえなかった。そうした状況のもとでは、西洋において文明に値する政教風俗が存在することを認めても、それは儒教的価値観とそれにもとづく伝統的思考様式に照らしての評価であったから、決して直ちに西洋固有の価値観や思考様式が存在するとの明確な認識に結びつくことはなかった。ましてや、西洋に見出した文明を中国文明に匹敵しうる体系をもつ、別個の異質な文明と捉えることは困難であった。彼に可能であったのは、さしあたり儒教的価値観とそれにもとづく伝統的思考様式というフィルターを介して、西洋の文明を中国文明に引き付けて理解することでしかなかった。彼は決してほかにも選択肢があったのにそうしたのではなく、そうすることしかできなかったとみるべきであろう。かくして、薛福成は西洋の文明に様々な問題が存在することを指摘しつつも、全体としてみれば、西洋の文明を古の聖人により創出された中国文明を継承するもの、すなわち、中国文明と同質の文明と認識していた。(63) こうした薛福成の認識は、出使期における郭嵩燾の認識と基本的に同じだった。薛福成はこうした認識にもとづいて、当時の知識人に富強化へ向けて西洋の文明の成果を中国に導入することの合理性を訴えたのであった。

もっとも、薛福成は西洋の文明を中国文明と同質の文明と認識する点で、出使期の郭嵩燾と同様の立場にあったものの、郭嵩燾が中国の政教風俗の現状を批判し、華夷の逆転を暗示するにいたったのとは対照的に、中国の政教風俗の現状を高く評価する一方、西洋の政教風俗に部分的な批判を加えている。前述のように西洋到着後十ヵ月が過ぎたころ、薛福成は西洋各国の学校、病院、監獄、街道などに「三代の遺風」を見出し賞賛する一方、西洋の人心風俗について次のような批判を展開している。すなわち、薛福成は西洋においてはしばしば一、二の権臣が陰謀をめぐらし君主に退位を迫ること、成年男女は父母の許可なく結婚し、その後は別居すること、妻に情夫があれば前夫を捨てて再婚しても非難されないが、夫に情婦があれば妻はそれを訴え出ることなどを挙げ、こうした西洋における君臣、父子、夫婦間の風俗は、中国の「聖人の道」に違うものであると指摘する。その上で、さらに次のように述べている。

西洋各国は今日の勃興のときにおいて、その一切の政教に皆みるべきものを有している。ただ三綱（儒教において重視される君臣、父子、夫婦の道。手代木注）の教えは、結局のところ中国に劣っている。即ち西洋人もまた中国を教化最先の国と推称しているのは、（彼らが）中国三綱の教えを悟っていないわけではないことを示しているのに、そうでありながら僅かの間に急に（それを）改められないのは、思うに習俗が受け継がれているためであろう。(64)

このように薛福成は、西洋各国の政教風俗を儒教的価値観に照らして賞賛しながら、西洋各国の君臣、父子、夫婦間の風俗については、三綱に反すると批判する。(65)かくして薛福成は、西洋に中国文明とほぼ同質の文明が存在することを認めつつも、なお、中国における教化の優位性を強調するのである。伝統型知識人たる薛福成が、三綱倫理に固執することを自体は不思議なことではない。ただ、郭嵩燾が西洋の政教風俗への賞賛ゆえに知識人の激しい批判を受けたことを、薛福成が十分に意識していたこともまた間違いないであろう。

それにしても、一方で、西洋の文明を中国文明と同質視し、他方で、三綱に反する西洋の政教風俗を批判する、薛福成における西洋の文明への評価には、いかにも論理的な矛盾があった。儒教倫理の核心ともいうべき三綱が、西洋で重視されているか否かは、伝統的文明観にもとづき西洋の政教風俗全般を評価するうえで、最も重要な指標の一つであろう。その三綱が、西洋各国では顧みられないとすれば、たとえ西洋各国の政教風俗に古の「聖人の道」と合致するものが少なくないとしても、西洋の文明が中国文明を継承する同質の文明である、とみなすこととの矛盾が露呈せざるをえない。薛福成がわざわざ、西洋人が三綱に反する政教風俗を改めない原因にまで言及しているのは、彼が少なくともこの点について、何らかの説明が必要だと感じていたことを示すものであろう。この薛福成における三綱に反する西洋の政教風俗への認識は、中西両文明の根底にある君臣、父子、夫婦関係における異なる価値観を見出すための糸口となりうるものであった。しかし、結局のところ、薛福成の認識はそれ以上深められることはなかった。

西洋の社会や学術への理解がませばますほど、薛福成はこれ以外にも、伝統的文明観を前提として西洋の文明を中国文明と同質視することの矛盾に、直面せざるをえなかった(66)。しかしながら、西洋の文明を中国文明と同質視する薛福成の立場は、出使期を通じて変化することはなく、伝統的文明観に代わる新たな文明観が形成されることはなかった。

（4）　中西の異質な価値観への認識

このように薛福成においては、新たな文明観の形成によって、西洋の文明と中国文明の関係への理解が転換されることはなかった。しかしながらその一方で、西洋観察を通じて薛福成における西洋の政教風俗への認識は、一層深まっていった。そうした中で薛福成は、伝統的文明観に依拠して西洋の文明を捉え、あるいは西洋の政教風俗への部分的批判を行いながら、それとは別に、いわば文明観の枠外での現実認識として、中国人とは異質な西洋人の価値観への認識を、徐々に蓄積していった。すでに指摘したように、薛福成より十数年早く西洋の文明を賞賛した郭嵩燾にも、こうした認識の萌芽が見出せた。だが薛福成の認識は、郭嵩燾に比して広範なもので、中西両文明の異質性への認識につながりうるものだった。

実はそうした認識は、出使前の薛福成にもわずかながら見出すことができた。例えば、「応詔陳言疏」（一八七五）では、「西洋人の風気は最も条約を重んじる」[67]と強調している。また『籌洋芻議』（一八七九）の「敵情」篇では西洋人の志向として、交際における「礼儀はねんごろ」だが、交渉においては「断固としてすこしも融通がきかない」こと、造船、制器など「その優れた技能を自慢することを喜び、自分だけの秘密にしようとはしない」こと、「豪爽を尊び、好んで情理をわきまえない要求をして、中国をあざむく」[68]ことを挙げている。これらの指摘から、薛福成が洋務を通じて中国人とは異なる西洋人の価値観に気づきはじめていたことをうかがうことは、不可能ではない。だがこれらの指摘は、貪欲で野蛮な夷狄という西洋への否定的な評価とも無関係ではなかった。

出使期においては、前述の通り薛福成は中国文明と同質のものとして西洋の文明を理解する傾向を強めていく。しかしながら、郭嵩燾がそうだったのと同様、薛福成にとっては中国の富強化こそが当面の最大の課題であり、決して伝統的文明観の維持を、自己目的化していたわけではなかった。従って、中国人の儒教的価値観とは相反する西洋人の価値観であっても、それが西洋に富強をもたらしたものと考えられれば、中国人の価値観とは異質な価値観として注目することもあった。そうした中で薛福成が最も注目したのは、西洋人における個々の事実や実体への志向だった。薛福成はいう。

思うに西人は性として大変よく事実を調べる。だから必ず確かに耳目の前にあるものを捜し求めて、はじめてそれが存在するという。もし耳目によって見聞していないか、その形跡が有るのか無いのかはっきりしなければ、その存在をはっきり告げても彼らは無いと考える。[69]

薛福成の出使期の日記は、こうした認識のもととなったと考えられる事例にも言及している。例えば絵画については、中国画は意趣を重んじ、西洋画は実体の描写を得意とすること、医学については、中国医学に比べて西洋医学は実事求是であり、外症の治療には効果があるが内症の治療では劣ること、法律については、中国の法律は道理を重視し、西洋の法律は実情を究明することなどの指摘がみられる。(70) 西洋人における個々の事実・実体への志向についての認識は、出使中の西洋人との交流のほか、こうした観察を積み上げることによって形成されたものだったと考えられる。

西洋の富強化を可能にした中国人とは異なる西洋人の価値観として、薛福成はまた西洋人の富者あるいは富に対する肯定的態度に注目している。薛福成は西洋の人材登用のあり方を論じて、次のように述べている。

中国での人材登用は富者を嫌い、西洋の人材登用は富者を優れた人とし、そのあり方は反対である。（中略）西洋各国では議員を最も重んじるが、選ばれる議員は必ず金持ちであり、これを立派な人だという。（中略）各部の大臣や宰相に選ばれる者にいたっては、豊かな貴族でなければ金持ちの有名人であり、なぜなら彼らは皆衣食を心配せずもっぱら名誉を重んずるので、誠意を尽して国のために謀らぬ者はいないからである。登用される者は、賄賂の罪を犯す者が極めて少ないのみならず、常にみなよくその任に堪える。(71)

薛福成はこのように富者あるいは富への肯定的態度に注目するとともに、さらに、富の獲得に積極的な西洋人の態度を指摘する。彼はアフリカの植民地化の急速な進展を論じた中で、次のように述べている。

一体西洋人はいかにしてこの事業を達成するのであろうか。彼らが未開の荒地を開き、肥沃で実り多い土地に変えることができる所以は、主に出費を惜しまず、困難を恐れず、常見にとらわれないことにこそある。(72)この指摘は、西洋人が富の獲得へ向けて開発を志向し、そのために苦労を厭わぬ能動性・積極性を具えていることを述べたものといえよう。また、こうした志向とも関わって、西洋人の日常の生活態度について、次のように指摘している。

大抵西洋人の性質は、清潔で整っていることを好み、敏捷を好み、豪勢さを誇示することを好み、体に有益で病気を除くことを好む。労働者や運転手などは、週に必ず一、二度は牛肉を食べなければ、体がもたないという。一方、海外で雇用されている中国人労働者は、毎日洋銀二元か三、四元の賃金をもらっているのに、生活はとても質素で、衣食は劣悪である。生活費を節約して、残りを貯め込もうという意図だが、西洋人はいつもこれを嘲笑っている。(73)

このように薛福成は、富の獲得に積極的な西洋人が、金銭をかけても清潔、敏捷、豪勢、健康を求めるのと対照的に、中国人は質素、節約を重んじることを指摘している。

以上のような指摘は、濃厚な伝統的文明観を維持し、中西両文明を異質な文明とみる認識をもたなかった薛福成が、様々な場面で述べた断片的なものであり、薛福成自身は、中国人と西洋人の価値観の差を正面から論じているわけではない。とはいえ、こうした記述からは、中国人の全体性への志向や節約・安定への志向、及びそれと対照的な西洋人の個々の事実・実体への志向や開発・富の獲得への志向など、中西両文明の根底にある異質な価値観を、薛福成が認識しつつあったことをうかがうことができる。実は、薛福成に見出せるこうした中西両文明を支える異なる価値観の指摘は、出使大臣派遣等により知識人による長期の西洋観察が可能になるのに先立ち、すでに『万国公報』等において宣教師によって展開されていた。前述のように、薛福成は『万国公報』に文章を載せていたほどであるから、西洋情報の受容に熱心な彼が、『万国公報』を通じてそうした宣教師の言説に触れていた可能性は少なくない。こうした中で、西洋が富強を達成した所以の解明を目指した薛福成は、出使前からの西洋情報の受容と出使期における西洋観察を通じて、自ら依拠する伝統的文明観の枠外で、中西両文明の根底にある異質な価値観への認識を蓄積していたのである。[74]

小結

一八六五年（同治四）、二十八歳の薛福成は、南京に赴き両江総督曾国藩の幕僚となる。これに先立ち曾国藩は安慶の幕営に華蘅芳、徐寿・徐建寅父子、李善蘭らを招き、西洋科学技術の積極的導入を図っており、そうした曾国藩周辺の雰囲気は、薛福成が西洋に目を開く上で大きな刺激となったと考えられる。

一八七二年（同治十一）に書かれた「贈陳主事序」において、薛福成は西洋諸国による中国に対する圧迫を、未曾有の「変局」と認識するにいたるが、伝統的文明観と華夷的秩序観に依拠する立場に変化はなかった。従って、「変局」への対応はあくまで儒教的価値観とそれにもとづく伝統的思考様式に即して、内政を重視し政教風俗を修めることを主とし、西洋の機器・技術の導入はあくまでその補いとされた。しかしながら、儒教的価値観とそれにもとづく伝統的思考様式の枠組みのもとに議論を展開しながら、彼が提起したのは対外貿易の促進、西洋の技術者の招聘、留学生派遣など、当時としてはきわめて積極的な対応であった。

一八七九年（光緒五）に書かれた『籌洋芻議』においては、世界秩序の変動が「華夷隔絶の天下」から「中外聯属の天下」への変化として捉えられるにいたる。しかし、これも伝統的文明観にもとづく華夷的秩序観からの転換を意味するものではなく、中国＝中華、西洋＝夷狄という認識に変化が生じるにはいたらなかった。従って、依然として古の聖人の「不変の道」により、理想の政治を実現することが目指され、当面する世界秩序の変動には、古い方法を改め状況に相応しい新たな方法で対応することが唱えられた。もっともその方法とは、西洋諸国に倣って商業・礦業を発展させ、機械の製造を精密にし、汽船・汽車・電報を導入し、条約の利弊、外交官の優劣、軍隊の制度を研究するなど、西洋情報にもとづき富強化のための方策を講ずることであった。

出使期の薛福成は、長期の西洋観察によって世界認識を深め、西洋にも優れた政教風俗、すなわち文明が存在することを発見し、またそれに伴い従来の西洋人への評価を修正する。だが出使期においても、伝統的文明観と華夷的秩序観という、出使前からの世界像の枠組みは維持され、従って儒教的価値観とそれにもとづく伝統的思考様式に依拠することによって、西洋の優れた政教風俗が理解された。その結果、出使期の日記には、出使前から見られた西洋の機器を古の聖人の発明とみなす附会説だけでなく、西洋の政教風俗を古の「聖人の道」に合致するものとする附会説が、しばしば登場するようになる。かくして出使期の薛福成は、西洋の文明を中国文明を継承するそれと同質の文明と認識するようになっていった。中西両文明を同質の文明とみなすことに、薛福成が何ら疑問や矛盾を感じなかったとはいいきれないものの、結局のところ、中西両文明を異質な文明とみなす新たな文明観が形成されることはなかった。

しかしながら、薛福成は西洋観察を通じて、伝統的文明観の枠外での現実認識として、中国人の全体性や節約・安定への志向、及びそれと対照的な西洋人の個々の事実・実体や開発・富の獲得への志向など、中西両文明の根底にある異質な価値観への認識を、徐々に蓄積していた。実はこうした中西の価値観の異質性に関しては、出使知識人による西洋観察に先立ち、薛福成も関わりがあった『万国公報』等において宣教師がしばしば指摘していた。おそらく薛福成の認識は、直接ないし間接にふれたそうした宣教師の言説を西洋観察の中で検証することを通じて、形成されたものだったのであろう。

第二節　張徳彝の西洋体験と文明観

はじめに

これまで検討してきた劉錫鴻、郭嵩燾、薛福成ら伝統型知識人とは異なり、本節で取り上げる張徳彝は、洋務運動の中で少年期から西洋式の教育を受けた新型知識人であった。[1] 張徳彝（一八四七―一九一九、漢軍鑲黄旗人、遼寧鐵嶺の人）、名は徳明、字は在初。[2] 彼が生まれた当時、家は貧しく、祖父は近くの寺院で仏事の手伝いをしていたほどであった。七歳で義塾に入るが、学費は親戚に出してもらっていたという。一八六二年（同治元）、十六歳の時、同年外交人材養成のため北京に創設された同文館の第一期生となり、三年間英語を学んだ。この同文館で受けた教育が、彼のその後の進路を決定づけることになる。一八六六年（同治五）には、十九歳で中国最初の西洋諸国への外交使節となった斌椿使節団[3]に参加し、その語学力を駆使して西洋社会への認識を深めた。以後一八六八年（同治七）のバーリンゲーム使節団、一八七〇年（同治九）の崇厚使節団に参加し、一八七六年（光緒二）には出使英国大臣郭嵩燾に随行し英国に出使した。また一八七八年十二月には、郭嵩燾の帰国に先立ち、出使俄国大臣崇厚に従ってロシアに赴いた。その後も出使大臣の随員として、ドイツ（一八八七―九〇）、英国（一八九六―一九〇〇）、日本（一九〇一）に出使した。またこの間、総理衙門英文正翻訳官や光緒帝の英文教師などを歴任し、最後は出使英国大臣（一九〇二―〇六）を務めた。一八九〇年（光緒十六）と九三年（光緒十九）には、総理衙門の責任者であった慶郡王奕劻に対し、こうした経験をふまえて総理衙門と在外公館の改革に関する意見書を提出したほか、一九〇四年（光緒三十）には、出使四大臣による立憲上奏に名を連ねるなど、立憲運動にも関与した。八回に及ぶ出使を、好奇心に溢れかつ冷静な観察眼で記録した出使日記は、総字数二百万字にのぼり、清末知識人の西洋観察をうかがう上で、無視できない史料となっている。

以下本節では、まず張徳彝の同文館での西洋文明との出会い、及び一八六六年の斌椿使節団以降三回の出使における世界認識の変化を検討した上で、そうした変化の集大成として、一八七六年（光緒二）からの英国出使期における張徳彝の世界認識を考察する。こうした作業を通じて、張徳彝が西洋情報の受容と西洋観察によって、中西両文明を異質な文明とみなす新たな文明観を形成していった様相を明らかにする。

一、英国出使以前の秩序観と文明観

（1）　同文館期（一八六二―六五）

一八六二年（同治元）七月に始業した同文館は、[4] 張徳彝が在学した創設当時英文館のみからなり、もっぱら英語の翻訳能力を養成した。ただし、漢文教育を放棄せず、英文教習、漢文教習各一名が置かれた。学生は、八旗の各旗より推薦された「資質聡慧」な少年の中から十名が選ばれた。試験には、月毎の月課、年四回の季考、年一回の歳試があり、それらは開学後一年間は満漢文字についてのみ行なわれ、二年目からは外国語の公文書の翻訳などの試験も課されるようになった。また学生は三年毎に総理衙門が行なう試験により、卒業の可否と官位の昇降を決定された。一八六五年（同治四）に同文館を卒業した際、張徳彝は八品官を与えられている。

英文館の初代英文教習には、英国人宣教師ボードン（John Shaw Burdon 包爾騰）が任命され、一八六三年（同治二）

には、同じく英国人宣教師フライヤー、六四年（同治三）には、ホイートンの著作 *Elements of International Law* の翻訳『万国公法』を公刊したばかりの、米国人宣教師マーチンが、その任を継いでいる。フライヤーが科学書籍の翻訳などで活躍し、マーチンが同文館で万国公法（すなわち国際法）を教えるのはやや後のことだが、在学中の張徳彝が、英語の学習を通じて彼らの学問の影響を受けていた可能性は少なくない。特に、一八六六年（同治五）の出使以降、しばしば張徳彝の日記に見出せる万国公法への強い関心が、同文館でのマーチンとの交流の中で形成されたことは、十分考えられる。彼らとの交流はその後も続き、一八六六年斌椿に随行して出使する際に寄港した上海では、ボードンやマーチンを訪ねて旧交を温めている。張徳彝は、こうした同文館期の宣教師との交流の中で、西洋文明の普遍性やその中国文明に対する優位性への理解を深め、新たな文明観を形成する土台を築いていったと考えられる。

（2）　斌椿使節団・バーリンゲーム使節団期（一八六六―六九）

同文館で築かれたこうした西洋文明への理解は、一八六六年（同治五）以降、西洋出使を重ねるごとに深められていった。ここでは、斌椿使節団（一八六六年三月―十月）及びバーリンゲーム使節団（一八六八年一月―六九年十月）に参加した当時、張徳彝の秩序観と文明観がいかなるものであったのかを、それぞれの時期の出使日記である『航海述奇』と『再述奇』をもとに検討する。

a　西洋文明への礼賛

一八六六年（同治五）三月、当時十九歳だった張徳彝は、斌椿に随行し英国、フランス、ロシア、プロシア、オランダ、デンマーク、スウェーデン、フィンランド、ベルギーなど西欧諸国への視察に出発した。北京を出発した斌椿ら一行は、天津で英国船に搭乗する。この日の張徳彝の日記には、英国船の構造・設備の精緻さ、豪華さや接客の周到さが詳細に記されている。(5) 次に寄港した上海では、旧知のマーチンを訪ねた華美書館で電動印刷機に目を見張り、また西洋婦人の奏でるピアノに聞き惚れた様子を記している。(6) こうした記述からうかがえるように、当時の張徳彝には、華夷観念による西洋文明への感情的、機械的な拒否反応はもはや見出せない。むしろ、これ以降の西洋観察において張徳彝が示した主要な反応は、産業革命後の西洋世界に出現した物質文明の精緻さ、力強さ、有益さに対する感嘆と礼賛だった。約一ヵ月半の航海の後、マルセイユに到着してから数日間の日記は、一行が宿泊した七階建のホテルでみたガス灯（煤気灯）、電話（伝声筒）、エレベーター（自行屋）(7) など精巧な設備や、タービン（火機）の導入で原材料の運搬に人力を必要としない造船所、(8) さらには西洋の富強を支える鉄道事業などに関する記述であふれている。(9)

もっとも、張徳彝が目を見張ったのは、決して西洋文明の物質的な面だけではなかった。張徳彝はマルセイユで子供の乞食に出会った際、フランス人通訳のシャン（Emile de Champs 徳善）がフランスには孤独で身寄りのない人、障害を持つ人、貧乏な人などを保護する施設があり、乞食は犯罪であると語ったこと、(10) マンチェスターで唖者に読み書きを教える施設を見学した様子、(11) ロンドンで参加した仮装舞踏会の収益が孤児院に寄付されたことなど、(12) 西洋の社会福祉のあり方を注意深く記録に残している。また、ロンドンで訪問した大学の教師が、「言葉は穏やかで、とても礼儀正しい」人だったこと、(13) 英国女王との会見は対等な形式で、「下問は丁寧で、言葉の調子は穏やか」だったこと、(14) ストックホルムでの警護役の武官は、「言葉は忠実で真心があり、気立てはさっぱり」していたことなど、(15) 西洋人の礼儀についても熱心に記録している。こうした記述からは、張徳彝が、従来夷狄とみなされていた西洋諸国における社会福祉や礼儀のあり方について、好感をもって受け止めていたことがうかがえる。

以上のように、張徳彝は西洋出使の当初から、西洋文明の物質面を礼賛したのみならず、社会福祉や礼儀の面でも西洋文明を肯定的に捉えていた。ただし、こうした概して肯定的な西洋文明への評価の一方には、西洋文明との緊張関係も存在していた。ロンドン到着の三日後、ある博物館を訪れた斌椿ら一行は、一八六〇年（咸豊十）に英仏連合軍が北京の円明園から略奪した宝物を見せられ、その購入を求められたという。張徳彝はその日の日記に、「これをみて憎しみをこらえることができなかった(16)」と記しており、彼にはまれな感情的な記述が、事件の衝撃の大きさを伝えている。

b　西洋中心の秩序観の明確化

同文館で学んだ張徳彝は、出使前すでに、西洋中心の国際秩序について一定の認識をもっていたと考えられる。そうした認識は、斌椿使節団に参加した最初の出使において、明確なものとなっていった。張徳彝に西洋中心の国際秩序の存在を明確に認識させたのは、各国外交関係者との交流などを通じて得られた、西洋諸国間の国際関係に関する情報だった。例えば、張徳彝は当時ヨーロッパ全土で関心の的だった普墺戦争（一八六六）の背景に、デンマークをめぐるプロシアとオーストリアの対立、英国の中立、フランスのオーストリア支援という、戦国時代の「合従連衡」を彷彿とさせる西洋諸国間の関係があると指摘し、あわせて戦敗国オーストリアによるプロシアへの賠償は、「泰西公約」（すなわち国際法）で定められた戦争処理のルールに従って行われることを記している(17)。また張徳彝は、こうした中で形成された西洋の大国として、英国、フランス、ロシアを挙げ、「その領土はロシアが最も広く、数量でいうとロシアは中華の五倍、その他の各国は中華に二倍の国土を有している（植民地等を含めた領土を述べたものか？　手代木注）」と述べ、西洋では諸国の対抗関係の中で、中国を上回る大国が形成されていることを指摘している(18)。このように張徳彝は、西洋では諸国間の激しい対立の中で国際法などの規範が確立され、列強を中心とする国際秩序が形成されていることを認識していた。

同時にまた張徳彝は、西洋中心の秩序観において、中国がどのように位置づけられているのかを見出すことになった。すでに指摘したように、十九世紀後半は大航海時代以来進められた西洋中心の人類の分類・序列化の結果、動植物園や博物館さらには万国博覧会等、西洋中心の秩序観を諸国民に示すための様々な装置が、西洋諸国に出揃った時期であった。(19) 清末に西洋を訪れた知識人たちは、そうした装置を通して、西洋中心の秩序観における中国の位置を認識することになった。張徳彝の体験はその早い時期の事例だったといえる。

張徳彝は、ことにコペンハーゲンの「集奇館」でみた世界各地の風俗を描いた絵画や展示品に衝撃を受けたようで、その内容を詳しく記している。張徳彝はまず「北極北氷洋の文明化されていない国々」、「南極南氷洋の野人」、「南アメリカの野人」などの「文明化されていない」（未化）の地域の原始的な生活様式を描いた絵画について詳しく記し、次いでそれ以外の地域の物産の展示について、次のように記している。

> 文明化された国々であるヨーロッパのイギリス、フランス、ロシア、プロシア、ドイツ、スペイン等、アジアの回教諸国、番邦、日本、琉球、安南、朝鮮、蒙古、西蔵等のあらゆる物産はないものはなかった。ただ中華の産物や磁器類は他国よりも多かった。(20)

ここでいう「文明化された国々」（已化之国）とは、ヨーロッパ諸国を指しているのであろう。だが、それに続くアジア諸国が、この展示においてどのように位置づけられていたのかははっきりしない。もっとも、当時西洋人における一般的な文明化のランク付けは、郭嵩燾が述べているように、civilized（欧州諸国）、half-civilized（中国、トルコ、ペルシャ）、barbarian（アフリカ回教諸国）の三区分であった。(21) このことからすると、張徳彝は中国を half-civilized に分類することを憚り、三区分のうちcivilized（已化）、barbarian（未化）のみを記し、half-civilizedを明記しなかった可能性がある。実際の展示がそのどちらであったにせよ、それが中国を世界の中心とする華夷的秩序観とは全く異なるものであったことは間違いない。華夷的秩序観とは異なる西洋人の秩序観を示す展示をわざわざ記録したのは、同文館期にすでに一定の西洋理解を有していた張徳彝が、西洋中心の秩序観に直接触れることで、中国中心の華夷的秩序観による世界認識の非現実性を一層深く認識したことと無関係ではないだろう。

それではこうした認識のもとで、張徳彝自身は中国を世界の中にどのように位置づけていたのであろうか。「集奇館」の展示について記してからおよそ十ヵ月後、『航海述奇』の刊行にあたって書かれた自序で、張徳彝は次のように述べている。

我が朝廷の徳は中国全土にあまねく広がり、天下を領有して、領土は広漠であり、古代以来、今日以上の広がりを有したことはない。ただ東西南北、天子の徳化を同じくすることを慶ばない者はないが、しかしながら遠く離れた海際や山奥には、いまだに天子の徳化が及ばない地がある。まして四大洲からなる世界は広大で、中華の近くには朝鮮、タイ、日本、琉球、インドなどの諸国があるが、その広がりは大地の四分の一を占めるに過ぎない。

張徳彝はこの記述に続けてさらに四大洲、すなわちアジア、アフリカ、南北アメリカ、ヨーロッパの幅員の広がりを具体的に記した上で、次のようにいう。

四大洲の内には、あわせて大小三百余国があり、このことからみると、大地の何と広漠であることか。(22)

こうした張徳彝の記述からは、中国文明の影響を受けているのは、四大洲からなる地球上の精々四分の一に当たる地域、つまりはアジアの範囲に限られているという認識を読み取ることが可能であろう。

このように中国文明の影響圏をアジアに限定する傾向は、その後の記述にも見出せる。一八六八年（同治七）六月、バーリンゲーム使節団の一員としてワシントンに滞在した際、ある中国人宣教師が、中国へ帰国したら西洋の制度・風俗の優れた点をもって華人の欠点を改めるよう勧めるべきだ、と述べたのに対し、張徳彝は次のように反論している。

> イエスは今から一八六〇年前、漢の平帝の世に生まれ、彼の善言は西洋を教化し、ヨーロッパ各国人民はみなその恩恵を被り、代々その教えを信仰している。孔子はイエスの五百五十余年前に生まれ、周の時代に生き、遺したよき言葉よき行ないは伝えられてアジア各国及び付近の島々を教化し、日本、琉球、安南などの各国人民は、みなその恩沢を被り、代々その教えを奉じてきた。あなたがアジア人ならば、どうして孔子の教えを捨ててキリスト教を信仰することなどできようか(23)。

ここで張徳彝は儒教の影響圏について、アジアという領域を明示し、そこに限定している。前述のように一八七六年に出使した劉錫鴻、郭嵩燾、及び一八九〇年に出使した薛福成は、伝統的文明観によって西洋の文明を中国文明の継承・発展の結果とみなす点で、ほぼ同様であった。それに対して張徳彝の認識は、中国文明の明確な影響圏をアジアに限定する点で、明らかに彼らとは異なる。現実世界に西洋中心の国際秩序を見出し、中国中心の華夷的秩序観による世界認識の非現実性への理解を深める中で、張徳彝は中国文明の影響圏を精々アジアに限定することで、現実における西洋中心の国際秩序と伝統観念のバランスをとったというべきであろう。

c　伝統的文明観と儒教的価値観

すでに検討した劉錫鴻、郭嵩燾及び薛福成は、西洋観察を通じて肯定的な西洋評価をするようになるが、その評価は伝統的文明観に依拠し、儒教的価値観を基準としてなされたものであった。こうした西洋に対する評価は、斌椿使節団に参加した当時の張徳彝にも形式上は見出せる。例えば、ロンドンで監獄を見学した際には、英国の監獄は中国に比して待遇が手厚いばかりか、出獄時に獄内での労働への報酬を支給することや、刑には斬首の刑はなく重くとも絞首刑であると指摘した上で、「多分に唐虞三代の遺風をそなえている」と述べている。(24) すなわち、張徳彝は、儒教において理想の治世とされる伝説の帝王堯舜の時代と夏・殷・周の「三代」の政治を基準として、それを今日に再現したものとして、英国の監獄や刑制のあり方を礼賛しているようにみえる。またバーミンガムの知事を訪問した際には、

各村鎮がみな一人ずつを公選し、もっぱら地方の行政を司らせるは、古の郡を治める役人がそうであったのと同じである。

と述べている。「古の郡を治める役人」とは、清末の地方自治論においてしばしば論拠とされた『周礼』の郷官などを念頭に置くものであろう。つまり張徳彝はこの場合も、形式上は一応「三代の治」を基準にして、英国の地方自治制を肯定的に評価しているわけである。(25) さらにいえば、すでにみたように張徳彝が西洋における孤独で身寄りのない人、障害を持つ人などへの手厚い社会福祉を肯定的に記しているのも、「鰥寡孤独廃疾の者みな養う所あらしむ」

（『礼記』礼運篇）といった、古の理想の政治への知識と無関係ではないであろう。

以上のように、最初の出使時の張徳彝には、確かに表面上は、伝統的文明観と儒教的価値観によって西洋の文明を解釈し評価する言説が見出せる。ただし、劉錫鴻、郭嵩燾及び薛福成にみられたそうした言説に比して、張徳彝のそれは明らかに淡白で、慣習的、形式的なものだったようにみえる。そもそも、同文館出身で「正途」出身ではないその経歴ゆえに政治的発言に慎重だった張徳彝[26]と、科挙に合格するか長期にわたり合格を目指した経歴をもち、高官として現実の政治に従事した劉錫鴻らの間には、儒教的価値観の定着度や、それに依拠して思考・発言することへの熟達度に、少なからぬ差があった。張徳彝の西洋観察における儒教的価値観による西洋への解釈・評価が、劉錫鴻らに比してかなり淡白で形式的であったことは、こうした事情からすればむしろ当然であった。前述のような中国文明の影響圏のアジアへの限定は、伝統観念のこうした相対的な希薄化と、西洋観察による西洋中心の国際秩序への認識の高まりによって、もたらされたものだったのである。

d　新たな文明観の形成

これまで見てきたように、斌椿に随行した最初の出使において張徳彝に見出せた伝統的文明観は、劉錫鴻ら伝統型知識人に比して多分に形式的なものであった。しかも、張徳彝は西洋観察を通じて、国際社会において伝統的文明観とは相容れない西洋中心の国際秩序が形成されているとの認識を明確なものにしていった。こうした認識は、形式とはいえ伝統的文明観に依拠して西洋の文明を解釈・評価することの問題性を、顕在化させることになったはずである。中国文明が唯一普遍の文明ならば、なぜその中心であるはずの中国が、西洋中心の国際秩序に組み込まれようとしているのか。それでもなお、中国文明は唯一普遍の文明といえるのか。一八七六年、英国に出使し同様の問題に直面した郭嵩燾が、直接的表現を避けつつも、暗に華夷の逆転を示唆することによって、伝統的文明観の範囲内でこの問題を処理したことはすでに述べた。それでは、張徳彝はこの問題をいかにして処理したのであろうか。この問題への対応として、我々がバーリンゲーム使節団に参加した時期以降の張徳彝に見出すのは、伝統的文明観とは異なる新たな傾向である。前述のように、バーリンゲーム使節団がワシントンに滞在した際、ある中国人宣教師が西洋の優れた点をもって中国の欠点を改めるべきだと述べた対し、張徳彝はアジア人でありながら儒教を捨てキリスト教を信仰できるのか、と反論しているが、実は、そう述べる前に次のように述べている。

そもそも各国には皆善政美俗あり、他国のものを自国に移植することには、適当な場合とそうでない場合がある。ましてや中国には数千年来、古聖先賢の遺したよき言葉よき行ないは数限りなく、どうして他国の数百年来の善政をとって、我が数千年来の善政に代えられようか。(27)

ここで張徳彝は、各国にはそれぞれ「善政美俗」があり、その意味で中国には「孔子の道」が最も適合的だといっているのであり、この認識は、「孔子の道」が天下に普遍的に適合する唯一の道だとする伝統的文明観とは明らかに異なる。伝統的文明観に依拠し続ける限り、おそらくこうした発言をすることは不可能であり、現に劉錫鴻、郭嵩燾及び薛福成にこうした発言を見出すことは出来ない。この発言は、張徳彝において中国文明の相対化が進行していたことを示すものとして注目される。

中国文明の普遍性を前提として、程度の差はあれそれを継承するものとして西洋の文明を捉える劉錫鴻、郭嵩燾及び薛福成における西洋文明理解は、前述のように斌椿使節団参加時の張徳彝の西洋観察にも形式的には見出すことができた。しかし、儒教的素養において少なからぬ差があった劉錫鴻ら伝統型知識人と張徳彝では、伝統的文明観への固執の度合いにおいて、おのずから大きな違いがあった。加えて、張徳彝は同文館での教育を通じて、劉錫鴻らとは比較にならない西洋との対話能力を有していた。こうした中で、一度目の出使において西洋中心の国際秩序をまのあたりにした張徳彝は、形式的とはいえ伝統的文明観に依拠することの非現実性を、より切実に認識しないわけにはいかなかった。かくして、一度目の出使の終わりから二度目の出使にかけて、張徳彝は西洋中心の秩序観を明確に意識するとともに、中国文明を唯一普遍とするのではなく、各国それぞれが有する「善政美俗」の存在を認める新たな文明観を形成しつつあったのである。中国文明の影響圏をアジアに限定する前述のような傾向は、こうした文明観の変化と不可分の関係にあったと考えられる。

もっとも、張徳彝が各国にはそれぞれ「善政美俗」があり、中国文明だけが唯一普遍の文明ではないことを受け入れつつあったことは、必ずしも彼が儒教的価値観を放棄し、中国文明の普遍性を否定したことを意味するものではなかった。例えば、やはり二度目の出使でニューヨークの公立学校を訪れた際には、求めに応じて儒教の「忠孝節義」について生徒に講義し、生徒たちは「よく理解できたようだった」と記している。また、アメリカからの帰途パリの滞在した際には、西洋人が避妊具を使用することを批判し、「その方法は確実で優れているが、孟子は『不孝には三つある。後継ぎがいないのが最大の不孝である』といっている。残念なことに、彼らはこれを聞いたことがないのだ」と述べている。(28) さらに、パリの知人宅で同席したフランス人が、キリスト教（カトリック）の弊害を論じるとともに、

中国の孔聖の道は、海外にまで伝わり、その間違いを責める者は少ない。洋文への翻訳によっては、その詳細を理解することはできないけれども、その梗概は早くから遠人をして敬服させてきた。(29)

と述べたことを記し、西洋人が「孔聖の道」をカトリックの真の教えと符合するものと捉えていたことをわざわざ紹

介している。こうした記述からは、張徳彝においては伝統的文明観が希薄化する一方で、儒教的価値観に依拠した思考・発言は全く無くなったわけではなく、中国文明が将来的に世界に広く受容される可能性も、否定されてはいなかったことがうかがえる。

（3）崇厚使節団期（一八七〇―七二）

これまで述べてきたように、斌椿使節団及びバーリンゲーム使節団に参加した二回の出使を通して、張徳彝においては新たな文明観が形成されつつあった。二十四歳の時、天津教案の謝罪のためフランスに派遣された崇厚使節団（一八七〇年十月―七二年三月）に参加した時期、張徳彝は西洋文明の普遍性を確信する西洋人の文明観と正面から向き合う中で、新たな文明観をより一層明確なものにしていった。

a　西洋人の文明観との遭遇

張徳彝は、同文館で習得した英語を駆使することで、西洋において自由に行動し、西洋人と対話することができた。そのためすでに初期の出使において、西洋文明の普遍性を確信し非西洋を蔑視する、十九世紀における西洋人の一般的風潮[30]に、直接触れることになった。各地で使節団一行の見物に雲集する群衆のものめずらしげな視線は、張徳彝にとって決してここちよいものではなかった。また、張徳彝はバーリンゲーム使節団に参加した際、前述の中国人宣教師が、西洋の優れた政教風俗にならって中国人の欠点を改めるよう述べたことや、ワシントンで会ったある名士の妻に、中国には「溺女」（貧家に女子が生まれると水に投じて殺した旧俗）の風習があるのかと問われたことを記している[31]。張徳彝にとって、これらはともに非西洋を蔑視する西洋人の文明観をうかがわせる、印象的な出来事だったであろう。

崇厚使節団に参加した時期においては、西洋慣れによって行動力・対話力が増したためであろう、張徳彝の対話の相手は、使節団一行が日常的に接する外交官、政治家などだけでなく、一般民衆にまで拡大する。こうした中で、一八七〇年（同治九）の出使を記録した『三述奇』には、張徳彝が西洋人の一般的な文明観に直接触れる場面が急増していった様子が、はっきりうかがえる。

例えば、マルセイユ上陸の約半月後、あるフランス人が「わが国の教化に比べて、貴国はやや劣っているようにみえる」と、いきなり張徳彝に議論を仕掛けてくる。そのフランス人によれば、フランスでは老若男女を問わず人と出会えば接吻の礼によって恭敬の意を示すのであり、これこそ「教化の国」たる所以であるという。これに対して張徳彝は、「もし恭敬の意を示すならば、わが国の跪拝の礼こそが相応しい」と述べ、さらに次のように反論している。

父母が子を産めば、終身にわたって孝養してくれることを本来望んでいるのに、驚いたことに貴国では結婚後すぐ別居してほかに家を建て、両親が年老いても、他人のようにみなして、息子が父母に仕えず、嫁が翁姑に仕えないのは、どうして教化が不十分な者でないであろうか。(32)

また張徳彝は、八年間にわたる中国駐在の経験があるという英国人が、

西洋にもう三度も来ているのに、どうして西洋各国の有用なものを詳細に記録して帰国後人々に伝え、人々をそれに学ぶことによって進歩させせないのか。

と問いただしたのに対し、

（中国に）すでに八年も駐在したならば、我国の有用のものについても、きっと見聞したものがあるはずだ。

と述べ、逆になぜそれらを西洋に紹介しないのかと反駁したことを記している。[33] 張徳彝はこの二度のやり取りを、同じ日の日記に並べて記している。それは両者がともに、中国人が中国文明の普遍性を確信するのと同様、西洋人もみずからの文明の普遍性を主張することを痛感させられた点で、彼にとって共通の意味をもっていたからであろう。

さらに、張徳彝はその半月後に、フランス人のカトリック（天主教）主教二人との論争について記している。その中で張徳彝は、なぜカトリックを奉じず、儒教を尊んで奉じるのか、との主教の問いに対し、次のように応じている。

その国の人はその国の本来の教えを尊ぶべきであろう。しかも儒教とカトリックは類似点が多く異なる点は少ない。

これに対して主教は、さらに次のように述べている。

二教は異なる点が多いが、天主キリストが生まれてすでに千八百七十一年であり、今日の信者はすでに数ヵ国の多きに及ぶことを、あなたは知らないのか。

この指摘を受けて張徳彝もまた次のように反論している。

それはその通りだ。しかし孔子はすでに生まれて二千余年であり、（儒教は）決して主教が異国に伝播することはなかったのに、今日あがめ尊ぶのは数ヵ国の多きにのぼっているではないか。[34]

以上のやりとりにおいて張徳彝は、西洋文明の普遍性を確信し中国文明への優越感を隠さない、西洋人の歯に衣を着せない発言に対して、真向から反論を試みている。しかも、こうした論争はみな相手を論破したかのような主観的な記述で結ばれている。これらの記述は、新たな文明観を形成しつつあった張徳彝にとっても、西洋人側の主張は容易には受け容れ難いものだったことを示している。しかしながら、張徳彝がそうした西洋人の発言をしばしば記録するようになったことは、それ自体、彼における西洋人の文明観への認識の深まりを示すものとして、注目すべきであろう。

b　中西両文明の異質性への認識

『三述奇』の記述には、西洋文明の普遍性、優越性を確信する西洋人の文明観との出会いを示す記述とほぼ並行して、中国文明の普遍性を絶対視する伝統的文明観とは明らかに異なる傾向が、明確な表現をもって登場してくる。そうした傾向は、すでにみた一八六八年の出使時の「各国にはそれぞれ善政善俗がある」といういい方にもうかがえたものだが、『三述奇』においては類似した表現が繰り返されるようになる。例えば、あるフランス人が日本の全面的西洋化を礼賛したのに反論して、張徳彝は次のように述べている。

> 天下各国の政教には、それぞれ皆もとづくところがあり、固よりその本来面目を失わぬようにすべきである。武器・車船等は、西洋諸国が戦争を重視するため、他国でもそれらを模倣せざるを得ないが、その他については必ずしも模倣の必要はないので、本来のものを変更しなくてよい。[35]

ここで張徳彝は、日本が安易な西洋化により、本来具えていた価値観を失うことへの危惧を述べている。だが、それは日本に強い影響を与えた中国文明が唯一普遍の文明であるからではなく、「天下各国」の政教にはそれぞれ本来あるべきすがた（本来面目）がある、と考えているからなのである。また、前述のフランス人主教が、なぜカトリックを奉じず儒教を尊んで奉じるのか、と問うたのに対する回答も、儒教こそが「天下各国」において唯一普遍性をもつ教えだからではなく、その国の人はその国の本来の教えを尊ぶべきである（某国人似当以某国本教上）と考えるからであった。すなわち、これらの張徳彝の発言に見出せるのは、「天下各国」それぞれに尊重されるべき固有の価値観が具わっているという考え方であろう。こうした考え方は、上記のような論争の中で、西洋人の価値観に対して非西洋の側の価値観を対置しようとする文脈で表明されたものであった。しかし、そうだとしても、中国文明を唯一普遍の文明とみなし、「孔子の道」＝儒教によって全世界が教化されるとみなす伝統的文明観からみれば、「天下各国」の固有の価値観を認めるそうした考え方は、異質であるばかりか受け容れ難いものであったはずである。中国を文明化の対象とみる西洋人と議論を重ねる中で、張徳彝は西洋の文明に中国文明とは異質ながら優れた政教風俗を見出し、西洋の文明について中国文明を継承するそれと同質の文明とみなすことの非現実性を、それまで以上に強く認識するようになる。その結果、中国文明を絶対視するのでなく、中西両文明が異質な文明であることを一層明確に認めるようになったのだと考えられる。

もっとも、『三述奇』に見出せるこうした新たな文明観の明確化は、張徳彝がもはや伝統的文明観に依拠する立場にはないことを示すものではあったが、それまでと同様に、儒教的価値観を全面的に放棄したこと、あるいは儒教的価値観によって西洋文明を評価することを完全にやめたことを意味するものではなかった。

例えば、君主に忠を尽くし親に孝を尽くすのが自国の教えだとする日本人に、「（それは）儒教の教えである。貴国の君主から民までが読んでいるのは、我国の四書五経なのだ(36)」と述べるなど、「忠」や「孝」など儒教の綱常倫理を自らの伝統とみなす態度がうかがえる。また西洋人の父子分居の習慣に対しては、すでにみたように「中国父子の道」にもとづいて、両親が年老いても別居して他人のような態度をとるのは、教化が足りないからだと批判している。このように西洋の政教風俗を評価する場合にも、依然として綱常倫理、とりわけ「孝」観念を重視する発言が見受けられるのである。さらに、一行のフランス滞在中に成立したパリ・コミューン（紅頭）に関して、一方では「人心は恐れおののき、その略奪殺害を恐れてびくびくしている」[37]とその凶暴性を強調しながら、他方、パリ・コミューン鎮圧後、参加した民衆が護送される際には、「はじめは迫脅の窮民でなかった者はいないのだ」[38]と同情の念を示している。おそらくこうした反応も、「修斉治平の道」により「徳治」を目指そうとする伝統的価値観と無関係ではなかったであろう。

c　必要に応じた西洋文明の受容

ところで、中西両文明を異質な文明とみる新たな文明観が明確なものとなった結果、各国に尊重されるべき価値観があるという見方が強調されるようになれば、中国文明を唯一普遍の文明とみなしていた時に比して、他国の優れた文明の成果の受容を主張することは、はるかに合理性と説得力を持つことになる。実際、新たな文明観が明確化し、それに伴い附会説がほとんどみられなくなるのと呼応して、張徳彝は西洋諸国の優れた文明の成果を受容すべきことを盛んに説くようになる。こうした主張は、「正途」出身ではなかったために政治的発言を回避する傾向の強かった張徳彝においては異例であり、それだけ彼にとって重大な意味をもつ発言として注目される。

例えば、あるフランス人がフランスの風土・人情は中国に及ばない、と述べた際には、天下万国にはそれぞれ優れたものがあり、他国の長所を取って自国の短所を補えば、互いに有益である。[39]

と応じており、またフランスへ向かう船中で出会った日本の風俗の西洋化を嘆くある日本人に対しては、

(中国の場合についていえば)大きな襟、広い袖は中国の古装であり、どうして(これを着ることを)恥じることがあろうか。ただ西洋にあって中国にない物を取り入れるなら、無益ではなかろう。

と述べ、西洋から取り入れるべきものとして、具体的にはタービン(輪機)と兵器(火器)を挙げ、さらに次のように述べている。

すでに各国と条約を結び貿易を行なっているからには、これを学ばなければならない。もし唾棄してこれを学ぶことをいさぎよしとしなければ、数えきれない災いがもたらされることになろう。[40]

こうした中で、西洋から導入すべきものとして、張徳彝がとりわけ注目したのは、万国公法(すなわち国際法)だった。張徳彝は『三述奇』において、その導入の必要性を明言してはいない。しかし、張徳彝の記述には、西洋諸国において万国公法が有する役割への強い関心がうかがえる。例えば、張徳彝はマルセイユに到着した際、当時進行中の普仏戦争(一八七〇—七一)の経緯を記し、一八七一年(同治十)一月のプロシア軍によるパリ砲撃は、開戦二日前に宣戦することを規定した万国公法に違反するものであり、フランス外務省がヨーロッパ、アメリカ各国に照会し国際世論に訴えている、と述べている。[41] また、パリで会った旧知のアメリカ人の話として、南北戦争(一八六一—六五)後にアメリカが、戦争中英国が南部に軍艦を売却したのは万国公法違反であるとして、英国に賠償を要求したのに対し、

英国は結局それに応じざるをえなかったことを記し、あわせて万国公法の関連の条文を引用している。[42]さらに、パリの知人宅で奴隷として売られて脱走した中国人青年に会った際には、万国公法は奴隷売買を認めておらず、買主が訴え出ても捕まることはない、と記している。[43]

前述のように張徳彝は、同文館期にはすでに、マーチンを通じて万国公法に関心を持っていた可能性があり、一八六六年（同治五）の出使時には、普墺戦争（一八六六）の戦後処理が、万国公法にもとづいて行なわれたことを記していた。『三述奇』での万国公法に関する記述は、そうした従来の関心の延長上にある。だが、そこには従来以上に、万国公法が国家間のいかなる問題に、いかなる効力をもちうるのかについて、広く情報を収集し読者に示そうとする姿勢が強く感じられる。こうした姿勢は、西洋中心の国際秩序のもとで中国が主権国家として存続するには、万国公法の受容が不可欠であるとの明確な認識があってこそ生まれたものであろう。[44]

なお、ここで一つ留意しておきたいのは、こうしてはじめられた西洋文明の成果の受容に向けての目的意識的な観察と、前述の政治的発言を回避しようとする傾向の関係である。張徳彝は『三述奇』の「凡例」において、『三述奇』執筆上の基本的態度に関わって、

外国の政教風俗については、近年外国へ派遣された出使大臣たちの多くの著作がすでに人口に膾炙しており、私はその残り滓をこっそり盗み取ったにすぎない。

と述べ、またそれゆえ自分の日記は「些細な事柄を述べ、冗長で煩わしいことをいとわなかった」と記している。[45]こうした発言から読取れるのは、張徳彝が出使大臣らの著作との内容上の棲み分けを明確に意識していたということである。すなわち張徳彝は、西洋の政教風俗をふまえた改革の提言などは出使大臣らに任せ、いずれ朝廷が西洋文明の

受容を決断する時に備え、西洋文明の優れた成果を詳細に観察し、実用的な記録を残すことをみずからに課したのであった。『三述奇』に見出せるこうした棲み分け意識は、後述する『四述奇』において一層顕著に現れることになる。

二、英国出使期（一八七六―七八）の西洋観察と文明観

崇厚に随行したフランスへの出使から、約四年半後の一八七六年（同治二）十二月、当時三十歳であった張徳彝は、マーガリー殺害事件への謝罪のため派遣された郭嵩燾に随行し、英国に出発する。以後張徳彝は、そのまま初代出使英国大臣として英国に駐在した郭嵩燾の随員として、一八七八年（同治四）十二月、出使俄国大臣となった崇厚に従ってロシアに赴く[46]までの約二年間、英国に駐在した。郭嵩燾ら初代駐英使節の活動概要は、すでに第一章第一節で述べたので繰り返さない。この時期の張徳彝は、駐英公使館のスタッフとなったことで、西洋観察のための安定的な地位と多くの時間を獲得する。こうした中で張徳彝は、一八七〇年の出使時以上に中西両文明の異質性への認識を深めるとともに、西洋文明受容の必要性への認識を深め、西洋文明への目的意識的な観察を強化していった。以下、英国出使期の出使日記である『四述奇』の記述に即して、そうした情況を具体的に検討する。

（1）中西の異質な価値観への認識の深化

我々は『三述奇』の検討を通じて、崇厚使節団に参加した時期の張徳彝においては、中西両文明を異質な文明とみる新たな文明観が、初期の出使時以上に明確なものとなったことを見出した。もっとも、『三述奇』においては西洋文明と中国文明がどう異質なのかについて、明確な見解が示されていたわけではなかった。これに対して『四述奇』

においては、安定的な地位とまとまった時間を与えられたことにより、西洋の政教風俗に関する情報の整理・分析が進んだためであろう、ロンドン着任後半年を過ぎた頃から、西洋文明は中国文明とどのように、あるいはなぜ異質なのかに関して、張徳彝なりの見解が示されるようになる。例えば、張徳彝は次のように述べている。

英国の風俗は、中国と反対でないものはない。国政についていえば、民が議論して決め、君主がそれに従う。家のあり方についていえば、妻がいいだし、夫が従う。文字についていえば、左から右へ書く。書物についていえば、（中国の書物の）末尾から始まり、巻頭で終わる。飲食についていえば、スープを飲んでから、主食を食べ、料理を食べてから、デザートを食べる。席次についていえば、右から左へと下がり、主人を尊び、客を粗末に扱い、宴会では常に主人が中央に座り、客が両側に分かれて座る。このように中国と反対である原因は、生まれつきの性質がそうさせたのだろうか、それとも英国が中国の反対側に位置するために、風俗・制度がさかさまになったのだろうか。それを知るよしはない(47)。

この記述の多くは、中西両文明に見出せる外面的な相反性を述べている。だが、両者の相反性を指摘するのみでなく、その相反性の原因は不明だとしつつも、それを生まれつきの性質や地理的条件など、両者それぞれに固有の原因によるものではないかと疑っている。こうした見方は、中西両文明を別個の異質な文明と見る傾向の一層の強まりをうかがわせる。

張徳彝における中西両文明の異質性に関する観察は、こうした外見上の差異への認識にとどまるものではなかった。例えば、張徳彝は英国において天文学、地理学、物理学、化学などが、実学として重視されていることを述べた上で、次のように述べている。

（こうした英国から）他国（ここでは中国を指す。手代木注）の算命、占卦、鎮物、風水の各学をみれば、おのずからその虚実は明らかである。外国（英国をはじめとする西洋諸国、手代木注）は風水を講じず、日々進歩すれば富強がもたらされ、またよく実学に努めれば繁栄がもたらされることを知っている。(48)

このように張徳彝は、中国で空虚な迷信が重んじられるのと異なり、西洋では日々の進歩が追求され、実学が重視されており、そのことによって西洋の富強がもたらされたことを指摘している。

張徳彝の観察は、このように中国の衰退、西洋の富強をもたらした中西両文明の異質な営みを見出していたが、彼の関心はさらにそうした差異をもたらした原因の解明に向けられていった。張徳彝がその原因として注目したのは、中国人とは異なる西洋人の思考・行動上の価値観であった。この点に関わって注目されるのは、張徳彝の次のような指摘である。

彝が四回にわたって西洋にやってきて、西洋人の性質を仔細に観察したところ、（彼らは）はきはきしているのを喜び、曖昧を憎み、敏捷を愛し、遅延を嫌う。ものごとを議論する際には自由に主張を述べてよいが、遠慮があってはならない。道理に適ってさえいれば、自己の主張を通してよいのだ。（中略）思うに西洋人は、道理を論争することはもともと争いごとではなく、どんな人でも道理に適っていれば皆すすんで従うものだ、と考えている。(49)

張徳彝はまた次のように述べている。

これまで三回ロンドンに滞在したがみな半年にみたず、詳細な考察をすることはなかった。今回は出使して八、九ヵ月来、英国の風土を仔細に観察するに、人はとても誠実で、形式的な儀礼を尊ばず、職務があればその任務を成し遂げようとして怠けることはなく、約束や命令があればそれを固く守ってそむかない。是非を論じて甚だ的確であり、利害を弁じて甚だ明晰である。断るか引き受けるか、受け取るか与えるかは思うままに行ない、うわべだけ丁寧を装うことをせず、ことさらに謙ることをしない。(50)

これらの記述の多くは、西洋人の志向を〈西洋人は……であり、……ではない〉という形式で述べており、一見中国人については触れていないようにみえる。だが、宣教師の中西比較による中国文明批判や厳復の中西文明論(51)と対照すれば気づくように、これらの記述は明らかに中国人の価値観を強く意識している。すなわち、発言の卒直さ、行動の敏捷さ、道理に基づく忌憚のない自己主張、誠実さ、是非・利害の重視など西洋人における積極性、動態志向に対置される、発言の曖昧さ、遅延への慣れ、虚礼の尊重、表面的な慇懃・謙譲等自己抑制の重視などは、明らかに中国人の消極性、静態志向を指摘したものであろう。以上みてきたように、中国の衰退と西洋の富強をもたらした直接の原因を、中国における迷信の崇拝と西洋における進歩の追求と実学の重視などの相違に見出した張徳彝は、さらにその相違の根底に、中国人における自己抑制等の静態志向、西洋人における自己主張等の動態志向など、対照的な価値観を見出しているのである。こうした中西両文明の根底にある中国人と西洋人の異なる価値観への認識は、おそらく、当時『万国公報』等で展開されていた宣教師の言説から影響を受けていたと考えられる。(52)この点については結論で改めて述べることにする。

ところで、以上のような中西両文明の根底にある異質な価値観に関する認識の深化は、過去三度の出使においてと同様、ここでも儒教的価値観の全面的な否定や放棄に結びついたわけではなかった。例えば、張徳彝は次のように述べている。

中国は古より孝によって天下を治める。だから子女が父母を養育し、嫁が夫の父母につかえて孝行に篤いと称えられるのは、明らかである。（中略）西洋でも孝を重んずることは多いが、結婚してから親と分かれて暮らす者が多く、親が死んでから祭祀をしない者がいる。

張徳彝は、こう述べた上でさらにこうした西洋の風俗について、「父母や祖先への思いがないのは残念だ」[53]と述べている。すなわち張徳彝は、伝統的な「孝」観念を基準にして、結婚後、親と別居することが多く、また親の死後、中国のように祭祀をしない西洋の親子関係を批判的に捉えている。また、張徳彝は軍事を学ぶためドイツに留学していた卞長勝らが、受入先での待遇に不満を訴えた際、彼らを派遣した李鴻章や朝廷の期待に背かず、成果を挙げて帰国し、祖先を光り輝かせ父母を悦ばせるために、苦難に耐えるよう説得している。ここにみられる説得の論理も、明らかに「孝」観念に依拠したものということができよう[54]。

こうした「孝」観念の重視に示されるように、張徳彝は決して伝統的な価値観を全面的に否定していたわけではなかったし、それを基準として西洋の政教風俗を評価することを完全にやめたわけでもなかった。それでは、そのこと、前述のような中西両文明の根底にある異質な価値観及び西洋文明の優位性への認識は、張徳彝の意識の中でどのように整理されていたのであろうか。『四述奇』を読む限り、この点は判然としない。中国文明が相対化されたとはいえ、少なくともこの段階では、西洋文明の優位という認識からの伝統的価値観への批判的検討は、まだ十分にはなされていなかったのであろう。この点、次節で検討する鍾天緯において、我々は伝統的価値観に対する批判を見出すことになる。ただ一つだけ指摘すれば、西洋諸国に伍して国際的地位を確立することの重要性を認識する過程で、『三述奇』において各国は固有の本来的価値観（本来面目）を失うべきでないとされるように、自己アイデンティティーの問題に直面していた張徳彝にとって、中国文明の相対化の一方で、従来彼が保持してきた中国固有の価値観の存在意義が、より切実に意識されつつあったことは否定できない。

（2）西洋文明受容の重視と目的意識的観察の徹底

張徳彝が英国に出使した際、劉錫鴻と郭嵩燾の間には、西洋評価の違い、性格的な不和、それに清朝内部の派閥闘争などが絡んだ激しい対立が存在していた。また、ロンドン到着の半年後には、郭嵩燾の出使日記『使西紀程』における西洋への礼賛が、翰林院編修何金寿の弾劾を受け、朝廷はついに『使西紀程』の発行禁止を命ずるにいたる。こうした中で書かれた『四述奇』においては、従来から張徳彝に見られた政治的発言を回避する傾向が一層強化されることになった。しかしながら、中西の異質な価値観への認識を通じて、中西両文明の異質性そして西洋文明の優位性への認識を深めた張徳彝にとっては、西洋文明受容の必要性は高まることはあっても低下することはありえなかった。我々は、こうした中で直接的表現は避けつつも、西洋文明受容の重要性を主張しようとする張徳彝の態度を、『四述奇』においても見出すことができる。

例えば、張徳彝はある英国人からロンドン東南の砲台の構造について説明された際に、それが「中土の旧法」と同じであり、「中国と外国には期せずして一致しているものがあることを知るべきである」と述べているが、そのみずからの発言を戒めるかのように、続けて次のように記している。

ある人がいった。「西洋諸国が（他国に）見習おうとする気遣いの周到緻密さにはみるべきものがある。近来西洋諸国は互いに優れた方法を求めて（互いの）優れた点を受容しあってきた。（これに反して）ひとりよがりで気ままにふるまい、他国から学ぶことを恥じる者は、おそらく結局は進歩がなく、他国から侮られることに甘んじざるをえない。トルコ、インド、エジプト等はその実例である」と。[55]

また、やはりある英国人が「一国がもし自強しようとすれば、他国の生み出した成果は、必ず徐々に受容すべきである」と述べた上で、トルコの失敗例を論じたことを紹介している。[56] こうした記述は、西洋文明受容の必要性への認識が深まる一方、それを主張することの危険性を意識せざるをえない中で、他人の言説を借りて自己の主張を述べる張徳彝一流の筆法であったといえよう。

このように『四述奇』には、西洋文明受容につながる記述はみられるものの、『三述奇』にみられた西洋文明受容に関する具体的主張は見出せない。しかしながら、その一方で、西洋文明の成果を受容するための目的意識的な観察は、『三述奇』に比してはるかに徹底したものとなっていった。その西洋文明への観察は広範なものであったが、張徳彝の主要な関心は一八七〇年の出使時と同様に、中国が西洋中心の国際秩序に主権国家の一つとして参入し、国際外交を展開していくための準備を整えることにあった。具体的にいえば、『三述奇』において国際外交の規範たる万国公法への関心が目立ったのに対し、『四述奇』では万国公法への関心が強かった郭嵩燾との棲み分けを意識してか、万国公法の外交規範としての受容を前提としつつも、在外公館が習熟すべき駐在国外務省・各国公館間の外交上の儀礼やルール・慣行、その他交際上の要領などが、観察の主要な対象だった。[57] それらは、よほど意識していなければ見逃してしまう、在外公館スタッフにとってごく当たり前の日常の風景であった。しかし、それらは明治日本が鹿鳴館外交を必要としたように、中国が主権国家として西洋諸国と渡り合っていく上で、在外公館と総理衙門のいずれにおいても、受容しないわけにはいかない必要不可欠なものであった。そうだとすれば、それらに関する観察は、張徳彝が国際外交への本格的参入に備えて行なった、きわめて目的意識的な行為であったことが理解できる。確かに、「出使章程」（一八七六）において出使大臣や随員は、西洋での見聞を詳細に記録・報告することを義務づけられていた。しかし、何を、どのように、どこまで記録するかは、もっぱら記録する側の問題意識に委ねられていたからである。そして、張徳彝がこうした目的意識的な観察に徹することができたのは、同文館期に形成した世界認識を土台として、出使を重ねる中で中西両文明を異質な文明とみる新たな文明観を形成し、西洋文明の中国文明に対する優位性及びその必要に応じた受容の重要性を、深く認識するようになったからにほかならない。

張徳彝によるこうした目的意識的な観察が、清末中国においていかなる影響力をもちえたのかについては、今後の研究を待ちたい。ただ、一点だけ指摘すれば、張徳彝は一八九〇年（光緒十六）と九三年（光緒十九）に総理衙門の責任者であった慶郡王奕劻に対して、総理衙門と在外公館の改革に関する意見書の提出している。この二つの意見書は、総理衙門下の外交を近代外交に適合させるべく、人事制度や外国機関等への対応など総理衙門と在外公館のあり方を、西洋諸国に学んで整備すべきことを指摘したもので、その内容の大半は『四述奇』をはじめとする西洋観察の記録にもとづいていた。その後清末新政において、北京議定書にもとづく総理衙門の外務部への改編（一九〇一）を皮切りに、奕劻を中心とする一連の大規模な外交制度改革が実施され、その過程で張徳彝の意見書の内容は結果的にほぼ実現する。張徳彝の意見書が、清末の外交関係の諸改革にどのような影響力をもちえたのか、その詳細は不明である。だが、列強の外圧の中でにわかに行なわれたかにみえる清末の外交関係の諸改革が、実は、張徳彝ら在外公館スタッフによる西洋観察の蓄積を土台としていたことは、おそらく間違いないであろう。(58)

小　結

張徳彝は、一八六二年（同治元）十六歳で同文館の第一期生となり、三年間英語を学んだ。当時英文教習だったマーチン、フライヤーら宣教師との交流は、張徳彝が西洋文明の普遍性やその中国文明に対する優位性への理解を深め、新たな文明観を形成する上で重要な土台となったと考えられる。

同文館卒業後、一八六六年の斌椿使節団と六八年のバーリンゲーム使節団への参加を通じて、伝統的文明観に依拠することの非現実性を認識した張徳彝は、すでに形骸化したものであったみずからの伝統的文明観を一層抑制し、西洋中心の秩序観を明確に意識しつつ、中西両文明を異質な文明とみる新たな文明観を形成していった。

一八七〇年から崇厚使節団に参加した際には、富強の達成により西洋文明の普遍性を確信する西洋人の文明観と対峙する中で、新たな文明観が「各国には善政善俗がある」「天下各国の政教には、それぞれ皆もとづくところがある」といった明確な表現で表明され、従来形式的にはみられた西洋の政教風俗を中国文明の継承・発展と捉える附会説も、ほとんどみられなくなる。こうした中で張徳彝は、西洋文明の成果を受容すべく目的意識的な観察を進め、とりわけ国際外交の規範としての万国公法に注目した。

一八七六年から郭嵩燾に随行して英国に出使した張徳彝は、安定的な地位とまとまった時間を得て、中西両文明の異質性への考察を深めていく。そして中国の衰退と西洋の富強をもたらした直接の原因を、中国における迷信の崇拝及び西洋における進歩の追求と実学の重視などに見出し、さらにその相違の根底に、中国人における自己抑制の重視などの静態志向、及び西洋人におけるそれと対照的な自己主張の重視などの動態志向という、中西の異質な価値観を指摘した。ただし、張徳彝は儒教的価値観を全面的に否定ないし放棄したわけではなく、中国文明の相対化は、西洋文明の優位性に照らして儒教的価値観への批判的検討を十分行なうまでにはいたらなかった。ただ、西洋諸国に伍して国際的地位を確立すべく、西洋文明受容の必要性を認識する一方で、自己アイデンティティーの問題に直面していた張徳彝にとって、中国固有の価値観の存在意義が意識されつつあったことは否定できない。

かくして、中西両文明の異質性への認識を深めた張徳彝においては、政治的配慮から西洋文明受容への具体的な主張は抑制されたものの、西洋文明受容のための目的意識的な観察は一層強化され、中国が主権国家として国際外交を展開するための、外交上の人事制度や外国機関等への対応など総理衙門と在外公館のあり方に関わる情報が精力的に収集された。そしてこうした情報は、一八九〇年と九三年に総理衙門の責任者奕劻に提出された総理衙門と在外公館の改革に関する意見書として、結実することになったのである。

第三節　鍾天緯の西洋体験と文明観

はじめに

本節で取り上げる鍾天緯は、上海の広方言館で学び、江南製造局翻訳館、格致書院と深くかかわるなど、上海を中心に活動し、洋務運動期における西洋情報の受容・普及の最前線を担った洋務世代の新型知識人であった。鍾天緯については、一八八〇年代すでにダーウィンやスペンサーの進化論を紹介するとともに、日清戦争後の厳復らに近い中西両文明の異質性への認識を有していたことが、一九八〇年代以降中国で注目されるようになった。鍾天緯の著作のうち出使日記やいくつかの主要な文章はすでに失われている。だが彼の世界認識の特徴は残された著作からもうかがうことができる。本節では、鍾天緯における新たな文明観の形成を、出使前の西洋情報の受容、出使期の西洋観察、そして出使後の改革論への考察を通じて明らかにする(1)。

はじめに鍾天緯の生涯を概観しておきたい(2)。鍾天緯（一八四〇―一九〇〇）は、江蘇松江の人、字は鶴笙。代々耕読に従事する知識人の家庭に、五人兄弟の次男として生まれた。青年期までの鍾天緯は、郷里華亭縣亭林鎮一帯の大水や飢饉、太平天国軍の侵攻など混乱の中で、父于蕃と長兄、三弟、四弟を相次いで失い、亭林鎮で塾教師などをして家計を支えた。一八六五年（同治四）二十六歳で邑庠に入学し、一八七一年（同治十）には官吏の苛酷な徴税に苦しむ小農民の窮状に鑑み、族叔の茉亭公らと田畝の測量を上訴している。

一八七二年（同治十一）、三十三歳で上海の広方言館に入学し、英文教習であった米国人宣教師（監理会）アレンに英語を学んだ。一八七五年（光緒元）からは、徐建寅の招きで山東機器局に赴き同局の経営に携わった。一八七九年（光緒五）、徐建寅は李鳳苞のドイツ出使に参賛として随行するが、鍾天緯は科挙受験のため同行せず、翌八〇年（光緒六）四十一歳の時、江南製造局翻訳館訳員クレイヤー（Carl T. Kreyer 金楷理）とともにドイツに出使する。

一八八一年（光緒七）、病気のためドイツから帰国した鍾天緯は、翌一八八二年（光緒八）秋、四十三歳で江南製造局翻訳館に招聘され、以後フライヤーらと『西国近事彙編』の編纂や西学書の翻訳に従事する。[3] また、格致書院が一八八六年（光緒十二）から実施した季課・特課を毎回受験し、優れた成績をあげた。その答案と考えられる「中国創設鉄路利弊論」は、ことに大きな反響を呼び、『富強策』[4]として刊行された。こうした中で、その見識は洋務官僚の注目するところとなり、一八八八年（光緒十四）四十九歳の時、盛宣懐に煙台へ招かれて礦学堂監督となり、九〇年（光緒十六）からは両湖総督張之洞の招きで武昌の鉄政局、自強学堂などの経営に関与した。[5] 一八九四年（光緒二十）春には、再び盛宣懐に招かれ天津に赴き、次いで、李鴻章に従い海軍を視察し多くの建議を行った。一八九五年（光緒二十一）、天津で執筆した「救時百策」は、同年胡燏棻による変法の上疏にそのまま取り入れられたという。[6]

一八九五年六月、五十六歳で上海に戻り江南製造局翻訳館で翻訳を再開するとともに、これ以降、従来から取り組んできた新教授法による幼童教育に本格的に従事する。一八九七年（光緒二十三）頃には、上海で『強学報』の創刊を準備していた康有為、梁啓超らと盛んな往来があったが、康有為らの変法論を急進的改革として批判した。また、汪康年は『時務報』創刊にあたり、鍾天緯に撰述人を委嘱している。[7] 一八九八年（光緒二十四）、戊戌変法により経済特科が実施された際には、劉坤一、張之洞、陳宝箴、胡燏棻の推挙を受けたが、政変により採用されなかった。一九〇〇年（光緒二十六）、親交があった経元善が、上海紳商と連名で西太后の光緒帝廃立に反対し通電した際は、危うく連座を免れている。同年七月、光緒帝による義和団への処罰と列強への謝罪を求めつつ病没した。享年六十一歳。

以下ではまず出使前の思想形成について、残された史料をもとに可能な限りあとづけておきたい。

一、出使以前の西洋情報の受容

(1)　広方言館期（一八七二―七四）

鍾天緯における文明観を考察する上で、経歴上まず注目されるのは、一八七二年（同治十一）、三十三歳の時から三年間、上海の広方言館で学んでいることである。鍾天緯が当時書いた著作等は残されていないが、ここでは周辺の史料によって当時における学習の情況を明らかにしておきたい。広方言館は、李鴻章の奏請により外交交渉を担いうる外国語と外国事情に精通した人材を養成するため、一八六三年に設立された(8)。開設当初定められたカリキュラムは、翻訳人材の養成に特化したものだった。毎日の学習は算学と外国語が中心で、毎月二回総教習による外国語の試験があり、その席次は上海道に提出された。また、能力に応じて経史各類の授業も行われた。学生の募集人員は四十名、在学期間は三年で、十四歳以下の優秀な少年が選抜された(9)。教習は総教習一名、英国の学問に精通した西教習二名、経学、史学、算学、詞学を担当する分教習四名、ほかに西教習の授業で学生への通訳を担当する外国語に精通した董事四名が置かれた(10)。一八七〇年の江南製造局への編入に伴うカリキュラム改革により、鍾天緯が在学した時期には、一年目（下班）は算学、代数、対数、幾何、重学、天文、地理及び絵図等の初学者向け教科書を学び、二年目から二年間（上班）は外国語及び科学技術諸分野の計七分野から一分野を選び専攻した(11)。

鍾天緯が英語を習ったアレンは、一八六四年初代英文教習として広方言館に赴任した。半年後に任期が切れるが、一八六七年再び英文教習に復職し一八八一年まで在職した。その間、一八七一年からは広方言館の江南製造局への編入に伴い、江南製造局翻訳館の訳員を兼任している。広方言館におけるアレンは、学生に各種文型の練習を繰り返し行なわせるなど英語教育に尽力した。同時に、電報機や電池などの科学機器をみせたり、フランス租界のガス工場や製粉工場、江南製造局の作業現場を参観させるなど、科学知識を伝えることにも精力的だったという(12)。学生の中にはアレンが主編を務めていた『万国公報』（一八六八年に『教会新報』として創刊、一八七四年に改名）の読者も少なくなかったであろう。

また、広方言館は西学書の翻訳活動を重視し(13)、翻訳の授業で学生と外文教習が共同で翻訳を行ない、そうした翻訳の中には後に出版されたものもあった(14)。鍾天緯は出使後の一八八二年（光緒八）に江南製造局翻訳館に招聘される以前から、同館でフライヤー（一八六八年から七九年まで広方言館法文教習）らと西学書の翻訳に従事し、少なくとも八種の翻訳に関与しているが、その一部は在学中から着手されたものだったと考えられる。加えて、広方言館では優秀な学生を選んで、西洋各国の新聞から情報を摘録する作業も行なわれていた(15)。江南製造局は一八七三年から九九年まで各国新聞の摘録である『西国近事彙編』を刊行し、鍾天緯は八二年から八四年までその編訳者を務めているが、彼は広方言館在学時から各国新聞に接していた可能性がある。

一八七〇年代前半、すでに中国における西洋情報の発信源は圧倒的に上海に集中しており、広方言館は江南製造局編入後の時期、同翻訳館とともに上海の翻訳活動の中心だった。鍾天緯はこの広方言館で英語と西学の基礎を学び、同時に、やがて清末の西学受容において最大の影響力をもつことになる『万国公報』と『格致彙編』それぞれの主宰者アレンとフライヤーとの出会いを果たした。おそらくこの時期の鍾天緯は、同世代の知識人の中でも、西学受容のための最良の環境を与えられた知識人の一人だったといえるだろう。

（2） 山東機器局期（一八七五—七八）

一八七五年（光緒元）、鍾天緯は山東巡撫丁宝楨によって建設が開始された山東機器局に赴き、一八七八年まで同局の運営に参加した。一八六七年から一八七四年まで江南製造局に在籍した山東機器局総弁の徐建寅が、鍾天緯の才能を認めて呼び寄せたのであった。

この時期に書かれたと考えられるいくつかの文章からは、次のような鍾天緯の情況認識がうかがえる。まず注目されるのは、鍾天緯が不平等条約締結に伴う中国をめぐる世界秩序の変動について、次のように指摘していることである。

> 西洋人と各開港場で通商するようになって以来、（中華を中心とする）一統の天下は、にわかに列国の天下に変じ、千古未曾有の局面が開け、世界が一つになる兆候が現れている。(16)

広方言館での三年にわたる英語と西学の学習やアレン、フライヤーら外国人教習との交流を通じて、鍾天緯は大量の西洋情報を受容し、伝統型知識人が持ち得なかった西洋文明の普遍性への認識を形成しつつあったと考えられる。こうした中で伝統的な華夷秩序は過去のものとなり、現実世界は列国の競合の中で形成された秩序のもとにあると認識されていたのである。

こうした世界認識のもとで、中国が抱える問題点として、鍾天緯は特に人材難を指摘する。すなわち、にわかに登用された洋務人材は、「中国治乱安危の故、兵刑政教の源」を知らず、西洋人に学ぶ能力を持たずに事態を悪化させるばかりである。他方「章句の儒」は「俗学に溺れ、性命を高談」するのみで、世事に疎く世を惑わして平気である。

このように鍾天緯は朝廷の人材登用が有効に機能していない状況を批判的に論じている。[17] こうした言説は、洋務人材の養成機関を卒業しても、将来が保証されてはいなかった、鍾天緯自身を含む新型知識人の不安定な立場を反映したものでもあった。[18]

山東機器局での鍾天緯は、当面の任務である同機器局の立ち上げに尽力した。当時武器・弾薬の製造のために各地に開設された機器局をめぐっては、西洋人技術者の雇用や西洋諸国からの機器・材料等の購入のための巨費が問題視され、機器局の廃止や生産の一時停止を求める上奏がなされていた。[19] こうした中で山東機器局は、当初から西洋人技術者にたよらず火薬、銃砲を自力で製造し、また安価な燃料の確保のため地元の炭鉱を開発するなど、経費の節約に留意した経営を特徴としていた。[20] 鍾天緯はこうした節約経営の実績を強調しつつ[21] 機器局の廃止論・一時停止論に反論し、各機器局の経費削減の方策として、①外洋工匠偏用の回避と中国工匠の多用、②各局役人の削減、③熟練工匠の任用、④外洋材料偏用の回避、国内材料の参用、の四ヵ条を提唱している。[22] また山東西井での炭鉱経営を計画した際には、上海の輪船招商局（一八七三年成立）の例を紹介しつつ、西洋の公司制度を導入し資金を集めることを提案している。[23]

二、出使期（一八八〇―八一）における秩序観と文明観

（1）　出使期の秩序観――朝鮮認識をめぐって

一八八〇年（光緒六）の春、当時四十一歳だった鍾天緯は前年にドイツに出使していた李鳳苞の招聘に応じ、江南製造局翻訳館の米国人訳員クレイヤーとともにドイツに赴く。これ以降鍾天緯は、一八八一年（光緒七）、病気のため

帰国するまでベルリンの中国公使館に勤務し、またその間李鳳苞に参賛として随行していた徐建寅と欧州各国を遊歴し、世界情勢への認識を深めた[24]。

前述のように、山東機器局期すでに鍾天緯の秩序観においては、伝統的な華夷秩序は過去のものとなり、現実世界は列国の競合の中で形成された秩序のもとにあると認識されていた。出使期には、在外公館随員として世界認識を深める中で、現実の世界秩序への認識は一層深まっていった。今日に残された史料の中で、当時における鍾天緯の秩序観と関わって注目されるのは、中国をめぐる国際関係、とりわけ朝鮮との関係に関する認識である。

鍾天緯のみるところ、当時中国にとっての最大の脅威は東海の利権を狙うロシアであり、ロシアとの開戦は不可避とされた[25]。そのロシアは朝鮮をめぐり中国、日本と対立する情況にあったから、朝鮮をめぐる対立をいかに打開するかが当面最大の課題であった。こうした状況のもとで、鍾天緯は、当時執筆した「論処置高麗」(一八八〇—八一、執筆時期は『刖足集』目次による。以下同じ) の中で、中国の藩属国 (朝貢国) である朝鮮が、日本と締結した江華島条約 (一八七五) において、「自主の邦」と規定され、中国から命令を受けようとしないのは、藩属国としての礼儀に反するにもかかわらず中国はそれを黙認していると指摘する。その上で鍾天緯は、続けて次のように述べている。

これにより西洋諸国もまた朝鮮を中国の藩属国とはみなしていない。どうして中国はなお羈縻の虚礼の数を争おうとするのか。むしろ藩属国の虚名を貪り、かえって (西洋諸国から) 牽制される実害を受けるよりは、どうして (朝鮮との) 冊封・朝貢関係を停止し、臣として服従することを断るのに及ぼうか。藩属国を隣国に格上げし、領土を与える大恩を示し、明確に自主を認め、互いに条約を締結して通商し、両国の条約章程はもっぱら万国公法により、いささかも不公平であってはならない[26]。

このように鍾天緯は、西洋諸国の朝鮮問題への認識を強く意識しつつ、伝統的宗属関係を終わらせて朝鮮を独立国とし、万国公法（国際法）にもとづき中朝間の対等な条約を結ぶことを主張する。その上で、朝鮮と西洋諸国の間の条約締結を促して日本の野望をたち、それによって、中国、朝鮮、日本の合従を実現してロシアに対抗することを提唱するのである。(27)

以上のような鍾天緯の発言をめぐっては、その背景について触れておく必要があろう。伝統的な華夷秩序においては、中国の周辺諸国、諸民族はそれぞれの首長が皇帝の徳を慕って朝貢し、皇帝による冊封を受けることによって、中国との間で宗主国と朝貢国（藩属、属邦、属国などと呼ばれる）の宗属関係を形成していた。この宗属関係においては、中国は周辺諸国に実質的支配を及ぼさず、皇帝の与える暦の使用など儀礼を履行すれば、周辺諸国の自主は保証され、内政・外交への干渉は行なわれないのが原則（いわゆる属国自主）だった。一八七九年に日本が行なった琉球に対する廃藩・沖縄県設置は、中国に琉球という朝貢国の消滅をもたらしたのみならず、最後の朝貢国朝鮮までもが消滅させられかねないという危機感を募らせることとなった。こうした中で、清朝は福建巡撫丁日昌の提言を受け、朝鮮に対して条約締結による欧米諸国への開国を勧め、それによって日本を牽制する方針を採用する。この方針は、おりから朝鮮開国を目指していたアメリカの動きと連動し、中国はアメリカと朝鮮の条約締結へ向けて仲介に乗り出す。その際中国側にとって大きな問題は、条約締結にあたり、中国と朝鮮の宗属関係をどう位置づけるのかであった。(28)鍾天緯の発言は、こうした背景のもとでなされたものだったと考えられる。

それでは、鍾天緯の主張は、朝鮮の条約締結をめぐる当時の議論の中でいかなる位置を占めていたのであろうか。当時の駐日公使何如璋は、伝統的宗属関係の枠組みを解体し、朝鮮を近代的国際法における「属国」に転化する、ともとれる主張をおこなった。しかし、当時直隷総督、北洋通商大臣として対外政策遂行の中心にいた李鴻章は、欧米諸国の「力」の論理への対応を迫られる中で、実質的には朝鮮への干渉に踏み込み始めながら、形式的には「属国自主」の原則を保ち伝統的宗属関係の枠組みを維持する方向で、実際の条約交渉を進めていった[29]。またこうした李鴻章の立場は、当時彼の幕僚としてその政策決定に深く関与した薛福成の朝鮮認識とも無関係ではなかったと考えられる[30]。薛福成は『籌洋芻議』（一八七九）の「藩邦」篇で、中国周辺にあった六つの朝貢国、すなわち朝鮮、琉球、ベトナム、ビルマ、タイ、南掌のうち、後三者について、中国はもはや保護する力もなく、これを度外に置き朝貢を停止させるべきだとする。他方、朝鮮、ベトナム、琉球、特に中国に隣接する朝鮮、ベトナムについては、朝貢国として維持する必要を説きその方策を提起している[31]。

当時主導的な立場にあった李鴻章やその幕僚薛福成が、西洋近代世界における「力」の論理の影響を受けつつもこのように伝統的宗属関係の論理を残していたのと比べる時、我々は鍾天緯の主張に見出せる伝統的宗属関係への拘りのなさに驚かざるを得ない。鍾天緯の秩序観における「一統之天下」から「列国之天下」へという認識は、一見、本章第一節で論じた、薛福成における「華夷隔絶の天下」から「中外聯属の天下」へという認識に近いように見える。しかし、薛福成においてはすでに指摘したように西洋諸国の軍事的な圧倒的優位のもとで世界秩序の変動が意識されてはいたものの、伝統的な華夷的秩序観は消滅したわけでなくなお生き続けていた。前述のように、彼が朝鮮を藩属国として維持しようとしたのもそのことと無関係ではないであろう。他方、鍾天緯においては、西洋近代国際秩序における力の論理のもとでは、もはや伝統的華夷秩序のもとで維持されてきた宗属関係の論理は通用しないことが明確に認識され、朝鮮の独立国化により西洋近代国際秩序に適合しうる新たな国際秩序を構築することが構想されるにいたる。鍾天緯におけるこうした新たな秩序観の形成は、西洋富強化の原因解明を通じて、中西両文明を異質な文明と見る新たな文明観が明確になっていった、以下のような過程とも不可分の関係にあったと考えられる。

（2）西洋の富強の原因——新たな文明観の明確化

広方言館期以来、西洋情報に恵まれた環境の中で、伝統型知識人がもちえなかった中西両文明の異質性への一定の理解をすでに形成していたであろう鍾天緯は、出使期においては前述のような秩序観を形成するとともに、西洋の富強の原因への考察を精力的に進め、中西両文明を異質な文明と見る新たな文明観を明確なものにしていった。本書でこれまで取り上げた知識人たちとは異なり、鍾天緯の場合、出使期の日記等の記録はすでに散逸している。以下では、出使期及びその後の論文・書簡等をもとに、鍾天緯のそうした営為をうかがうことにする。

出使期の鍾天緯が、西洋の富強の原因としてまず注目したのは、中国とは異なる西洋の政治のあり方であった。当時の論文「総論時勢」（一八八〇—八一）において、鍾天緯は欧州各国が富強を達成できたことの根本的原因は、「民の情況に通じ、民を政治に参加させる」こと、すなわち民意にもとづく政治を行うことにほかならないとして、次のように述べている。

> 思うに、西洋の通例では国の律法が最も尊く、君主はその次に尊ばれる。（中略）国の律法は民の世論を集めて定め、君主の権威もまた民の公助にもとづいて成立する。(32)

鍾天緯はこう述べた上で、それゆえ君主は制限を受けるが尊厳を保て、民は自ら発展でき、虐政に苦しむことはないとする。またこうした政治を行なう上での具体的な方法として、議会制度、裁判制度、選挙制度の導入、新聞の発行などを挙げている。その上で鍾天緯は、このような民意にもとづく政治のもとで、徴税、土木工事、治安警備、教育などの内容は、民が自ら定めて実施するため、民は「公におもむいても、私を謀るようである」と述べる。そしてさ

らに、

　国中の君臣上下が一体化し、心を合わせて、相談して意見を一致させ、ただ一人一家の私計を謀るだけではない。(33)

と述べ、それ故に国家の富強が達成されたのだと指摘している。一方、中国は西洋と正反対の情況にあることを、次のように指摘する。

　政治上の権力が皇帝一人に独占されているので、民心は日々バラバラになるばかりである。九州と十八省に分かれているといっても、実際は人それぞれ勝手にふるまい、人それぞれ考えが違っており、百千万の国に分割されているのと同じだ。(34)

　このように「総論時勢」において鍾天緯は、西洋の富強の原因を、中国が皇帝独裁のもとで民心がバラバラな状態にあるのとは対照的に、民意にもとづく政治のもとで「君臣上下」が一体化して、個々人の自発的活動が有機的に結合していることに見出している。(35) すなわち鍾天緯は西洋観察を通じて、西洋における富強達成への過程に、〈民意にもとづく政治〉→〈民の自発的活動〉→〈その有機的結合〉→〈国家富強の達成〉という西洋モデルを発見したのであった。日清戦争後、厳復の「原強（修訂稿）」（一八九六？）や梁啓超の「新民説」（一九〇二―〇六）は、鍾天緯と同様に中国における団結のないバラバラな民のあり方を批判し、スペンサーの社会有機体説の影響下に、主体性ある民の結合体として有機体的国家像を提示して、知識人に大きな影響を与えた。(36) 鍾天緯の西洋モデルに見出せる国家像は、厳復や梁啓超に見られる有機体的国家像の原形ともいうべきものであった。

鍾天緯は同時期に書かれたと考えられる「与程禧芝書」(『刖足集』外篇所収、以下、外篇と記す[37])において、中国が劣勢を挽回するには船堅砲利だけでは足りないとし、かつて英国外交官ウェードが「新議論略」(一八六六)で提唱したように、西洋に倣う改革を行うこと、具体的には学術を振興し、人材を集め、民意にもとづく政治を行うことを主張し、そうした改革を通じて「民生自体が富むこと」及び「社会の風気自体が強くなること」を追求すべきことを強調して、次のように述べている。

庶民をして一人ひとりが戦い方を教え、国家の練兵よりも勝るようにさせ、また庶民をして一人ひとりが財を求め、国家の厳しい徴税より勝るようにさせよ。人々が格致に通ずれば、製造は精密になり、人々が治生に努力すれば、利源は不断に開拓されるだろう。

鍾天緯はこう述べた上で、このように個々の民が能力を身につけ、「中国の三億人の力を合わせて富強を謀れば、いかなる病弊も救えないことはない」と強調している[38]。すなわち、鍾天緯は自らが西洋に見出した西洋モデルを、富強化を目指す中国の改革にも有効なものとみなし、中国に適用することを提唱するのである。

「総論時勢」において、西洋富強化の原因を、民意にもとづく政治が生んだ主体的自発的な民に見出した鍾天緯は、やはり出使期に書かれた「与程禧芝書」(一八八〇―八一、『刖足集』内篇所収、以下、内篇と記す)において、その原因を西洋の君民関係(政治のあり方)だけでなく、中国と異なる西洋の父子、夫婦関係にまで視野を広げて論じている。すなわち、君民関係については、

君臣の分は厳しいけれども、小民はみな自主の権を有し、小民が言うには「君主は民が推戴するのであり、天

から権限を授けられるのではない。だから民衆に代わって政治を行なうのであり、強制的に我々を管理するのではないのだ」とされる(39)。

と述べ、君主はあくまで「自主の権」をもつ民に推戴され、民に代わって政治を行なうにすぎないことを強調する。その上で「総論時勢」と同様に、民によって定められた法律にもとづいて政治が行なわれることを指摘している。また、父子関係については、

父母は子女を養育し、年齢が二十二歳（すなわち満二十歳、手代木注）になると養わず独立させ、自ら得た資産は自ら擅《ほしいまま》にさせる。（中略）そのため人人は奮発して自立し、あそびほうけることはない(40)。

と述べ、父母に対する子女の「自擅」、すなわち、経済的自立が強調される。さらに、夫婦関係については、

夫婦は共同して働くが、資産はそれぞれ所有し融通し合わず、気が合わなければ離婚する。妻は自主権を有し、夫に服従しない(41)。

と述べ、夫に対する妻の「自主の権」を強調した上で、女性の労働や交易に従事する者は男性よりも多い、と中国との違いを指摘している。鍾天緯はこのように述べた上で、さらに、

試みに我が中国三代の風俗を観察し、（西洋の風俗と）どれが同じでどれが異なるかを検討して、必ず取捨選択すべきである。

と述べ、「三代」の風俗との比較において西洋の富強を支える君民、父子、夫婦の関係のあり方が、中国の富強化に不可欠であることを示唆している。そして、以上の発言は、「駭世絶俗の談」ながらみな確かなことであるのに、出使大臣らは誰も敢えてこうした発言をしようとはしない[42]、と喝破するのである。

三綱を重視する儒教の伝統からすれば、社会秩序を論ずる際にまず問題にすべきは君臣（君民）、父子、夫婦の関係のあり方であった。清末に西洋を訪れた中国知識人の多くが、西洋におけるこれらの関係に注目しているのはそのためである。その際西洋の君民関係、すなわち民意にもとづく政治のあり方は、経書に描かれた「三代の治」のイメージを投影しやすかったため、肯定的に評価されることもあった。しかしながら、当時としては深い世界認識を有していた先進的知識人であっても、三綱に背反する西洋人の風俗に対しては少なくとも表面的には違和感を表明することが少なくなかった。薛福成は西洋の君臣、父子、夫婦間の倫理は三綱に劣ると述べ、また、張徳彝は西洋では結婚後に親と別居する者や親の死後に祭祀をしない者が多いことに対して、「孝」に反するものとして不満を述べている[43]。こうした中にあって、前述のように、西洋では民意にもとづく政治が民の自発的な活動を生んだことに、中国の富強化への啓示を見出した鍾天緯は、ここではさらに君主に対する民、親に対する子、夫に対する妻の「自主」「自擅」が、そうした民の活動を支えていることを見出している。ここでの鍾天緯の発言は、まだ三綱を正面から批判するまでにはいたっていない。とはいえ、こうした認識にたって、西洋における富強化の担い手たる民を、中国で創出しようとすれば、三綱倫理こそがその最大の障害となることは明らかであろう。前述のように先進的知識人においてさえ、西洋における君臣、父子、夫婦関係への批判的な反応が一般的であった当時の情況からすれば、鍾天緯の発言は特筆するに値する。西洋の富強の原因を探求した出使期の鍾天緯は、このように中国と西洋の対照的な政治のあり方とそれを支える社会のあり方への観察を深める中で、西洋文明に「三代」の理想を投影するのではなく、伝統的な中国文明とは異質な文明として西洋文明を捉える新たな文明観を明確にしていったのである。鍾天緯が西洋社会を構成する君民、父子、夫婦の関係を、中国社会で理想とされた三綱秩序とは全く異質なものと認識していたことは、そのことを端的に示している。

ところで、鍾天緯が西洋の君民、父子、夫婦関係に言及する際に使われる「自主」「自擅」の語には留意する必要がある。鍾天緯も使っていたと考えられるロブシャイド（W. Lobscheid 羅存徳）の『英華字典』（一八六六—六九年香港刊）には、liberty の訳語として「自由」のほか「自主」「自主之権」などが見え、free の訳語の中には「擅自」の語も見える。[44] また一八九〇年代までに宣教師らが中国で刊行した著訳書及び『万国公報』などでも、liberty の訳語として「自由」よりも「自主」が使用されることが多く、中国の知識人もその影響を受けていた。[45] おそらく、ここで鍾天緯のいう「自主之権」や「自擅」は、liberty の訳語として使われているのであろう。ただし、鍾天緯はこれ以後「自主之権」について特に強調することはなかった。よく知られるように、その後、三綱倫理により人間の能力の発揮を抑制してきた中国の富強化へ向けて、liberty の重要性を明確に指摘したのは、日清戦争後の「論世変之亟」（一八九五）など厳復の論文であった。しかし、鍾天緯の「自主之権」「自擅」への言及は、liberty 概念の西洋近代社会における特別な価値を意識した初期の事例として、注目されるべきであろう。

（3）中西の異質な価値観への認識の深化

以上のように、西洋の富強の原因への考察を通じて、中西両文明を異質な文明とみる新たな文明観を明確にした鍾天緯は、さらに中西両文明の根底にある価値観の異質性への認識を深めていった。新たな文明観が明確なものとなったことが、それを可能にしたのであった。

念のために断っておけば、鍾天緯にみられるような西洋の文明は中国のそれよりも優れているとする認識自体は、中国文明を唯一普遍の文明とみなす伝統的文明観のもとでも見出せた。例えば、郭嵩燾は出使当初において、西洋の富強の原因を、西洋における為政者の優れた道徳性、官民の一体化、及びそれと対照的な中国における為政者の堕落、民の遊民化という政教風俗の差異に見出した。こうした郭嵩燾の認識には、西洋に為政者と民の一体化を見出し、逆に中国には民がバラバラな状態を見出す点で、鍾天緯の認識との類似性がみられる。だが、こうした政教風俗における中国と西洋の差異は、郭嵩燾においては、「三代」の理想の政教風俗が中国では失われ西洋に継承されたため、と理解された。つまり中国と西洋の政教風俗の差異は、暗示的な表現によってではあるが、中国が中華から夷狄へ、西洋が夷狄から中華へと転じたため生じた、とあくまで中国文明（中華）のみが文明であるとみなす伝統的文明観の文脈で理解された(46)。

これに対して、出使期において中西両文明を異質な文明とみる新たな文明観を明確なものとし、郭嵩燾のように伝統的文明観に縛られることのなかった新型知識人鍾天緯においては、西洋富強の原因のより一層の解明こそが重要だった。郭嵩燾における、「三代」の理想の政教風俗は中国で失われ西洋に継承された、という理解との対比で比喩的にいえば、なぜ中国では失われ、なぜ西洋では継承されたのかこそが、鍾天緯にとっては重要だった。中西両文明の根底にある価値観の異質性への考察は、こうした問題意識のもとで進められていった。

a　尊古と喜新、義理と物理

例えば、帰国後の一八八七年（光緒十三）に、格致書院の春季課における答案として書かれたと考えられる「格致之学中西異同論」において、鍾天緯は西洋の富強をもたらした原因として格致（科学技術）を挙げるが、彼の考察はそれだけにはとどまらない。鍾天緯はまず、格致の学は中国が開端を開き西洋人が継承したもの、すなわち、「中国聖人の遺伝」だが、西洋でのみ発展し中国では発展しなかったことを指摘する。ここまでは、伝統的文明観のもとで西学受容を合理化するためにしばしば行なわれた附会説を、導入のために借用したにすぎない。鍾天緯の問題意識は格致の学が西洋でのみ発展し、中国では発展しなかったのはなぜか、にあった。そしてこの点について鍾天緯は、中国人は「古を尊び今を軽んじ」（尊古而薄今）、「義理の空談を尚ぶ」（尚義理之空談）のに対し、西洋人は「新を喜び旧を嫌い」（喜新而厭故）、「物理の実際を究明する」（得物理之真際）と指摘し、さしあたり、こうした中西両文明における思考・行動上の異質な志向にその答えを見出している。(47)

また、鍾天緯は前述の「与程禧芝書」（内篇）で、西洋の君民、父子、夫婦の風俗を高く評価した際、そうした風俗は元来西洋にあったわけではなく、それぞれ「人倫の変」の結果もたらされたのだと指摘している。鍾天緯はこの「与程禧芝書」（内篇）で、「新を喜び旧を嫌う」という西洋人の志向自体には言及してはいない。だが、「格致之学中西異同論」での中国人は「古を尊び今を軽んじ」、西洋人「新を喜び旧を嫌う」という指摘と類似する表現は、後述するように「与程禧芝書」（内篇）と同じく出使期に書かれたと考えられる「与程禧芝書」（外篇）にもすでに見出せる。このことをふまえれば、「与程禧芝書」（内篇）での西洋の君民、父子、夫婦の風俗は「人倫の変」の結果であるとの指摘も、「新を喜び旧を嫌う」という西洋人の志向を念頭においたものと考えてよいであろう。このように鍾天緯は、中国文明と西洋文明の根底には中国人の尊古や義理の重視、及び西洋人の喜新や物理の重視という異質な志向が存在し、それが中西両文明における政教風俗から技術機器までの優劣の差異をもたらしていることを見出しているのである。

b　競争・進歩志向への注目

また鍾天緯は、西洋人における競争による進歩への志向にも注目していた。出使期における西洋の富強の原因への分析にもとづき、鍾天緯が中国の富強化への具体策として最も強く主張したのは、科挙を廃止し西洋にならって科学技術を振興することであった。出使期に書かれた「賽珍会論」（一八八〇―八一）では、こうした関心から西洋諸国での科学技術の振興への取り組みとして賽珍会、すなわち、万国博覧会が紹介される。鍾天緯によれば、万国博覧会の本質は各国が「展示品の豊富さを誇り、華美さを競い」（誇多闘靡）、「富国の計画を託す」（寓富国之謀）ことだとされる。すなわち、鍾天緯は次のように指摘する。

（西洋諸国が万博を開催して）必ず各国の物産の精華、製造品の奇巧を集め、その貴賤を評価し、優劣を定め、その巧拙を調べ、賞与をあたえるのは、それを天下に示すことによって、（各国の）民に識見を増進し、聡明を広げ、交易にはげみ、製作を精巧にさせるためである。(48)

ここには、西洋の富強は、製品の優劣を定め開発競争を刺激して、製品の向上、通商の発展を図ることでもたらされた、という鍾天緯の認識が明確に示されている。鍾天緯は西洋人の富強化への営みの中に、競争により進歩を得ようとする、中国人とは異質な志向を見出しているのである。

こうした鍾天緯の認識と関連するものとして想起されるのは、厳復の「論世変之亟」（一八九五）における、次のような西洋と中国の対比である。厳復は、西洋人が「日々進歩して極まりなく、盛んになれば再び衰えてはならず、治まれば再び乱れてはならないことを、学術・政治の根本原則とする」のに対し、中国人は「一治一乱、一盛一衰を自然と社会の本来と考える」と述べ、その原因を中国の聖人が「天地の物産は有限だが民の欲望は無限であり、人口が次第に増加し、開発が日々進めば、不足が生じざるをえず、物が不足すれば必ず争い起こる」と考え、それ故に「満足を知り分に安んずるよう教えた」ためであるとする。[49] シュウォルツはこの指摘をふまえて、受動性と静謐を称揚し、人間の競争やエネルギーの自己主張に恐れを示す中国のビジョンとは異質な、スペンサーの社会進化論がもたらした動的ビジョン、すなわち、生物界、人間界における力の優越性を強調し、競争によるより高いレベルの達成を目指す動的ビジョンが、厳復に強い影響を与えた、と指摘した。[50] 前述のような鍾天緯における西洋人の競争・進歩志向についての認識は、シュウォルツが指摘する厳復における社会進化論の動的ビジョンの影響が、鍾天緯においても一定程度存在していたことを示すものといえよう。スペンサーの社会進化論は、十九世紀後半、欧米を中心に流行し[51]、後述するように宣教師が雑誌や書籍で展開した中国改革論にも社会進化論にもとづく言説が含まれていた。鍾天緯の著作にダーウィンやスペンサーの学説に関する記述が確認できるのは、一八八九年の「格致説」においてであるが、鍾天緯は出使以前から宣教師の社会進化論にもとづく言説に触れ、その影響を受けていたと考えられる。[52] 一八五〇年代に開始された万国博覧会は、産業と帝国主義を誇示するための装置として、社会進化論とも結びつきながら発展を遂げていった。清末に西洋を訪れた知識人たちは万国博覧会に多様な関心を示しているが[53]、そうした中でも、鍾天緯が社会進化論の影響下に示した「賽珍会論」における万国博覧会への理解は、その本質に迫るものであったといえよう。

c　静態・保守志向と動態・改革志向

鍾天緯は西洋観察を通じて、これまでみてきたような中西両文明の根底にある異質な価値観への認識を積み上げていった。鍾天緯は「与程禧芝書」（外篇）において、そうした認識を次のように概括している。

総じていえば、西洋人の性質は、動態を好み、動的であるから勤勉であり、勤勉だから奮発し、改革することを好む。学問とは後から来た者が上になるものだとみなし、常に先人に勝つことを追求し、旧を嫌い新を喜ぶ。失敗する時もあるが、ついには繰り返し試みることにより成果を挙げることができる。その結果、人心はもとより日々向上し成功を収め、国勢もいながらにして強大となる。一方、中国人の性質は、静態を好み、静的であるから怠惰であり、怠惰だから自己を抑制し、有為を憚る。古人には決して及ばないと考え、常に成法を墨守して、情況に応じて改変することを知らない。謙遜の美徳はあるとはいえ、実は衰弱の兆しが潜んでいる。その結果、人心は衰え、国勢も不振となる。(54)

すなわち、鍾天緯は中国の衰退と西洋の富強の原因として、静態と動態、怠惰と勤勉、自己抑制・現状肯定と自己主張・改革、尚古・保守と競争・進歩など、中西両文明の根底にある中国人と西洋人の思考・行動上の異質な志向を指摘している。このように出使期における鍾天緯は、中西両文明の根底に、厳復が静・動二つのビジョンを見出したのとほぼ同様に、静態・保守の志向と動態・改革の志向という思考・行動上の異質な価値観を見出しているのである。

ところで、こうした中で鍾天緯においては、西洋文明の中国文明に対する優位が一層強調されるようになるが、決して伝統観念に依拠した言説が、全くなくなったわけではなかった。例えば、「格致之学中西異同論」に見られるように、「中国聖人の遺伝」である格致が西洋に伝わり発展したという伝統的理解は、表面上はなお維持されていた。洋務運動の中で養成され洋務事業に深く関わった他の新型知識人と同様、鍾天緯もまたその根底には伝統的教養をもっていた。また鍾天緯の言説が、伝統的文明観に依拠する当時の知識人を対象としていたことからすれば、西洋の政教風俗を論じる際に、儒教的価値観を意識した言説が混入していたとしても、不思議ではない。(55)さらにいえば、中西両文明の異質性を認めたうえで、なお中国文明の遺産に優位性が見出されることもあった。例えば前述のように、西洋の富強を支えるものとして三綱倫理とは背反する西洋の風俗が注目される反面、等差のない愛ではなく仁愛を説くことなどが、儒教の他教に対する優位性として強調され、諸宗教が消滅しても「孔子の教え」は永遠に不滅だとされた。キリスト教、イスラム教、仏教など他宗教との比較においては、儒教の持つ普遍性への確信はむしろ強まっていった。(56)

(4) アレン『中西関係略論』の影響

これまで述べてきた出使期の鍾天緯における中西両文明の根底にある異質な価値観への認識は、実は当時の宣教師の言説から少なからぬ影響を受けていた。一八七〇年代半ばの中国では、常駐外交使節派遣による長期の西洋観察に先行して、宣教師によって中西比較の形式での中国文明批判が開始されており、そうした言説が鍾天緯に示唆を与えていたのである。ここでは、『万国公報』の主筆として知られ、鍾天緯の広方言館での恩師でもあったアレンが、一八七五年から七六年にかけて同誌に掲載した『中西関係略論』(57)に注目し、その鍾天緯への影響について検討する。

第二次アヘン戦争の結果、中国でのキリスト教布教（内地を含む）が合法化され、一八六〇年代以降、中国国内での宣教師の活動が活発化する。その活動の多くは、民衆を対象とするものだったが、中国の政治を握る知識人への布教を重視したプロテスタントの所謂自由派宣教師は、知識人の信頼を獲得すべく儒教の研究に励んだ。彼らは儒教に寛容な態度をとりつつ、同時に、儒教文明の欠点を批判し、儒教を補うものとしてキリスト教を宣伝したのだった。(58)そうした宣教師の著作の中でも、ハートの「局外傍観論」（一八六六）やウェードの「新議論略」（一八六六）の議論を発展させ、中国文明批判を展開しつつ西洋に倣う中国改革を提唱したアレンの『中西関係略論』は、日清戦争前に最も影響力のあった著作の一つとして知られる。西洋近代においては、自然科学の発展、産業革命の開始などの中で、キリスト教は従来の社会的地位を失い衰退を余儀なくされた。こうした状況下、特にプロテスタントの内部から、植民地主義とも結合しつつキリスト教再建を目指す社会福音運動が提唱され、資本主義の発達に伴う社会矛盾の激化に対応し、キリスト教の倫理原則を掲げ社会全体の救済を実現する社会改革が唱えられた。アレンら宣教師の中国改革論は、彼らが中国へ赴く契機となった社会福音運動のこうした性格と深く関わっていた[59]。

アレンはこの著作で、中国をめぐる世界情勢について、西洋人は植民地獲得によって地球の陸地の五分の四を支配し、西洋の支配に属さないのは中国のみとなった、と指摘する。その上でアレンは、西洋人が中国へやってきた目的は、中国の「瓜分」ではなく通商にあり、それ故、西洋人は中国が通商の障害を除去し、改革により富強化することを望むのだ、と述べている[60]。そして、知識人が西洋の科学技術とキリスト教に依拠することの重要性を強調しつつ[61]、中国の農業、工業、商業を西洋に倣って改革することを提唱している[62]。

こうした議論の中で、アレンは中西両文明の政教風俗の差に関連して、次のように述べている。

君民は一体となり、上下は通じ合うべきである。もし君主が奥深い宮殿におり、民が民間にあるならば、君臣は連携せず、国と民は衰弱し、中間で利を得るのは官職にあるものだけだ。

アレンはこう述べた上で、西洋各国では君民が一体化する方法として、議会（公議堂）や新聞（西国新報）などが設けられていることを紹介する。その一方で中国については「人々が勝手に振舞う」（各自為謀）ことを指摘し、さらに次のように述べている。

（中国では）彼此の境界の見分けが大変明確であり、小は一家一族から大は一郡一省まで、みな自己の平安のみを顧み、他人の困難を考えない。(63)

こうしたアレンの指摘を、前述の「総論時勢」にみられた、西洋の富強と中国の衰退の原因に関する鍾天緯の記述、すなわち、西洋では「君臣上下」が一体化しているが、中国では民心がバラバラで「人それぞれ勝手に振舞い、人それぞれ考えが違う」という記述と比較するならば、両者の内容が類似していることは明らかであろう。以下で述べるように、鍾天緯の中西の異質な価値観への認識が、明らかに『中西関係略論』から強い影響を受けていたことからすると、「総論時勢」の記述もこうしたアレンの指摘からヒントを得ていた可能性がある。

アレンにおける中西比較による中国文明批判は、これにとどまらず思考・行動上の異質な志向にも及んでいる。例えば、アレンは中国を「天下最弱最貧」だと述べ、その原因を次のように指摘する。

外国では昔を赤ん坊のようにみなし、今を成人のようにみなす。中国では古を最上とし、今を劣るとする。だから西国は隆盛を遂げて衰えず、中国は常に衰え振るわない。西洋では万事先を争い落後に甘んじないが、中国では既定の決まりを墨守し、改善することを知らない。これが中国の貧弱の原因である。(64)

また、アヘンの害を論じた部分で東洋人と西洋人の志向の違いを論じて、次のように述べている。

東洋人は静態を好み動態を好まない。だから彼らの嗜好品は静的であるからこのまれ、精神を収斂させることが尊ばれる。（中略）西洋人は動態を好み静態を好まない。だから彼らの嗜好品は動的なものを主とし、精神を発揚させることが尊ばれる。(65)

前述の鍾天緯の「与程禧芝書」（外篇）における中西両文明の根底にある異質な価値観に関する記述が、こうしたアレンの記述から少なからぬ刺激を受けて書かれたことは、一見して明らかであろう。

さらにいえば、さきに指摘したように、鍾天緯が西洋人における社会進化論的な競争・進歩の志向を発見したことも、アレンと無関係ではなかった。そもそも社会進化論的な認識は、アレンが『中西関係略論』で中国改革を論ずる上での前提であった。アレンは西洋諸国が中国へ押し寄せる背景として、大航海時代以来の欧州諸国間における植民地獲得をめぐる競争と発展の歴史を紹介して、次のように述べている。

> 利益があるところには、すぐに損害が生じ、次第に紛争が起こった。その原因は政治的な対立、通商上の摩擦、領土獲得をめぐる争いであり、力が小さい国は弱く、力が大きい国は強かった。(66)

こうした認識の延長上に、アレンは中国を「天下最弱最貧者」と捉え、中国の改革による富強化の必要を説くのである。アレンが前述の中西比較の中で「西洋では万事先を争い、落後に甘んじない」と述べているのは、こうした西洋諸国間における社会進化論的な優勝劣敗の競争の歴史を凝縮した表現だった。そして、アレンがこのように表現した競争・進歩観念は、鍾天緯の「賽珍会論」に強く影響していたと考えられる。また「与程禧芝書」（外篇）では、科挙廃止と学術振興を重視する鍾天緯の文脈において、前述のように「（西洋では）学問とは後から来た者が上になるものだとみなし、常に先人に勝つことを追求し、旧を嫌い新を喜ぶ」と学術分野に傾斜させた表現で受けとめられたのであった。鍾天緯が西洋人に社会進化論的な競争・進歩への志向を見出すに当たっては、彼自身の西洋観察のほかに、このようなアレンからの刺激が作用していたことは無視できない。

以上のように、新たな文明観を明確なものとした鍾天緯が、中西両文明の根底にある異質な価値観への認識を深めていく過程においては、アレンの言説が極めて重要な役割を果たしていたのである。しかしながら、このことは決して鍾天緯が単にアレンの言説を模倣したに過ぎないことを示すものではない。鍾天緯がアレンの言説に注目したのは、鍾天緯が広方言館以来の世界認識の積上げの中で、中西両文明の異質性への問題意識を育て、新たな文明観を明確なものとしていたからにほかならない。自らの中で形成された問題意識が、アレンのそれとかみ合ったからこそ、鍾天緯はアレンの言説に敏感に反応することができたというべきであろう。ちなみに、郭嵩燾は『中西関係略論』を読んでいたし、薛福成は『中西関係略論』の影響を受けていた可能性がある。(67)しかし、彼らには鍾天緯にみられるようなアレンの言説の明確な影響は見出せない。

なお、こうしたアレンの強い影響の一方で、鍾天緯にはアレンが主張するキリスト教に依拠した中国改革への関心は全くみられない。むしろ、彼の記述においては、キリスト教は儒教の普遍性を強調する文脈で、仏教、イスラム教などとともに否定的に評価されている。(68)この点で、鍾天緯は当時の新型知識人の多くと同様に、『万国公報』の主編等を務めキリスト教徒だった沈毓桂（一八〇七―一九〇七）や、幼少からミッションスクールに入りアメリカ留学時には洗礼を受けた容閎（一八二八―一九一二）らとは、立場を異にしていた。

三、出使後（一八八二―）の中国改革論

（1）西洋モデルに学ぶ中国改革論

出使期の鍾天緯は、朝鮮の独立国化により、西洋近代国際秩序に適合しうる新たな国際秩序を構想する中で、中国

を富強化する必要性を一層強く認識する。同時にそうした認識のもとでの西洋観察を通じて、西洋の政教風俗に皇帝独裁のもとで民心がバラバラな中国と対照的に、民意にもとづく政治によって民が政治的経済的な「自主」(liberty)を享受し、各自の自発的活動の有機的結合により国家の富強を実現した西洋モデルを見出した。こうした中で中西両文明を異質な文明とみる新たな文明観を明確にした鍾天緯は、さらに中西両文明の根底に、静態と動態、怠惰と勤勉、自己抑制・現状維持と自己主張・改革、尊古・保守と競争・進歩など、異質な価値観があることを見出した。出使から帰国した鍾天緯は、このような中西両文明の根底にある異質な価値観への認識を土台として、中国の富強化へ向けて西洋モデルを移植すべく精力的に改革論を展開していった。

鍾天緯が発表した多くの改革の提言の中でも、包括的な内容をもつものとして注目されるのは、一八八八年に書かれた「挽回中国工商生計利権論（一）」である。[69] 鍾天緯はこの論文で「わが政治、教育、学術、風俗を次第に情勢に応じて変化させなければ、(富強への)要領は得られない」との認識から、西洋の政教風俗に学ぶ改革として、工商業の振興、専門的人材の育成、科学技術の開発、成人の経済的自立の促進という四点を提唱している。まず、工商業の振興については、西洋の政治は工商業を国家の命脈とし、政府が保護奨励するので西洋人は金儲けを憚らないが、中国では工商業を蔑視するため商取引・製造において西洋人と争えない、と指摘する。その上で、商人の意向を政治に反映させるべく西洋に学んで商会を設立し、[70] 商取引を保護し工芸技術に特許を与えるなど、工商業を法律で守ることを提唱する。なお後述するように、工商業の振興に関連して、鍾天緯は他の論文でしばしば西洋の公司制度を導入する必要性を強調している。

次に、専門的人材の育成については、西洋の教育は科学技術、工芸、商業、農業それぞれに専門家を育て、国の経済と民衆の生活に有益であることを期すが、中国の学者は学問をして道理を明らかにすることを唱えるのみで、民衆を教化して風俗を良くする効果はない、と指摘する。その上で、才能に応じ専門の人材を養成し、有益な発明・創造があれば朝廷が地位・賞金を与えることを提唱する。

また、科学技術の開発については、西洋の学術は科学技術の研究を基礎とし、化学、地学、天文学、算学、物理など各分野の研究を発達させ工商業を発展させたが、中国の学者は儒教経典をそらんじ、軍事、農業、礼儀、音楽に精通すると称しながら、実はそのいずれも理解していない、と指摘する。その上で、商務学堂を設立し、通商・製造の人材を養成し、また科挙に「格致科」を増設し、富強の術を求めることを提唱する。

さらに、成人の経済的自立の促進については、西洋の風俗は男女とも幼時から教育を受け成人すれば経済的に自立するが、中国では子女が家の財産をあてにして自立しようとしない、と指摘する。その上で、父母に子女を就学させることを義務づけ、成人しても専業がなければ結婚を認めず、子を座食させる親は罰することを唱えている。

前述のような出使期の鍾天緯における西洋モデルの発見、新たな文明観の明確化、そして中西の異質な価値観への認識の深まりを念頭におけば、以上のような改革の提言が、西洋人の動態・改革志向の価値観のもとで形成された西洋モデルを中国に移植すべく、西洋の政策・制度を導入しようとするものであったことは明らかであろう。

（2）　公司制度と幼童教育

以上のような鍾天緯の改革論の中でも、清末において少なからぬ影響力をもった提言として、とりわけ注目されるのは、公司制度の導入及び幼童教育の確立に関する提言であった。以下この二点について論及しておきたい。

a　西洋公司制度の導入

富強を達成した西洋での工商業の役割に注目した鍾天緯は、中国における工商業の振興を唱え、そのために民の活力を結集する制度として、西洋の公司（株式会社）制度を特に重視した。鍾天緯における公司制度についての言及は、山東機器局期にはすでに見出せる。鍾天緯は、山東機器局総弁徐建寅の命で、山東西井礦山の持ち主李茂夢に開礦を提案した書簡の中で、西洋の例に学び公司を設立し、「衆人の財をもって衆人の力を活用する」ことを提唱し、あわせて中国における西洋に学んだ公司の先例として、上海の輪船招商局（一八七二）を紹介し「官商共同による有利無弊の事業」と賞賛している[71]。こうした公司制度導入の主張は、一八八〇年代に入るとしばしば鉄道設置の主張とセットで登場するようになる。出使期に書かれた「開鉄路置電線論」（一八八〇―八一）では、「国家の独力は有限だが、万民の合力は無窮」であるとして、鉄道建設には「公司を立て株を集めることこそが長続きする方法である」と述べている[72]。

しかし、こうした鍾天緯の主張に反して、清末中国への公司制度の導入は決して順調には進まなかった。一八七〇年代の公司制度導入後、上海では民衆が公司経営の如何を問わず株を投機手段にする傾向が高まり、八〇年代はじめ上海の株式市場は崩壊し、商人の間には公司と株への嫌悪感が広まる[73]。例えば、劉錫鴻は公司制度を導入した輪船招商局の不振などを意識しつつ、次のように中国への公司導入について否定的見解を提出している。

中国の場合、商民には決して仲間をつくって共同する者がおらず、たとえ役人が主導して株主を募集するにしても、近年庶民が役人にだまされることがしばしばである。（中略）まして今日民力は大変窮迫しており、たとえ国中の金持ちを集めても、西洋の一つの公司の巨額の資本を集めるのも容易でないことは、なおさらのことだ[74]。

こうした中で八〇年代半ばには、西洋の公司制度への一層の研究をふまえて洋務企業のあり方をめぐる議論が活発化する。鍾天緯もまた一八八六年の論文「中国創設鉄路利弊論」で、劉錫鴻の見解に反論して次のように述べている。

もし外国公司の例のように、総弁は理事より推薦し、理事は各株主より推薦し、また株主を派遣してこれを監督し、幾重にも押さえつけすべての事を公平に行なえば、どうして他局のような不振を招くだろうか。株主の募集方法についていえば、第一の鍵は必ず国家によりいくらかの利益を保証し、儲けがあれば没収し、損があれば弁償することである。これはすなわち政府が保険を行なうということである。そしてまた鉄道事業や貿易の損益を論ずることなく、必ず定期的にそれぞれの株数に違わず利息を支払うことである。（中略）そうすれば人々は皆信用し資金集めはおのずから容易になる。(75)

また、「中国創設鉄路利弊論」にみられる公司経営に対する監督体制への言及に関連して、鍾天緯は一八八七年の論文「輪船電報二事応如何剔弊方能持久策」において、中国の現行公司が官督商弁のもとで総弁に権限が集中していることを指摘するとともに、総弁に対する監督体制に関して、次のように提起している。

その弊害を救おうとすれば、総弁の権限を減軽し、衆知を集め、多数の力を合わせるべきである。もし理事が五人以上集まれば、随時会議を開き、公文書を抜き出して検閲し、費用の出入りを査問すべきである。詰問があるごとに総弁は答えねばならず、執事らは従わねばならない。(76)

以上のように鍾天緯は、劉錫鴻のように民心がバラバラであることを理由に、公司による資本の確保を否定的にみなすのでなく、逆に、民のバラバラ状態を克服し、「無窮」である「万民の合力」を促すための手段として、公司制度に注目する。そして、こうした目的意識をから西洋の公司制度への研究を深め、株主による監督体制の確立により公司運営の公平性を確保するとともに、国家による株主利益の保護により公司制度の安定性と社会的信頼の向上を目指したのだった。以上のように、鍾天緯における民の活力の結集に向けた公司制度導入の主張は、西洋の公司制度を模倣するにとどまらず、それへの研究を深めつつ中国の実情に即した形での導入を目指すものであった。

b　幼童教育の理論と実践

鍾天緯は、西洋においては幼児期からの教育が、成人の経済的自立を可能にしていることに注目し、中国における幼童教育の確立を唱えた。しかも、彼は終生の事業として、自ら幼童教育に携わった清末の代表的な教育者の一人であった。以下、鍾天緯が一八九六年（光緒二十二）に書いた「学堂宜用新法教授議」の記述をもとに、鍾天緯における幼童教育の理論と実践について明らかにしておきたい。

鍾天緯の教育理論として特に注目されるのは、自らの体験をふまえて伝統的教授法にかわるものとして提唱された新教授法である。この新教授法は、伝統教育が十余年間もっぱら経書の暗誦に終始して字義を教えず、学童は字を覚えても文章の意味を理解できないことを強く批判し、新たに考案されたものだった。その提唱の最初の契機となったのは、山東機器局の経営に参加した時期（一八七五―七八）に、同局総弁徐建寅の二子の教育に従事したことだった。この時、鍾天緯は経書の意味の理解を重視し、徐々に難易度を上げて、三年以内に諸経を習得させる独自の教授法を考案し、これが以後の幼童教育の土台となる。

その後、一八八二年秋、上海の江南製造局翻訳館に招聘された頃には、初学の長子鏡寰の教育にあたる中で、識字と古典講読からなる新教授法を確立する。この新教授法とは、「難解な文章を先にし、平易な文章を後にする」伝統的な教授法とは異なり、「易しいところから難しいところへ入る」ことを重視する西洋人の教授法[77]を「奪胎」し、「まず綴り方、発音の仕方を説明し、次いで文法、字義を説き、三年たてば文章の筋道に精通しない者はいない」というものだった。具体的には、一年目はまず、初学の幼童に毎日二十字を教え、千字に達した段階で、『二十四孝』『二十四悌』『感応篇図説』など平易な書物から選んだ文章に絵図を配して三百課を編集し、毎日それを講読しながら三千字まで習得させる。二年目は、『孔子家語』『戦国策』などから選んだ文義の浅近な文章により三百課を編集し、これを講読する。さらに、三年目には、『戦国策』『史記』『漢書』などから選んだ文理が深く篇幅が長い文章により編集した三百課を講読し、あわせて既習の字義を復習する、とされた。鍾天緯は以上の新教授法を提示した上で、人生の時間が有限である一方、書物が急増し西学関係の翻訳書の出版も盛んであると指摘しつつ、次のようにいう。

ただ初学者教育にかける十年を、二、三年に縮めれば、精力を余らせ、中外有用の書を読むことができるだろう。（これこそ）どうして今日の教育振興における極めて大きな関鍵でないであろうか。[78]

一八九〇年代にはいると、鍾天緯はこうした新教授法に依拠しつつ、積極的な教育実践を展開した。[79]一八九五年秋には、経元善らと公済善堂を上海の高昌郷に創設して自ら駐堂董事となり、[80]新教授法による識字教育や西洋医による施療など行なっている。この時は、民衆に受入れられず一年余りで身を引くが、ついで翌九六年（光緒二十二）、盛宣懐の委嘱を受けて経元善の経正書院旧址に設立した三等学堂は、次第に多くの幼童を集めるようになり、一八九七年に経元善によって創設された中国女学堂にも関与した。[81]さらに、一八九八年（光緒二十四）春には、朱問漁、戴調侯、徐偉仁、朱葆元らと、教育の改良を目指す興学会を滬北格致書院に設立するとともに、寄付を募って高昌郷に崇蔭、董威、湖海、平安の四小学校を設立し、新教授法による幼童教育を行なっている。なお、鍾天緯が三等学堂で用いた新教授法による『字義教科書』は、幼童が興味を持てるように単語によって字を教え字義を解説する識字教科書で、『三字経』『百家姓』等の旧式の識字読物から新たな段階に踏み出したものとして、中国近代教育史上、評価が高い(82)。

以上のような鍾天緯における幼童教育は、西洋モデルを支える民の経済的自立が、幼児期からの教育の成果であることをふまえると同時に、自ら体験した西洋式の教授法に依拠していた点で、二重の意味で西洋体験から学んだものであった。

すでに指摘したように、以上のような鍾天緯の西洋モデルに学ぶ改革論は、彼が西洋観察を通じて獲得した中国人の静態・保守志向と西洋人の動態・改革志向という、対照的な価値観への認識を前提としていた。この点で鍾天緯の改革論は、西洋の文明を中国文明と同質のものとみなした伝統的文明観のもとでは提起しえないものであった。また、西洋モデルによる改革は、中国人の価値観を転換させることと不可分の関係にあったはずである。しかし、現実にはその転換が容易でないことも明らかであった。こうした中で鍾天緯は、さしあたり西洋人の動態・改革志向の価値観のもとで形成された政策・制度を導入することで、中国人の価値観の転換を促進しようとしたといえるだろう。

鍾天緯による公司制度の導入など工商業振興への提言は、その後、王韜輯『格致書院課芸』（一八八七—九四）や葛士濬編『皇朝経世文続編』（一八八八）、陳忠倚編『皇朝経世文三編』（一八九八）、『万国公報』などを通じて、知識人に流布していく。また、新教授法による幼童教育は、前述のように盛宣懐らの強い支持により民衆の中に広まっていった。中西の異質な価値観への認識に深く依拠して形成された鍾天緯の改革論は、このように洋務運動期から日清戦争後の社会変革の過程で、一定の影響力を発揮することになったのである(83)。

小　結

出使前の鍾天緯は、江南製造局翻訳館とともに上海の翻訳活動の中心だった広方言館に在学し、三年にわたる英語と西学の学習やアレン、フライヤーら外国人教習との交流を通じて、西洋情報の受容に努めた。こうした中で伝統的な華夷的秩序観は過去のものとなり、現実世界は列国の競合の中で形成された秩序のもとにあると認識されていた。またこの時期すでに、伝統型知識人が持ち得なかった中西両文明の異質性への一定の理解が形成されつつあったと考えられる。

出使期（一八八〇―八一）の鍾天緯は、在外公館随員として世界認識を一層深めていった。ことに朝鮮問題をめぐる国際的動向を深く認識する中で、朝鮮を独立国化し西洋諸国と条約を締結させることで、中国、朝鮮、日本の合従を実現し、ロシアに対抗することを提唱した。すなわち鍾天緯は、西洋近代国際秩序における力の論理のもとでは、もはや伝統的華夷秩序のもとで維持されてきた朝鮮との宗属関係の論理は通用しないことを認識し、西洋近代国際秩序に適合しうる新たな国際秩序を構想したのであった。そして、こうした秩序観の形成は、鍾天緯が西洋富強化の原因の解明を通じて、中西両文明を異質なものとみる新たな文明観を明確にしていった、以下のような過程と不可分の関係にあった。

出使期の鍾天緯は、西洋の政教風俗への観察を通じて西洋富強化の原因を検討し、富強達成までの過程に、〈民意にもとづく政治、民の政治的経済的な「自主」（liberty）の享受〉→〈民の自発的活動〉→〈その有機的結合〉→〈国家富強の達成〉という、中国社会とは異質な西洋モデルを見出し、それを中国にも適用することを提唱した。この西洋モデルは、日清戦争後に厳復や梁啓超がスペンサーの社会有機体説の影響下に提示した、有機体的国家像の原形ともいうべきものだった。こうした中で中西両文明を異質な文明とみる新たな文明観を明確なものとした鍾天緯は、さらに中西両文明の根底に、厳復が中西両文明に静・動二つのビジョンを見出したのとほぼ同様に、中国人の静態・保守志向と西洋人の動態・改革志向という異なる価値観を見出した。

実は、鍾天緯のこうした中西両文明における異質な価値観に関する記述は、アレンが『中西関係略論』（一八七五―七六）において、中西両文明を比較しつつ展開した中国文明批判から、少なからず示唆を受けていた。しかしながら、鍾天緯がアレンの言説に注目したのは、彼が広方言館以来の広義の西洋体験を通じて、中西両文明の異質性への問題意識を育んでいたからにほかならず、決して単にアレンの言説を表面的に模倣したのではなかった。

そのことを何より物語るのは、鍾天緯が帰国後に展開した中国富強化のための改革論が、中西における異質な価値観への認識を前提として構想されたものだったことである。すなわち鍾天緯の改革論は、西洋モデルに学び工商業の振興、専門的人材の育成、科学技術の開発、成人の経済的自立を促進すべく、西洋の富強を実現した政策・制度を、積極的に導入しようとするものだった。中国人が西洋人とは対照的な静態・保守志向の価値観を有する以上、西洋モデルの移植は決して容易ではなかった。しかし、鍾天緯はさしあたり西洋人の価値観のもとで創出された政策・制度を導入することで、中国人の価値観の転換を促そうとしたのであった。かくして新たな文明観のもとで中国富強化に向けた西洋モデルの移植のために提起された、公司制度の導入や幼童教育の確立をはじめとする鍾天緯の改革論は、伝統的文明観のもとでは提起しえないその先進性ゆえに、清末の社会変革の過程で一定の影響力を発揮することになったのである。

結論

本書の目的は、日清戦争後に広まる中西両文明を異質な文明と見なす文明観の形成を、アヘン戦争以降、とりわけ洋務運動期における伝統的世界像の転換過程を明らかにする中で考察することにあった。本書では、こうした問題意識にもとづき、宣教師経由の西洋情報の受容と常駐外交使節としての西洋観察により世界認識を深めた、五人の知識人を取り上げ検討してきた。以下、まず本書における考察の要旨を示しておこう。

一

中国における伝統的世界像は、中国文明を唯一普遍の文明とみる文明観と、それにもとづき文明化の程度によって世界を序列化し、文明の中心たる中国を華、その周辺に同心円状に広がる文明未開の地域を夷とする秩序観から構成されていた。アヘン戦争における中国の敗北とその後の西洋情報の流入や西洋人との接触は、この伝統的世界像の変動の出発点となったが、それらが直ちに世界像の動揺をもたらしたわけではなかった。

例えば、アヘン戦争後に豊富な西洋情報をもたらした魏源の『海国図志』（一八四四）や、アメリカ合衆国の民主制を肯定的に紹介したことで知られる梁廷枏の『海国四説』（一八四六）は、依然として伝統的な華夷の枠組みの下で西洋人を夷狄とみなしていた。一八六一年、恭親王奕訢らが総理衙門を設立した際もそうした認識は維持されており、総理衙門がマーチンの翻訳『万国公法』の刊行を援助した理由も、「外国の事例を借りて、外国人の説を論破する」というもので、決して伝統的世界像に代わって西洋中心の世界像が受容されたためではなかった。このようにアヘン戦争以降も、伝統的世界像は直ちに動揺したわけではなく、西洋情報を伝える一部の翻訳書等を除けば、西洋人は依然として伝統的な中華の価値観（儒教的価値観）を尺度として、野蛮で貪欲な夷狄と見なされた。

そうした中で先進的知識人の間では、まず現実の世界秩序を反映しやすかった秩序観において、西洋中心の秩序観への転換が進行し、ついで中国文明を唯一普遍の文明とみる文明観が、中西の差を中華と夷狄の差ではなく二つ文明の異質性とみる新たな文明観へと転換して行く。そして、その過程で決定的な影響をもったのは、洋務運動期に急増した宣教師経由の西洋情報の受容、及び一八七〇年代後半からの常駐外交使節派遣による西洋観察であった。

こうした広義の西洋体験を享受した知識人のうち、一方で、従来夷狄とみなしてきた西洋に文明を見出しても、他方では、なお濃厚な伝統的文明観を維持していた伝統型知識人は、西洋の文明について中国文明を継承する同質の文明だとみなした。彼らは中華の価値観に照らして、望ましい状態が実現していれば、西洋であっても否定せず中華を継承するものとみなしたのであった。郭嵩燾（一八一八―九一、出使は一八七六―七九）の副使として出使した劉錫鴻（生卒年未詳、一説に一八二二あるいは一八二三年生、出使は一八七六―七八）は、中華の価値観による教化が西洋に及び、西洋に部分的ながら優れた政教風俗が形成されたと考えた。その結果、劉錫鴻においては、西洋は従来に比して中華に大きく接近するが、西洋が中華と同等とみなされたわけではなかった。

しかし、このように伝統的文明観を維持し中華の価値観を尺度とする立場においては、中国より西洋が優れていることが明確となり、中国＝中華、西洋＝夷狄とする伝統的秩序観から西洋中心の秩序観への転換がさらに進むと、西洋が肯定されるだけでなく中国が否定され、もはや中国は中華ではなく夷狄であるとみなされる事態が生じた。初代出使英国大臣となった郭嵩燾においては、西洋人は「三代」の中国が夷狄をみたように中国をみているという間接的表現によって、この華夷の逆転が示唆された。郭嵩燾は、中国で望ましい状態を回復する唯一の方法は、依然として中華の価値観を正しく行なうことだと考えていた。つまり中西の優劣の差の原因は、中華か夷狄かという結果にいたる過程で、中華の価値観が正しく実践されたか否かに求められ、西洋の富強が中華とは異質な価値観によってもたらされたという明確な認識はまだなかった。ただし、そうした認識の萌芽は存在していた。郭嵩燾は、「三代」の徳治は聖人の「一身の聖徳」のみによる故に永続しないが、西洋の法治は「臣民に公」にする故に善政が益々盛んとなるとし、後者を肯定的に捉えていた。また、中華の価値観とは異なり、女性の社会参加を重視する西洋の価値観にも注目していた。

洋務世代ながら経歴的には郭嵩燾と同様に伝統型知識人であった薛福成（一八二八—九四、出使は一八九〇—九四）の場合も、出使期には西洋にも文明を見出し、従来の夷狄としての西洋人への評価を修正するが、伝統的文明観と華夷的秩序観という出使前からの世界像の枠組みはなお維持された。従って、中華の価値観とは異質な価値観が西洋に存在するという明確な認識はまだ見出せない。だが、出使前から西洋情報の積極的受容に努めた薛福成においては、その文明観の枠外で、中国人の全体性志向や節約・安定志向、及びそれと対照的な西洋人の事実・実体志向や開発・富の獲得志向など、断片的ながら中西両文明の根底にある異質な価値観への認識が蓄積されていた。

このように伝統型知識人においては、広義の西洋体験に伴う華夷的秩序観の変動ないし転換のもとで、中西両文明がもつ異質な価値観への萌芽的ないし断片的な認識は見出せるものの、なお伝統的文明観が維持されていた。それに対して、洋務運動下で新式教育を受けた洋務世代の新型知識人は、出使前においてすでに西洋中心の秩序観を受入れ、かつ伝統型知識人ほど伝統的文明観が濃厚でなかった。従って、彼らにおいては中華の価値観が放棄されることはなかったが、中国文明と中華の価値観の相対化が進んだ。その結果、出使により西洋観察が深まるにつれて、中西における優劣の差は、優劣が生ずる過程で中華の価値観が正しく実践されたか否かよりも、中華とは異なる価値観が西洋に存在することに起因するのではないかという問題意識が強まる。そうした中で彼らにおいては、もともと形式的なものであった伝統的文明観に代わって、中西両文明を異質な文明とみる新たな文明観が明確なものとなるとともに、さらに中西の異質な価値観への認識が深められていった。

北京の同文館で英語を学び、一八六六年の斌椿使節団以降、三回の出使を経験していた張徳彝（一八四七—一九一九）は、郭嵩燾の出使（一八七六—七八）に随行し、英国に駐在した四回目の出使において、中国の衰退と西洋の富強の原因を、中国における迷信の崇拝、西洋における進歩の追求と実学の重視などに見出し、さらにその相違の根底に、自己抑制の重視など静態志向の顕著な中国人に対して、自己主張の重視など動態志向の顕著な西洋人という、中西の異質な価値観を指摘した。そして張徳彝はこうした中西の異質な価値観をふまえつつ、在外公館随員としての立場から、主権国家に不可欠な近代外交における人事制度や外国外交機関等への対応のあり方を受容すべく、目的意識的な観察につとめ、総理衙門と在外公館の改革のための意見書を総理衙門に提出した。

また、上海の広方言館でアレンに英語を学び、江南製造局翻訳館での翻訳などに従事した鍾天緯（一八四〇—一九〇〇、出使は一八八〇—八二）は、出使期の西洋観察を通じて、西洋における「自主」(liberty) の重視による民の政治的経済的な主体的活動の活性化、それと対照的な中国における三綱の重視による民の主体的活動の抑制、という中西の政教風俗の差を見出した。そして、そうした中西の差の根底に、中国人の静態・保守志向と西洋人の動態・改革志向という異なる価値観を指摘した。実は鍾天緯のこうした指摘は、多分にアレンの言説の影響を受けたものだった。しかし、出使後に鍾天緯が提唱した中国改革論が、中西両文明の異質性への認識に深く根ざしていたことに示されるように、鍾天緯は広義の西洋体験を通じて、中西両文明の異質性への問題意識を育んでいたからこそ、アレンの言説に敏感に反応できたのであった。

このように一八七〇年代後半以降、西洋への出使を通じて西洋観察を深めた洋務世代の知識人、とりわけ新型知識人においては、中西両文明の異質性への問題意識から、二つの文明を異質な文明と見る新たな文明観が形成され、またそれによって中西の異質な価値観への認識が一層深められていったのである。

従来の研究、特に洋務――変法――革命の段階論の影響がいまだに大きい中国での研究においては、伝統的文明観にもとづく中体西用論が洋務運動の思想的支柱とみなされ、中西両文明の異質性への認識の形成は、日清戦争後において論じられる傾向が強い。だが、以上のように一八七〇年代後半以降、特に洋務世代の新型知識人の中に、中西両文明を異質な文明と見る新たな文明観が明確な形で見出せることは、従来の清末思想史研究における段階論的な捉え方への一層の見直しの必要性を示している。

二

次に、個々の知識人に関する検討においては、十分に論じることができなかった問題について、補足的に言及しておきたい。

一つは、本書で論じてきたように、一八七〇年代後半以降ことに洋務世代の先進的知識人に見出せる、中西両文明の根底にある異質な価値観への言及において、なぜほぼ共通して中国人の静態や保守・安定への志向と西洋人の動態や改革・富の獲得への志向が、指摘されるのかについてである。彼らに共通する西洋の富強、中国の衰退という情況認識からすれば、西洋の価値観が肯定的に、中国の価値観が否定的に捉えられることは理解できる。しかし、彼らにおいてはなお西洋文明に対する手探りの状態は続いていた。この点からすれば、中西両文明を比較する視角は、各人においてもっと多様なものであっておかしくない。にもかかわらず、本書での薛福成、張徳彝、鍾天緯らへの検討から明らかなように、豊富な西洋情報を有し長期の西洋観察を経験していたはずの彼らが、中西の価値観の異質性を捉える視角やその表現は類似していた。それはなぜか。結論からいえば、彼らが受容した西洋情報の中に彼らの認識を方向付ける言説が含まれていたからであり、それは主として宣教師の言説だったと考えられる。従来、清末宣教師の言説をめぐっては、戊戌変法期の康有為や梁啓超らへのリチャード（Timothy Richard 李提摩太）やアレンの中国改革論の影響[1]や、魯迅らの国民性批判など五四新文化運動期の伝統思想批判へのスミス（Arthur Henderson Smith 明恩溥）の著作 *Chinese Characteristics* の影響[2]などが、しばしば指摘されてきた。しかし、一九八〇年代以降、中国で大きな進展が見られる宣教師関係の研究と本書での考察をふまえれば、宣教師の言説の先進的知識人への影響は、以下のように一八七〇年代後半から八〇年代初めには、すでにはじまっていたことを指摘できるだろう。

一八七〇年代後半にはじまる常駐外交使節や官費留学生の派遣に先立ち、すでに『万国公報』誌上においては、宣教師によって中西比較による中国文明批判が開始されていた。洋務運動期、中国に滞在した西洋人は、中国を西洋中心の国際秩序に引き込むべく、中国の内政や外交への批判を展開した。そうした中国批判の初期の代表作が、西洋に学ぶ中国富強化の具体策を提示したハートの「局外傍観論」（一八六六）及びウェードの「新議論略」（一八六六）であった。宣教師は中国文明への研究を深め、そうした中国批判を文明のあり方やその根底にある価値観にまで掘り下げて展開していった。

前述のように、アレンは『万国公報』に発表した『中西関係略論』（一八七五―七六）において、「西洋では万事先を争い落後に甘んじないが、中国では既定の決まりを墨守し改善することを知らない」「東洋人は静態を好み動態を好まない。（中略）西洋人は動態を好み静態を好まない」[3]などと述べている。アレンの中国文明批判と類似した言説は、その後も一八八〇年代から九〇年代にかけて『万国公報』を中心に繰り返し展開された。例えば、フェーバー（Ernst Faber 花之安）は『自西徂東』（一八七九―八三）において、西洋人は「強壮にして動態を好み」、中国人は「柔弱にして静態を好む」と述べ[4]、リチャードは「生利分利之法一言破万迷説」（一八九三）において、西洋人は新法を創出することで新たな利益を生むが、中国人は旧法に固執するため旧来の利源をより多くの人で分配せねばならない、と指摘した[5]。さらにエドキンズ（Joseph Edkins 艾約瑟）は「富国養民策」（一八九三）で、中国の統治者が重視する「蓄財」は、「増利」と「生財」の助けにはならないとして、「増利の法」は株の購入であり、「生財の源」は土地、労働、資本を増やすことだと指摘している[6]。こうした宣教師の言説からは、アレンに見られた西洋人の動態志向と中国人の静態志向などの言説がその後も繰り返され、宣教師の言説がパターン化していったことがうかがえる[7]。

　こうした宣教師の言説が掲載された『万国公報』の発行部数は、一八七四年に千部だったが九四年には四千部に達した。総理衙門では一八九一年当時、同誌を定期購読しており、高級官吏たちはその記事をめぐって議論していた。また郭嵩燾、王韜、鄭観応、曾紀沢、薛福成など同誌に文章を載せた著名な知識人は少なくなかった。さらに広学会は、一八八九年に郷試が行われた杭州、南京、済南、北京に同誌千二百部を分送するなど、科挙の受験生への配布も盛んに行っていた[8]。鄭観応が『盛世危言』伝教篇（一八九四年、五巻本）で、キリスト教の布教には反対しつつも、アレン、リチャード、フライヤー、エドキンズ、フェーバーら宣教師の活動を肯定的に評価しているのは[9]、こうした宣教師の言説がもった影響力の広がりとも無関係ではないであろう。

　洋務世代の先進的知識人たちにおける中西両文明の根底にある異質な価値観への認識が、こうした宣教師の言説によって一定の方向付けをされていたことは、おそらく間違いない。宣教師が中国文明への研究をふまえて展開した中西比較による中国文明批判とそれにもとづく中国改革論は、キリスト教を絶対化する点を除けば、西洋に学ぶ中国の富強化という問題意識を知識人が宣教師と共有していた清末においては、大きな説得力を有していた。[10] 洋務世代の先進的知識人は、西洋情報や西洋観察を通じて得た認識を、直接ないし間接に触れた宣教師の言説をヒントに整理し、あるいは宣教師の言説を自らの体験によって検証するという形で、多かれ少なかれ宣教師の言説に刺激されながら、中西の異質な価値観を認識し、それによって中西両文明の異質性への認識をさらに深めていったのであろう。このように考えてこそ、彼らの中西の異質な価値観への認識に見出せる類似性は、はじめて理解できる。

そうした宣教師の言説の中でも、一八七〇年代後半から一八九〇年代にかけて一世を風靡したのが、アレンの『中西関係略論』[11]であり、本書で取り上げた鍾天緯以外の知識人たちも、決して同書と無関係ではなかったと考えられる。郭嵩燾は英国に向かう航海中に『中西関係略論』を読んでいた。郭嵩燾はロンドンでアレンの訪問を受けた際、特に『中西関係略論』に言及し、西洋諸国の情況を知る上で同書が指針となったと述べているほどであるから、[12] 当時その身近にいた張徳彝や厳復が、郭嵩燾を介して『中西関係略論』に接していた可能性は少なくない。そもそも中西両文明の異質性への関心が強かった彼らの場合、郭嵩燾を介するまでもなく、『万国公報』などを通じて宣教師の言説に触れていてもおかしくない。さらに、薛福成はすでに指摘したように、『籌洋芻議』（一八七九）において『中西関係略論』と類似する記述をしているから、[13] やはり同書を読んでいた可能性がある。ただし、彼らを含めて当時の知識人は、往々にして宣教師から受けた影響について進んで明らかにしようとせず、[14] そのことが清末知識人への宣教師の影響を解明する上で大きな障害になっている。こうした中で、清末知識人への宣教師の言説の影響については、今後の研究に待つところが大きい。

三

もう一つ指摘しておきたいのは、日清戦争後に広まる新たな文明観を生み出した中西両文明の異質性への関心は、すでに日清戦争前において、本書で取り上げたような先進的知識人だけでなく、その周辺の知識人の間にも一定の広がりを有していたことである。ここでは、そうした情況の一端を示す事例として、格致書院における季課・特課の答案に注目したい。

格致書院は、一八七六年に中外人士の共同出資で上海に開設された西学普及のための新式教育機構であり、その教育活動はおもにフライヤー、徐寿、王韜らによって担われていた。格致書院では、西学知識を普及するための講演や科学実験が不断に行なわれたほか、博物館、図書館が設けられ各界人士の注目を集めた。図書館には、中国書籍のほか当時上海を中心に出版された宣教師による西学関係の著作・翻訳や雑誌等が集められ、来館者の閲覧に供された[15]。

季課（年四回）・特課（年二回）は、格致書院が一八八六年（光緒十二）から一八九四年（光緒二十）まで実施した、西学や時局への理解を促進するための公開の論文コンテストであり、格致書院の学生をはじめ全国から受験者を集めた。王爾敏が一八八六年から九三年までの季課・特課において最高の評価（超等）を得た八十六名を対象に行なった調査によれば、彼らの本籍地は江蘇三十七名（四四％）、浙江十一名（一二％）、広東六名（七％）、安徽五名（六％）、未詳十九名（二二％）であり、江蘇、浙江、広東など沿海地域の出身者が大半を占めていた。また彼らの身分は貢生が五十四名、監生が三名、挙人が五名で、正途出身の経歴を持つ者が全体の七二％であった。各回の出題者には、盛宣懐、李鴻章、劉坤一、薛福成、鄭観応などをはじめ、当時の著名人が招かれた。また、成績優秀者の答案は、年毎に『格致書院課芸』（一八八七—九四）として刊行された。今日、季課・特課の受験者数を知るすべはないが、熊月之の集計によれば、『格致書院課芸』で公表された成績優秀者（超等、特等、一等）の人数は延べ一八七八人に上り、季課・特課の清末思想界への影響の大きさをうかがわせる。(16)

季課・特課においては出題者の問題意識を反映し、様々な分野について中西の異同を問う出題がみられた。ここでは一八八七年春季課、一八八九年春季特課、同年春季課における中西格致の異同に関する出題三問への答案に注目してみたい。(17)『格致書院課芸』には、各回の季課・特課につき成績優秀者のうち「超等」を得た三、四名の答案が収録されている。各出題者の評価基準は必ずしも一様ではなかったため、『格致書院課芸』に収録された中西格致の異同に関する上記の三問への答案計十篇の中には、中西格致の異質性への認識を全くもたず、両者を同質のものとみなすものもあった。(18)しかし、十篇の答案（うち二篇は鍾天緯の答案）の半数以上には、中西格致への理解の程度に差はあるにせよ、それぞれ中西格致に見出せる異質な志向が何らかのかたちで指摘されている。

そのうち一八八九年春季特課（李鴻章出題）での鍾天緯の答案は、やはりアレンの言説の影響を受けつつ、中国の格致は「もっぱら義理を重んじ」（専以義理為重）、西洋の格致は「物理に偏ることが多い」（偏於物理為多）と述べている。(19)同じく蔣同寅（江蘇太倉州、宝山縣附生）の答案は、中国は「格致を万物の道理に通じるもとでとする」（以格致為開物之資）のに対し、西人は「格致を事物を明らかにする源泉とする」（以格致為闡物之源）とし、両者の併用を主張する。(20)また同じく朱澄叙（江蘇松江府、上海縣附生）は、先儒が「窮理を主とし、広く事物を探究することはなかった」（主窮理、非泛然逐物格之）のに対し、西学は「万物の形質を挙げて、その詳細を探究しその異同を明らかにする」（則挙万物之形質、究察其底裏、明辨其異同）と指摘する。(21)さらに一八八七年春季課（許鉠応出題）での彭瑞熙（湖南長沙善化縣附生）の答案は、中国の格致は「万物生成の源を探り万物を貫く原理を極める」（探造化之源、究性命之理）が、西人の器数の学は「精力を尽くし実験を探求し」（竭力殫精、探求実験）、万物の性質を明らかにし、有効に活用すると述べた上で、両者の併用を説く。[22] また同じく趙元益（江蘇新陽縣附貢生）の答案は、中人は「身心、性命、三綱五常を格致の根源とし」（以身心性命三綱五常為格致之根源）、西人は「水、火、光、声、化、算、電、熱を格致の綱領とする」（以水火光声化算電熱為格致之綱領）と述べる。[23]

以上の記述からは、『格致書院課芸』に収録された答案をみる限り、少なからぬ答案が中西格致の根底に、物事の認識における世界万物を貫く原理の究明への志向、及び個々の現象や物質の性質の探究への志向という、異質な価値観が存在することを認識していたことが分かる。おそらくこうした認識もまた、アレンやマーチンをはじめとする宣教師の西学書から吸収されたものであろう。[24] 格致書院では、当時出版された宣教師の西学関係の著作・翻訳を広く収集し、来館者の閲覧に供すると同時に、書院が発行する『格致彙編』に江南製造局で翻訳された西学書の価格表を掲載するなど、各地で出版された西学書を宣伝し代行販売も行なっていた。[25] そして、こうした格致書院における西学書普及のための取り組みの中でも、その大きな推進力となっていたのが、季課・特課であった。王爾敏が指摘するように、『格致書院課芸』所収の答案に引用されたフライヤー、マーチン、ワイリーなど宣教師の西学書が二三九種[26]に上っていることは、季課・特課が西学書普及において果たした役割の大きさを示すものといえよう。[27] 以上述べてきたように、季課・特課の答案にみられる中西格致の異質性への認識もまた、西洋文明の普及を目指す宣教師らの意識的な取り組みと不可分の関係にあったのである。なお、以上のような西学書普及のための取り組みは、格致書院だけのものではなかった。例えば広学会は、一八八九年にウィリアムソン（Alexander Williamson 韋廉臣）がやはり中西格致の異同に関する征文を行ない、[28] 入選論文を『万国公報』に掲載するなどの取り組みを行なっている。[29]

このようにして中西両文明の異質性への関心は、遅くとも一八八〇年代後半には、新型知識人など先進的知識人にとどまらず、格致書院をはじめとする新式教育機構や宣教師の出版物と何らかの接点をもった上海をはじめとする沿海地域の知識人にも、一定の広がりをもちはじめていたのである。そして、こうした中西両文明の異質性への関心は、『格致書院課芸』に収録された優秀答案が、陳忠倚編『皇朝経世文三編』（一八九八）に百余篇が採録されたほか、葛士濬編『皇朝経世文続編』（一八八八）、麦仲華編『皇朝経世文新編』（一八九八）等に収録されたことなどにより、知識人の間に一層広く流布することになったのである。(30)

四

以上のように、一八七〇年代後半から日清戦争前にかけて、洋務世代の新型知識人を中心とする先進的知識人の間では、宣教師の中西比較による中国文明批判を含む西洋情報の受容と西洋観察によって、中西両文明を異質な文明とみる新たな文明観が明確なものになっていった。また格致書院が実施した季課・特課の答案等に示されるように、宣教師経由の西洋情報の受容とそれに伴う中西両文明の異質性への関心は、先進的知識人にとどまらず当時の知識人の間に一定の広がりを有していた。洋務運動期における世界像転換の中で生じたこうした新たな文明観の形成への気運は、宣教師の著作や翻訳はもとより、この時期に刊行された先進的知識人たちの出使日記や『格致書院課芸』に収録され格致書院季課・特課の優秀答案など、さらにはそれらを収録した『小方壺齋輿地叢鈔』や日清戦争前後における経世文編類の刊行などを通じて、より広範な知識人の間に広がっていった。日清戦争での敗北後、新たな文明観が急速に知識人に広まっていった背景には、このように洋務運動期を通じて進行した先進的知識人における新たな文明観の形成、及びその周辺の知識人における中西両文明の異質性への関心の形成、さらには、多様な出版物を通じたそうした新たな気運のより広範な知識人への広がりが存在していたのである。[31]

日清戦争後、厳復の「論世変之亟」などによって広範な知識人に急速に広まった新たな文明観は、辛亥革命にいたる過程で新たな展開をみせる。激しい政治変動に伴う西洋文明受容の範囲や速度をめぐる論争の中で、知識人の関心は中西両文明の異質性の解明にとどまらず、中西両文明の優劣評価や両者の異質性の原因にも広がり、多様な政治的立場の広範な知識人によって議論が展開された。そのうち特に両文明の異質性の原因をめぐっては、社会進化論の影響下、中西両文明の差異を文明の単線的発展における発展段階の差とみる立場を軸に、それへの反発も伴いながら、議論が展開されていったのである。[32]

補論　張徳彝の総理衙門・在外公館改革論と国際認識

はじめに

一八六一年、中国では今日の外務省にあたる総理各国事務衙門（以下、総理衙門と略す）の設立により、一応近代外交のルールにもとづく外交が始められ、一八七〇年代後半には、西洋諸国や日本などへの常駐外交使節の派遣が開始される。しかし、こうして総理衙門のもとに整えられていった外交上の体制は、極めて臨時的、便宜的なものであったため、諸国に派遣された出使大臣や随員の間から、次第に総理衙門と在外公館の改革へ向けた議論が現われるようになる。二〇世紀初頭にいたり、清朝はようやく総理衙門・在外公館をめぐる一連の改革を実施するが、それ以前にこうした議論の蓄積があったことはまだあまり知られていない。本稿は、こうした清末の総理衙門・在外公館改革をめぐる議論、とりわけ注目すべき内容を持ちながら従来知られていなかった張徳彝の総理衙門・在外公館改革論を紹介するとともに、その背後にある国際認識について考察し、清末知識人における世界像の変動を解明する上での一つの準備作業としようとするものである。

それではなぜ、清末知識人における世界像の変動を考える上で、一八七〇年代後半以降の出使大臣や随員の総理衙門・在外公館改革をめぐる議論に着目するか。総理衙門の設立により近代的外交が開始されたとはいえ、華夷的世界像のもとで外国との関係を考えてきた中国知識人にとって、それは直ちに中国を西洋諸国と対等な主権国家の一つと認めたことを意味するものではなかった。そうした国際認識は、むしろこれ以降日清戦争にいたる西洋諸国との交渉や西洋観察を通じて、清末知識人における伝統的な華夷的世界像の崩壊、西洋中心の新たな世界像の形成という大変動が進行する過程で、はじめて形成されていったのだった。そしてこの清末知識人における世界像変動の最前線に位置し、その職務上、国際関係の動向を把握し、西洋諸国に倣って中国をいかに主権国家化するかに最も関心を抱いていたのが、一八七〇年代後半以降西洋諸国や日本に出使大臣や随員として派遣された知識人、とりわけ洋務運動期に西洋式の教育を受け西洋文明の普遍性、優位性への一定の認識を形成していた新型知識人たちにほかならなかった。彼らの総理衙門・在外公館改革をめぐる議論こそは、なおも華夷秩序のもとでの伝統を踏襲していた総理衙門下の外交体制を、彼らの西洋での見聞や観察をふまえて改革しようとしたものであり、そこには彼らの新たな国際認識と中国を主権国家化しようとする志向が結晶していた。本稿が、清末における世界像の変動を考える上で出使大臣や随員の総理衙門・在外公館改革をめぐる議論に注目するのは、こうした理由にもとづいている(1)。

一、初期の総理衙門と在外公館の状況

西洋諸国からの強い要請にもかかわらず、西洋諸国への常駐外交使節の派遣は総理衙門設置後もなかなか実現せず、一八七六年、前年の英国公使館書記マーガリー殺害事件の謝罪のため英国に派遣された郭嵩燾が、そのまま出使英国大臣（駐英公使）として駐在するかたちでようやく実現する。これ以降、西洋諸国へ常駐外交使節として派遣された出使大臣や随員は、外交活動や西洋観察を通じて、徐々に西洋諸国の外交制度、とりわけ外交官制度への理解を深め、中国側の外交上の体制の不備を認識するようになっていった。例えば、一八七七年からフランスで外交、国際法等を

学び、パリの中国公使館で通訳官も務めた馬建忠は、出使大臣は進んで駐在国の優れた人と交際しようとせず、また駐在国の政教、財用、法律、軍事を研究もせず、西洋人の笑い者になっていること、出使大臣による随員の人選は、私的なコネ人事にすぎず、公務には無益であること、外国を理解するには語学力が必要だが、出使大臣は少し話せるようになると任期が切れてしまうこと、などを指摘し、当時の出使大臣が在外公館の責任者として十分な役割を果たしていないことを批判している(2)。

それでは、当時総理衙門体制のもとで外交行政に従事する人員の人事制度は、如何なるものであったのだろうか。次に、以下での論述の理解に必要な範囲で、その要点を示しておこう。新旧両勢力の妥協の上に成立した臨時的、便宜的な機関であった総理衙門は、外政の中央機関とはいえ中央行政官庁である六部と同等には位置づけられなかった。その結果、総理衙門には専任の官員はおらず、官員はすべて他衙門との兼職であった。すなわち、総理衙門の司員（郎中、員外郎、主事を指す）を主管する総理各国事務大臣（三―十一名）は、親王、郡王、大学士、軍機大臣及び各部の堂官（六部の尚書、侍郎、各衙門の長官を指す）の中から皇帝により選ばれた者が兼任した。また総理衙門の事務にあたる司員も、内閣、各部院の侍読、中書、郎中、員外郎、主事から選抜された者の兼任であった。従って、一般に短い任期で転勤させた当時の官僚機構の中でも、総理衙門はことに安定性を欠いていた。また総理衙門の職務は外交だけでなく洋務全般にわたり、各衙門の職務と少なからず関連していたため、各衙門から派遣された司員は各自の所属衙門と総理衙門の連絡役を果たしたが、兼職の結果、総理衙門の職務に手がまわらない状況も生じた(3)。

次に、初期の在外公館の人事は、総理衙門が郭嵩燾の派遣に際してとった手続き、及びその時定められた「出使章程」によって規定されていた。在外公館の館長である出使大臣は、総理衙門が提出する各部院大臣、将軍、督撫から推薦された候補者（三、四品）のリストをもとに、皇帝により決定された(4)。出使大臣は総理各国事務臣と同様に、従来の職務との兼職であったので、任期満了後は本任の衙門に戻らねばならなかった。また初期の出使大臣は、外交事件処理などの便宜上、一人で数ヵ国の出使大臣を兼任するケースが多く、しばしば職務に支障をきたした。(5)出使大臣の随員である参賛、領事、翻訳官なども総理衙門の司官ではなく、また人数、人選についても厳格な規定はなく、出使大臣により決定され、任期は出使大臣と同じく三年とされた。(6)このように随員が出使大臣個人の幕僚に近かったことは、出使大臣が職務を私物化する傾向を生むことになった。

二、清末の総理衙門・在外公館改革論

このような体制のもとで、西洋諸国に派遣された出使大臣や随員がまず注目したのは、外交を専門的外交官に担わせようとする西洋の外交官制度だった。例えば、郭嵩燾の副使だった劉錫鴻は、「思うに英国官制はそれぞれ専門化しており、互いに職分をこえない。在外公館に勤務する者は、通訳官の昇任は総領事まで、(中略)参賛、随員の昇任は公使までである」(『英』一六八。補論注の冒頭を参照)と述べ、専任の外交官のいない中国との差に注目している。また郭嵩燾は一八七八年末、福州船政局付設船政学堂からの第一次留学生の帰国に際し、軍艦の監督や製造より交渉事務にすぐれた人材として、厳復等六名を留めてロンドンの中国公使館の随員に当てることを総理衙門に要請している(『倫』八八五)。この要請は実現しなかったが、専門的外交官養成への一つの試みだったといえよう。

こうした中で、これ以後主として在外公館関係者の中から、西洋の外交官制度をふまえた総理衙門体制下における人事制度の改革論が現われることになる。ここではまず、最初の本格的な改革論として馬建忠の議論に注目したい。馬建忠はフランスに滞在中だった一八七八年に、総理衙門の参考に供すべく「巴黎復友人書」及び「瑪賽復友人書」

という二通の書簡を書いている。前者は、西洋外交の発展史をふまえて外交と外交官養成の重要性を論じ、各国の外交官制度を紹介した上で、外交官制度を考える際の留意点として、①給与を厚くし、②採用試験を厳しくし、③国内外を問わず専ら外交に従事させること、を挙げており、後者は、中国での外交官養成について次のように具体案を提示している。すなわち、まず四書五経に通じた十五歳から二十一、二歳の青年を毎年十名選抜し、上海で三年間フランス語、ラテン語等を教え、試験に合格した者を総理衙門か在外公館で一年試用した後、パリの公使館で二年間、外交官としての専門知識を学ばせ、以上六年の課程を終了した者を総理衙門か在外公館で採用するというものだった(7)。前述の通り当時総理衙門の司官は他衙門との兼職であり、郭嵩燾の公使館スタッフもみな中央ないし地方に現職を持っていた(『四』二七六)。これに対し馬建忠の提言は、総理衙門及び在外公館に勤務する専門的外交官を、まだ官職に就く資格のない者の中から選抜、養成しようという徹底した改革論だった。

馬建忠は、ウィーン会議により西洋諸国間に「均勢の局」が定まったものの、国家間に信頼関係はなく、敵対勢力が交錯し、同盟関係が生じ、一国の権利は国の強弱に左右されているとし、こうした中で「列国安危の繫ぐところは邦交より大なるはなし」として、外交が持つ国際関係の調整機能を重視していた。そしてこうした中で西洋諸国に対し劣勢にある中国が、局外に孤立し外人との交渉を絶つことはあってはならないとし、交渉の学により「立約」、「修和」して「内平外睦」を達すべきことを唱えた(8)。馬建忠の改革論の根底には、こうした切実な国際認識が存在していたのである。

また馬建忠の改革論ほどまとまった議論ではないが、一八九〇年から九四年まで英国等四ヵ国の出使大臣を務めた薛福成は、専門家の登用は「唐虞の盛んなる所以」とする附会説によりつつ、一貫して外交に従事する西洋の専門的外交官のあり方を高く評価し、さしあたり賢才の集まる翰林院から有為の人材を調達すべきことを提唱している(9)。こうした薛福成の議論の根底には、当時の国際関係を「大小強弱不斉の国」が欲望と生存を求めて展開する「有形の争」とみなし、中国をその中にあって自存を脅かされている「衰弱の国」と捉える国際認識が存在していた(10)。

伝統的華夷的世界像の中で生きてきた伝統的知識人にとって、国際関係とは少なくとも理念的には、皇帝の徳治の恩恵に浴した周辺諸国が自発的に貢納を行ない、皇帝がそれを認知するという、中国中心の一元的朝貢秩序として捉えられており、外交による国家間の関係の調整といった発想は存在しなかった。外交や外交官養成を重視する議論が活発化したことの背景には、世界像の変動の中で上記のように国際関係を利害、強弱を異にする諸国家の並争状態として捉え、中国をその中の一弱者とみなす新たな国際認識の登場をみておく必要がある。そしてこうして活発化した総理衙門と在外公館の改革をめぐる議論の中でも、次に紹介する張徳彝の改革論は、その体系性と具体性において注目すべきものだった。

三、張徳彝の西洋外交への観察

張徳彝（一八四七―一九一九、漢人八旗の一つ鑲黄旗出身）は、一八六二年七月、洋務人材の養成のために総理衙門に付設された同文館の第一期生として三年間英語を学び、一八六六年には、中国最初の外交使節として西洋諸国に派遣された斌椿使節団に参加する。以後、一八六八年のバーリンゲーム使節団、七〇年の崇厚使節団に参加し、七六年には初代出使英国大臣郭嵩燾に通訳官として随行し、英国に約二年間駐在する。その後も、出使大臣の随員としてロシア（一八七八―八〇）、ドイツ（一八八七―九〇）、英国（一八九六―一九〇〇）、日本（一九〇一）に駐在し、一九〇二年から一九〇六年までは自ら出使英国大臣を務めた。一八九〇年と九三年には、当時としては稀にみる豊富な西洋体験をもとに、当時総理衙門の最高責任者であった慶郡王奕劻に対し、以下で取り上げる総理衙門・在外公館改革の意見書を提出したほか、一九〇四年には立憲運動の発端となった孫宝琦ら出使四大臣による立憲上奏に名を連ね、その後も立憲推進の立場から三度の上奏を行なっている。八回にわたる出使を記録した出使日記は、総字数二百万字にのぼるといわれ、清末知識人の西洋体験を考察する上で貴重な史料となっている。[11]これらの出使日記、特に郭嵩燾に随行して英国に滞在した一八七七年から七八年までの出使日記には、英国の外交官制度、外国外務省と駐在各国公使館の間の儀礼や慣行など、西洋中心に形成された近代外交のルールに強い関心を持つ者であってはじめてなしえる細やかな観察が見出せる。ここではまずそれらを紹介し、張徳彝の観察ぶりをうかがうことにしよう。

（1）　英国の外交官制度について

張徳彝は一八七七年一月、ロンドン着任の数日後英国外務省を訪問し、その組織について、外相の下に四人の次官がおり、各国交渉事件を四股に分かち、各次官が一股を担当し、各次官には補佐官一名がつき職務を助けている、と記している（『四』三一一）。また同年十月、「英国官制はそれぞれ専門化しており、互いに職分をこえない。在外公館に勤務する参賛、通訳官の昇任は公使までである。退職後は俸給の半分を支給され、一生涯のんびり暮らせる。他国に使命があれば、重任されることもあるが、決して内地の職務を与えられることはない。それは法律に習熟していないからである」（『四』四八二）と記し、英国の外交官が一貫して外交に従事する専門家であることを指摘している。

（2）　外国外務省と駐在各国公使館の間の儀礼・慣行

①各国公使の特権等：張徳彝は、フランスの駐天津領事らが殺害された天津教案（一八七〇）に対する謝罪のため

崇厚に随行してフランスに滞在していた一八七一年七月、西洋諸国の慣行では駐在各国公使館内の問題に関する権限は、逃げ込んだ罪人の引渡し等含め公使にあり、駐在国側は直接手を下せない、と記している（『三』四七七）。また同年十一月、謝罪の国書を奉呈した際には、フランス大統領ティエールが、中国の役人がフランスの領事を優待することは「各国の通行公法」上当然である、と述べたと記している（『三』五三二）。

②各国公使館における国旗掲揚：張徳彝は、同じくフランス滞在中の一八七一年七月、駐在各国公使館においては、駐在国と本国の慶弔事にあたり国旗を掲揚することが外交上の慣行となっていることを記しており（『三』四七七）、関連して五大州の四十八ヵ国について国旗・商旗・軍（艦）旗などのデザイン・配色について詳述している。張徳彝の国旗への関心は、斌椿使節団に参加した一八六六年、ナポレオン一世の誕生日にパリの各国公使館がみな国旗を掲揚した様子を記して以来のもので（『航』五八〇、五八一）、六八年バーリンゲーム使節団の一員としてアメリカを訪れた際には、各地での出迎えや歓迎会に「合衆国花旗」（すなわち星条旗）「大清龍旗」が掲げられていたことを記録している（『再』六四六、六六四、六八五）。

③外交活動・君主謁見における儀礼・慣行：一八七七年からの英国駐在中、張徳彝は英国政府・外務省等や各国公使との間の外交交渉、あるいは英国女王への謁見における儀礼や慣行についても詳しく記録している。例えば、英国政府の要人や各国公使等に面会を求める場合は、重要な用件なら一、二日前、小事でも一、二時間前には約束を取らなければならないこと（『三』四六七）、英国の一般的習慣として、他人への訪問は午後早いうちに行なうのが礼儀であること（『四』五三五）、各国公使を訪問しても酒食はおろか茶のもてなしもないことなどを指摘している（『四』四五三）。また英国議会の開会式に出席した時には、招待された各国公使、随員の壮麗な礼服、勲章などについて細かく描写しており（『四』三二一）、着任の挨拶に各国公使と英国政府の各大臣を訪問した際は、新任の各国公使は国書

奉呈後、三日以内に英国政府の諸大臣、各国公使等を訪問しなければならず、その際最初の訪問では名刺を渡し、後日時間があるときに面談すると記し、あわせて英国外務省が作成した各国公使館一覧には公使館関係者のリストや住所が収録されており、訪問の際に役立ったと述べている（『四』三二四）。さらに英国女王への謁見の際には、バッキンガム宮殿での荘重な謁見の儀式や参列者の壮麗な服装に目を凝らしているが、加えて謁見の儀礼に関する規定集を入手し、各国公使とその夫人等の謁見に関する規定、及び謁見時の儀礼について特に詳しく記録している（『四』三四〇―三四八）。

（3）　中国公使館内部の諸問題

①公使館確保問題：張徳彝らが駐在したロンドンの中国公使館は、借家であり（『四』三〇九）、郭嵩燾が出使法国大臣を兼任すると、パリにも公使館として借家が確保された（『四』五四二、五四三）。張徳彝は常駐外交使節の派遣が将来にわたることを指摘し、各国の例からいっても多額の家賃を払うより自国の建物をもつべきだと述べている（『四』五〇七）。

②出使英法大臣兼任問題：一八七八年二月以降、郭嵩燾が出使法国大臣を兼任したことは、『タイムズ』紙上で中国外交の九割を占める英仏両国との交渉を郭嵩燾ひとりに任せるもの批判され（『倫』八二二）、張徳彝も兼任による多忙化を指摘している（『四』五五三）。

③通訳養成問題：郭嵩燾は早くから張徳彝等通訳官の能力不足に不満を持っていた。そうしたことからであろう、張徳彝によれば、一八七七年一月、郭嵩燾は英国で弁護士をしていた伍廷芳（広東新会の人）に通訳官となるよう強く求めたが、給与が低いこと等を理由に断られたという（『倫』一四一、一四三、一六五、四五三、『四』三一〇、三一三）。

四、張徳彝の二つの意見書

以上は、張徳彝の西洋出使中の出使日記に見出せる外交上の制度・慣行や諸問題に関する断片的な言及であるが、その後一八九〇年と九三年に奕劻に提出された二つの意見書(12)(「上慶邸書」及び「再上慶邸書」)において、張徳彝はこうした観察をふまえて総理衙門と在外公館の改革案を提示している。まず一八九〇年の意見書は、「(総理衙門の)堂司官の別衙門との兼任を禁じ、総理衙門の職務に専心させ、洋務に習熟させる」ことを目指す総理衙門と在外公館の人事制度の改革案で、以下の十二項目からなっていた。①堂官の削減、②司官の増員、③総弁四名・幇弁二名の設置、④海防股の廃止、⑤他衙門からの転補、他衙門との兼職の廃止、⑥出使大臣、随員の総理衙門からの派遣、⑦総理衙門から外省に派遣された堂司官の洋務への専念、⑧総理衙門内での司官から堂官への昇任、洋務地域の督撫等への総理衙門司官の派遣、⑨英、美、徳、俄各股の通訳官への同文館出身者の採用、⑩帰国した出使大臣、随員の洋務での活用、⑪盗聴防止のための総理衙門の改造、⑫召使による国庫費用番の廃止。以上のうちことに⑤は、他衙門に現職を持つ者を採用するのでなく、満漢人の挙人、貢士、生員で三十歳未満の者二、三十名を選抜し、欠員により順次総理衙門の専任の司官に採用すること、⑧は、総理衙門内部で経験を積んだ司官を堂官に昇任させ、かつ洋務上重要な地域の督撫等に転任させること、⑥は、出使大臣と随員を総理衙門から派遣し、内外の外交上の職務に熟練させることを提案している。このように一八九〇年の意見書は、西洋諸国に倣い一貫して外交に従事する専門的外交官に、総理衙門及び在外公館の職務を担わせようとするものだった。

次に一八九三年の意見書は、まず北京に駐在する各国公使館への総理衙門の対応に関して、以下の五項目の提言を行なっている。①各国公使館関係者リストの掌握、②各国公使館関係者の脱税取締り、③各国公使との面会に関するルール（予約制、接待の簡素化等）の制定、④皇帝の誕生祝いに各国公使を招く際の中国官員の礼服着用、⑤各国公使館関係者の観見に関する儀礼（資格、服装等）の制定。以上のうち①②は、「各国通例」に倣うもので、①は、中国人が各国公使館の保護を求め、「国家の代表」たる各国公使館との間でトラブルが起こるのを避けるため、②は、各国公使館スタッフに対する免税時の税関への申請を厳格にし、「国家の主権」としての関税課税の原則を維持しようとするもの。③④⑤は、英国の外交上の儀礼や慣行に倣って、朝廷や総理衙門を各国並みに権威づけようとするものだった。

また同意見書には、総理衙門による代奏を求めて、在外公館のあり方に関する以下の十二項目の提言が付記されている。①借家を在外公館にあてることの廃止、②出使大臣兼任の見直し、③出使大臣による報告の義務付け、④出使大臣、随員の服装等の格式化、荘重化、⑤随員への上海までの必要旅費の支給、⑥随員への支度金の充実、⑦通訳の厳選、⑧医官の厳選、⑨医薬品の携帯、⑩公文書処理への随員の参与、⑪公金預金の利子の随員への分配、⑫洋人雇用時の官銜の廃止。以上のうち④は、外国公使等が「みな外面を飾る」ことに倣い、他国に比して見劣りしないように常駐外交使節としての権威づけを図ろうとするもの、⑤⑥⑪は、④と関連して従来の「出使章程」を改訂しようとするものだった。このように九三年の意見書は、全体として総理衙門と在外公館の格式や関係者への待遇の整備により、対外的権威の確立を意図したものであった。

以上が二つの意見書の概要である。張徳彝の意見書は臨時的、便宜的傾向の強かった総理衙門と在外公館の人事のあり方への反省にたち、西洋にならって一貫して外交に従事する専門的外交官を養成しようとする点で、馬建忠と共通の立場にたつものであった。しかし、馬建忠の外交官制度論が外交を専攻した立場から、外交官養成の方法に関して具体的な提案をしたのに対し、張徳彝の意見書は総理衙門と在外公館の内情に詳しい立場から、総理衙門と在外公館の人事や人材養成のあり方、総理衙門と各国公使館の間の儀礼・慣行、在外公館の態勢など外交機関に関わる諸問題について、具体的に提言したものだったといえる(13)。

以上のような内容から明らかなように、二つの意見書は、さきに紹介したような英国をはじめとする西洋諸国における外交上の制度・慣行等への詳細な観察をふまえたものであった。張徳彝自身は自らの出使日記の記述について、西洋の「政事得失」などの大事は出使大臣たちの著作に譲り、専ら「風土人情」など「瑣事」を記したと述べている(『四』凡例)。実際、彼は出使大臣郭嵩燾や副使劉錫鴻にみられるような西洋文明に関する自説の率直な表明を避け、西洋の制度や風俗を詳細に記録することに徹している。しかし、二つの意見書における提言の内容は、その詳細な記録が、目的意識なしに「瑣事」を記したものではなく、出使大臣の随員として意識的に西洋諸国における外交上の制度・慣行等を詳細に観察し、それを克明に記録したものであること、そして十年から二十年の整理期間を経て、果たしてその記録が改革のための意見書として提出されたことを物語っている。

五、国際認識と主権国家への志向

こうした張徳彝の総理衙門・在外公館改革論の背景には、世界像変動のもとで形成された国家間の関係を対等な主権国家の関係とみる新たな国際認識が存在していた。例えば、一八九三年の意見書の冒頭で、張徳彝が外国公使館関係者リストの把握の必要をいうのは、「外国公使は国家の代表であり、公使館は国家と同じである」から、罪人が紛れ込んでも清朝政府の権限は及ばないとの認識にもとづいている。では、張徳彝がいう外国公使が代表する国家とはいかなる国家かといえば、続いて関税課税が各国における「国家の主権」に属するとの認識が示されていることからもうかがえる通り、それは少なくとも他国に対し対等な主権を持つ国家であった。このように張徳彝においては、伝統的華夷的世界像における中国中心の一元的朝貢秩序とは異質な、そうした主権国家の関係として、西洋諸国間の国際関係が認識されていたのである。

こうした国際認識は、一八六〇年代後半以降、張徳彝の西洋体験の中で徐々に形成されたものであった。一八六六年、斌椿使節団に同行し西洋を視察した張徳彝がまず目を見張ったのは、各都市の博物館などで目撃した西洋中心の国際秩序観に即して展示された「天下各国」の文物や風俗だった。伝統的な華夷的秩序観の中で生きてきた張徳彝にとって、西洋中心の秩序観にもとづくそれらの展示が少なからぬ衝撃をもたらしたことは想像にかたくない。だが張徳彝は、こうした西洋中心の国際秩序観を見出しただけではなかった。中国からの使節としての関心は、彼の目を西洋諸国間にまさに展開する現実の国際関係のあり方に向けさせずにはおかなかった。一八六六年七月末、普墺戦争停戦のニュースに接した際には、同戦争をめぐるヨーロッパ各国の動向を論じた上で、「西洋各国間の関係は、合従連衡でないものはなく、時には合し時には離れ、相互に併呑し、その形勢は戦国時代と異なることがない」（『航』五七〇）と述べ、西洋の国際関係を列国が合従連衡して覇権を争った戦国時代になぞらえている。またこうした国際関係の中でイギリス、フランス及びロシアなど、中国を上回る広大な領土をもつ大国が形成されていることを指摘している（『航』五五六）。もっとも、張徳彝は西洋の国際関係を、決して覇道が横行した戦国時代の再現とみなしていたのではなかった。張徳彝は、むしろ普墺戦争後の賠償や捕虜の送還など戦争処理が、万国公法（すなわち国際法）にもとづいて行なわれていることに関心を示している（『航』五六九）。張徳彝は、利害の対立する国家同士が、関係を調整し均衡を保つ上で万国公法がもつ各国共通の規範としての役割に注目し、それを肯定的に捉えていたのである。

出使以前、張徳彝は同文館でホイートンの *Elements of International Law* の翻訳『万国公法』を刊行したばかりのマーチンから英語を習っており、このころから万国公法への関心を持つようになった可能性が少なくない。その後、張徳彝の万国公法への関心は出使を重ねるごとに高まっていった。崇厚に随行してフランスに赴いた一八七〇年の出使の際には、万国公法が国家間のいかなる問題にいかなる効力を持つかについて、精力的に情報を収集しており、主権国家間の共通の規範たる万国公法を自らの規範として受容することの必要性が、切実に認識されつつあったことがうかがえる。次いで、郭嵩燾に随行して英国に赴いた一八七六年の出使においては、張徳彝の関心は、そうした認識にもとづいて特に中国を主権国家として権威づけるために、いかに主権国家としての外交上の態勢を整えるかという点に注がれるようになる。(14)そしてこうした問題意識にもとづき、長期にわたる西洋諸国における外交上の制度・慣行等への観察をふまえて提起されたのが、二つの意見書において示された改革案、すなわち、九〇年の意見書で提起された主権国家として外交機能を確保するための専門的外交官制度の導入、及び九三年の意見書で提起された主権国家としての対外的権威づけのための外交上の儀礼・慣行等の導入であった。前者についていえば、それは極めて不安定な総理衙門下の人事制度を、近代外交に適合させるための大がかりな改革の提言だった。後者に関わっては、いうまでもなく伝統中国には、中国を世界の中心とする華夷的秩序観のもとで、中国を対外的に権威づけるための儀礼・慣行等が存在していた。すなわち、朝貢国からの貢使に関しては『大清会典』において、貢使往来の頻度、北京までの経路、朝貢国毎の貢使の人数と貢物、皇帝が貢使に与える回賜、皇帝謁見時の儀礼（三跪九叩礼）などが、細かく規定されていた。第二次アヘン戦争後結ばれた天津条約において、列強は常駐外交使節が貢使と異なることを規定に盛り込み、明確に三跪九叩礼を拒否するにいたる。清朝はその後も三跪九叩礼を行なうよう求めたが、そうした要求は徐々に後退していった。(15)こうした中で張徳彝の主張は、出先の在外公館のみならず北京の各国公使館への対応においても、西洋近代の国際関係における「各国通例」としての儀礼・慣行等を導入することによって、西洋諸国と対等な主権国家の一つとして権威づけを図ろうとするものだった。総じて、張徳彝の二つの意見書は、総理衙門体制下の外交を、近代外交に適合させるべく、機構や人事のみならず儀礼・慣行等にいたるまで、主権国家に相応しく徹底して態勢を整備し、主権国家としての中国の権威を確立しようとするものだったといえるだろう。張徳彝はこうした立場から、一九〇四年に出使四大臣連名の立憲上奏をした後も、東西各国の例をふまえた提言を行ない、国楽、国歌、軍楽の制定などにも言及している(16)。

常駐外交使節派遣が開始されると、出使大臣や随員の間で西洋諸国における外交上の共通の規範としての万国公法への関心が高まり、薛福成の「論中国在公法外之害」（一八九二）などにみられるように、万国公法を中国にも適用される規範として受容すべきことが、次第に主張されるようになる(17)。そうした中にあって、張徳彝における以上のような徹底した主権国家としての権威の確立への提言は、長期にわたる外交の最前線での体験をふまえ、そうした議論をさらに実践レベルにまで具体化して示したものだった。こうした意味で、我々は清末の出使経験者における新たな国際認識の一つの到達点を示すものとして、張徳彝の総理衙門・在外公館改革論を捉えることができるであろう。

結びに代えて

最後に、張徳彝の二つの意見書の後、清朝が行なった総理衙門・在外公館改革について、管見の限りで簡単にふれておこう。総理衙門体制をめぐっては、従来から外国公使等より強い不満が出されていたが、義和団事件後、十一ヵ国代表との間で調印された北京議定書において、総理衙門を外務部に改め六部の上に置くことが規定され、一九〇一年七月、外務部が成立する。この結果、長官五名による管部制・堂官制が導入され、従来の大臣過多の状況は改善され、また全官員が外務部の専任となり、他衙門との兼任は廃止された。さらに外務部内部での司官から堂官への昇進が可能となり、職業的外交官が養成される条件が高まった。ついで光緒新政下の一九〇六年十一月、中央官制の十一部制化により、外務部はようやく交渉事件のみ扱う近代的中央外交機関へと専門化を遂げる。[18] 在外公館については、従来出使大臣に与えられていた在外公館スタッフの人事権が、出使法国大臣劉式訓の建議を受けて、一九〇七年に外務部に集中される。不安定だった在外公館スタッフの身分も、一九〇二年四月、袁世凱、劉式訓、張之洞らにより外務部の定員とする上奏がなされ、中央官制改革の進展の中、一九〇七年、定員化が実現する。さらに外務部と在外公館の間における官員の内外相互の異動についても、一九〇二年袁世凱らの上奏後、一九〇九年ようやく外務部により使領館定員昇格法が制定され、実現されるにいたる。[19] 一方、総理衙門と外国公使の間での儀礼の整備に関しては、マーガリー事件後の芝罘協定でうたわれながら容易には実行されなかったが、一八九九年の『大清会典』（光緒会典）においては、朝貢国向けの儀礼とは別に、条約国の駐在公使が覲見や総理衙門との往来の際行なう儀礼が、国際慣例に倣って新たに規定されるにいたる。さらに覲見儀礼については、一九〇〇年の八ヵ国連合軍の北京制圧後、列強の要求で一層対等な形式に改められた。[20]

張徳彝の提言が、こうした改革に直接の影響力を持ちえたのかどうかは不明である。しかし、本稿での考察をふまえれば、我々は、一見列強の外圧の中で清朝がにわかに行なったかにみえるこれらの改革が、実は清末における新たな世界像の形成過程での出使大臣や随員による議論の蓄積のもとで、はじめて成立したものだったことをうかがうことができるだろう。

〔付記〕　本稿で使用した資料の一部については、入手にあたって呉俊氏（南京大学）及び川島真氏（東京大学）にお世話になった。ここに記して深くお礼申し上げる。

注

＊論文の出典や書籍の出版社・刊行年等は、初出の際にのみ記した。それらの情報は、巻末の「参考文献」を参照すれば、得ることができる。

＊引用文等の出典を記す場合、頻出する出典については以下のように略記する。

『始末（道光）』：文慶等纂『籌辦夷務始末（道光朝）』八十巻（全十冊）、近代中国史料叢刊第五十六輯、台北、文海出版社、一九六六年

『始末（咸豊）』：賈楨等纂『籌辦夷務始末（咸豊朝）』八十巻（全十冊）、近代中国史料叢刊第五十九輯、台北、文海出版社、一九六六年

『始末（同治）』：宝鋆等修『籌辦夷務始末（同治朝）』百巻（全十六冊）、近代中国史料叢刊第六十二輯、台北、文海出版社、一九六六年

『彙編』：楊家駱主編『洋務運動文献彙編』全八冊、台北、世界書局、一九六三年

『郭年譜』：郭廷以編定、尹仲容創稿、陸寶千補輯『郭嵩燾先生年譜』全二冊、台北、中央研究院近代史研究所、一九七一年

『郭日記』：楊堅・鍾叔河責任編輯『郭嵩燾日記』全四冊、湖南人民出版社、一九八一―八三年

『郭奏稿』：楊堅校補『郭嵩燾奏稿』岳麓書社、一九八三年

『郭文集』：楊堅点校『郭嵩燾詩文集』岳麓書社、一九八四年

『薛選集』：丁鳳麟・王欣之編『薛福成選集』上海人民出版社、一九八七年

『薛日記』：張玄浩・張英宇標点『薛福成　出使英法義比四国日記』岳麓書社、一九八五年、『走向世界叢書』所収

『史料』：朱有瓛主編『中国近代学制史料』第一輯、華東師範大学出版社、一九八三年

『刖』：鍾天緯撰『刖足集』内篇一巻、光緒二十七年（一九〇一）刻本、外篇一巻、民国二十一年（一九三二）女鏡芙鉛印本、附「鍾鶴笙徵君（鍾天緯）年譜」一巻、上海図書館蔵

『〇〇課芸』：王韜輯『格致書院課芸』全十五冊、上海大文書局等鉛印本、一八八七―九四年、上海図書館蔵、〇〇は実施年（一八八六―九四）の干支を示す

『略論』：美国林楽知著『中西関係略論』全四巻、光緒二年（一八七六）孟秋中浣、鉛印本、上海図書館蔵

序論

（1）中国には古来文明の概念が存在し、近代的な文明 civilization 概念がもつ人類社会の物質的、精神的な成果としての意味を有していたが、人類の営みの進歩・発展という観念は含まれていなかった。本書が論じる伝統的文明観から新たな文明観への転換とは、そうした中国古来の文明概念が、近代的な文明、すなわち、人類社会の進歩・発展によってもたらされた物質的、精神的な成果としての文明の概念に転換したことをも、含意していたといえる。中国古来の文明概念と近代的な文明概念の相違については、黄興濤「晩清民初現代文明和文化概念的形成及其歴史実践」『近代史研究』二〇〇六年六期を参照。

（2）中国における伝統的世界像と清末におけるその変動については、主に佐藤慎一「儒教とナショナリズム」『中国―社会と文化』第四号、一九八九年に拠ったほか、坂野正高『近代中国政治外交史』東京大学出版会、一九七三年、第三章、茂木敏夫『変容する東アジアの国際秩序』山川出版社、一九九七年、浜下武志『朝貢システムと近代アジア』岩波書店、一九九七年、川島真

「天朝から中国へ――清末外交文書における『天朝』『中国』の使用例」『中国―社会と文化』第十二号、一九九七年などを参照した。また華夷思想（中華思想）については、小倉芳彦「華夷思想の形成」、同『中国古代政治思想研究』青木書店、一九七〇年所収、安部健夫「清朝と華夷思想」、同『清代史の研究』創文社、一九七一年所収、堀敏一『中国と古代東アジア世界』岩波書店、一九九三年などに詳しい。さらに中国近代における「中華」の変質については、村田雄二郎「中華ナショナリズムと最後の帝国」、蓮見重彦・山口昌之編『いまなぜ民族か』東京大学出版会、一九九四年所収、村田雄二郎「中華民族論の系譜」、飯島渉・久保亨・村田雄二郎編『シリーズ20世紀中国史1　中華世界と近代』東京大学出版会、二〇〇九年所収、毛里和子『周縁からの中国』東京大学出版会、一九九八年などを参照。なお六朝においては仏教受容の過程で世界の中心はインドか中国かの論争があり、また清朝においては満洲族支配のもとで一時反華夷思想が高揚した。詳しくは吉川忠夫『六朝精神史研究』同朋舎、一九八四年、中嶋隆蔵『六朝思想の研究――士大夫と仏教思想』平楽寺書店、一九八五年、石橋崇雄『大清帝国』講談社、二〇〇〇年、平野聡『清帝国とチベット問題』名古屋大学出版会、二〇〇四年など。

（3）『籌洋芻議』、『薛選集』変法、五五五頁。

（4）清末から民国期にかけての伝統的文明観の転換と新たな文明観の形成・展開については、佐藤慎一に以下の一連の研究があり、本書も多くの示唆を得ている。佐藤慎一「文明と万国公法」、同『近代中国の知識人と文明』東京大学出版会、一九九六年、第一章、同「模倣と反発――近代中国思想史における『西洋モデル』について」『法学』五一巻六号、一九八八年、同「進化と文明――近代中国における東西文明比較の問題について」『東洋文化』七五、一九九五年、同「『アジア』という価値」、岩波講座世界歴史二八『普遍と多元』岩波書店、二〇〇〇年所収など。また関連する研究として石川禎浩「東西文明論と日中の論壇」、古屋哲夫編『近代日本のアジア認識』京都大学人文科学研究所、一九九四年所収、同「梁啓超と文明の視座」、狭間直樹編『共同研究梁啓超――西洋近代思想受容と明治日本』みすず書房、一九九九年所収など。また結論注（31）を参照。

（5）「中国最重三綱、而西人首明平等、中国親親、而西人尚賢、中国以孝治天下、而西人以公治天下、中国尊主、而西人隆民、中国貴一道而同風、而西人喜党居而州処、中国多忌諱、而西人衆譏評。其於財用也、中国重節流、而西人重開源、中国追淳朴、而西人求歓虞。其接物也、中国美謙屈、而西人務発舒、中国尚節文、而西人楽簡易。其於為学也、中国誇多識、而西人尊新知。其於禍災也、中国委天数、而西人恃人力」「論世変之亟」、王栻主編『厳復集』中華書局、一九八六年、第一冊、三頁。

(6) こうした傾向は、鄭師渠・史革新『近代中国中西文化論争的反思』高等教育出版社、一九九一年、丁偉志・陳崧『中西体用之間』中国社会科学出版社、一九九五年、叶瑞昕『危機中的文化抉択』商務印書館、二〇〇七年など近年の研究においても顕著である。一方、わが国では佐藤「進化と文明――近代中国における東西文明比較の問題について」が、進化論の文明観への影響に注目しつつ中西文明論の展開を論じ、日清戦争前すでに鄭観応や康有為に、西洋文明を中国文明とは異質な文明とみなす認識が見出せることを指摘している。

(7) 厳復の後年の記述は、彼が英国留学期の西洋観察や出使英国大臣郭嵩燾との討論を通じて、日清戦争後の中西文明論を構成するいくつかの認識をすでに形成していた様子を、わずかながらうかがわせる。例えば厳復は、『法意』（モンテスキュー『法の精神』の翻訳、一九〇四―〇九）の案語において、留学期の体験を回想して、戦争に出征する郷民の様子を次のように述べている。「吾嘗見夫郷民械闘者矣、約期之日、妻勗其夫、母誡其子、黎明而起、為之庀械具饔、若非勝則無以相見者。何則、其所与戦者公敵、而亦私仇也。且其死鴻毛耳、而勇往如是」『法意』案語七四、『厳復集』第四冊、九七七頁。また別の案語では、西洋の民のあり方について次のように述べている。「彼惟人人視其国為所私、不独愛其国也、而尤重乎其所載之自由。故其保持之也、雖性命有不恤、矧乎其身以外之財産耶」『法意』案語一〇五、『厳復集』第四冊、九九六頁。こうした回想は、厳復が西洋の民に顕著な動態志向、そしてそれを可能にした西洋社会における自由の重視などに、留学当時すでに注目していたことをうかがわせる。詳しくは手代木「厳復の英国留学」『中国―社会と文化』第九号、一九九四年を参照。

(8) 佐藤の主な論文としては、注（2）（4）に挙げたほか、佐藤「『清末啓蒙思想』の成立」（一）（二）『国家学会雑誌』九二巻五・六号、九三巻一・二号、一九七九、八〇年、同「鄭観応について」（一）（二）（三）『法学』四七巻四号、四八巻四号、四九巻二号、一九八三、八四、八五年など。

佐藤の研究に影響を与えた先行研究として、特に挙げるべきは小野川秀美『清末政治思想研究』（平凡社、二〇〇九年、二〇一〇年増訂版、初版は東洋史研究会、一九六〇年、再版はみすず書房、一九六九年）である。同書は、清末政治思想の発展を、洋務――変法――革命という段階論の枠組みを使って捉えた研究として知られるが、決して従来の段階論に無批判であったのではない。従来の段階論は、洋務論から変法論への移行の転機を日清戦争とし、西洋認識の深化の主な原因を、もっぱら日清戦争敗北による衝撃に求める傾向が強かった。これに対し小野川は、「変法論そのものは何もこの戦争を待って始まったものではない」（平凡社版第一冊、九一頁）という問題意識から、日清戦争以前における西洋認識の深化の中で、洋務論が次第に変法論へと発展する過程を克明に描き出した。小野川の研究は、段階論の構図を借りながら、段階論の機械的な適用を批判することで、変法論の形成への新たな理解を提出したものだった。

こうした記述の延長線上で、小野川はさらに、二十世紀初頭において革命論が変法論を圧倒していったことを指摘する一方で、梁啓超の「新民説」など当時の変法論が、政体の問題とともに新たに倫理問題を革新の対象とした点に注目し、「進化論の影響によって、西学と西政を諸子と経書に結び付けて説明しようとする附会説の当否が反省され、両者は全く異質のものであるという明白な自覚がもたれてきた」（同第一冊、一九頁）とする。そして、その上で当時の変法論が「文化の問題では革命論にも増して貢献するところがあった」（同第一冊、二一頁）と指摘している。佐藤は、中国近代思想を革命思想の発展だけでなく「政治」と「文化」の複眼的視点から捉えるこうした小野川のアプローチに特に注目している（佐藤「『清末啓蒙思想』の成立」（一）序章、Ｉ、注15）。なお小野川の研究をめぐっては、溝口雄三「近代中国像の再検討」、同『方法としての中国』東京大学出版会、一九八九年所収、及び同論文を批判した平凡社版『清末政治思想研究』の「解説」（狭間直樹）を参照。

（9）　中国における代表的な研究には、洋務世代の新型知識人への系統的研究として李長莉『先覚者的悲劇――洋務知識分子研究』学林出版社、一九九三年、宣教師らの出版・教育活動やその知識人への影響に関する研究として易恵莉『西学東漸与中国知識

分子——沈毓桂個案研究』吉林人民出版社、一九九三年、王立新『美国伝教士与晩清中国現代化』天津人民出版社、一九九七年、王林『西学与変法——『万国公報』研究』斉魯書社出版、二〇〇四年、郝秉健・李志軍『十九世紀晩期中国民間知識分子的思想——以格致書院為例』中国人民大学出版社、二〇〇五年、熊月之『西学東漸与晩清社会』（修訂版）中国人民大学出版社、二〇一一年など。

わが国では茂木敏夫『変容する東アジアの国際秩序』、佐々木揚『清末中国の西洋観と日本観』東京大学出版会、二〇〇〇年、川島真『近代中国外交の形成』名古屋大学出版会、二〇〇四年、坂元ひろ子『中国民族主義の神話——人種・身体・ジェンダー』岩波書店、二〇〇四年、鈴木智夫『近代中国と西洋国際社会』汲古書院、二〇〇七年、岡本隆司『馬建忠の中国近代』京都大学学術出版会、二〇〇七年、同（研究代表者）『中国近代外交史の基礎的研究——19世紀後半期における出使日記の精査を中心として』平成十七—十九年度科学研究費補助金研究成果報告書、二〇〇八年、岡本隆司・川島真『中国近代外交の胎動』東京大学出版会、二〇〇九年、園田節子『南北アメリカ華民と近代中国——19世紀トランスナショナル・マイグレーション』東京大学出版会、二〇〇九年、箱田恵子『外交官の誕生——近代中国の対外態勢の変容と在外公館』名古屋大学出版会、二〇一二年など。なお洋務——変法——革命の段階論を批判的に論じた研究としては前掲溝口雄三『方法としての中国』など。以上のほか幕末維新における知識人の西洋体験と思想形成を解明した松沢弘陽『近代日本の形成と西洋経験』岩波書店、一九九三年からも本書を構想する上で示唆を受けた。

第一章

（1）佐藤「儒教とナショナリズム」ほかを参照。

（2）以下清朝の対外政策に関しては、坂野正高『近代中国外交史研究』岩波書店、一九七〇年、Ⅰ、Ⅲ章の記述をふまえている。

（3）『始末（道光）』巻六九、三九葉右。
（4）『始末（道光）』巻六三、一八葉左。
（5）『始末（道光）』巻五九、三三葉左。
（6）『始末（道光）』巻五九、三四葉左。
（7）アヘン戦争後における西洋情報の増大については本章、二、一八―二一頁を参照。
（8）「海国図志叙」中華書局編輯部編『魏源集』中華書局、一九八三年、上冊、二〇七頁。
（9）「海国四説序」梁廷枏『海国四説』中華書局、一九九三年、二頁。なお梁廷枏については村尾進「梁廷枏と海国四説――魏源と『海国図志』を意識しながら」『中国―社会と文化』第二号、一九八七年、同「『海国四説』の意味」『東洋史研究』第五一巻第一号、一九九二年に詳しい。
（10）『始末（道光）』巻六三、三七―三九、四三葉。
（11）『始末（咸豊）』巻七一、一八―一九葉右。
（12）『始末（同治）』巻二七、二五―二六葉右。なお清末中国における万国公法の受容に関しては、佐藤『近代中国の知識人と文明』第一章に詳しい。
（13）以下は熊月之『西学東漸与晩清社会』（修訂版）緒論、六―一〇頁の記述に拠る。同書の他の部分に拠る場合は、その都度注記した。また熊月之の研究に関連するその後の研究としては、王立新『美国伝教士与晩清中国現代化』、王林『西学与変法――『万国公報』研究』など。なお日本における清末プロテスタント宣教師に関する研究には、吉田寅『中国プロテスタント伝道史研究』汲古書院、一九九七年、深沢秀男『中国の近代化とキリスト教』新教出版社、二〇〇〇年など。
（14）熊月之『西学東漸与晩清社会』（修訂版）緒論、七頁を参照。
（15）当初は福建や上海でも教会学校に対する反発は強く、学生はもっぱら貧民の子弟であったが、一八七〇、八〇年代には状況が変化する。一八八一年、アレン（Young John Allen 林楽知）が上海に中西書院を開設した際には、高額の学費にもかかわらず、希望しても入学できない者が百人近かったという。中国各地に設立されたプロテスタントの教会学校は、一八七七年までに四六二校、その学生数は同年までに八五二二名、一八九〇年までには一六八三六名に達し、一九一二年には、プロテスタント、カトリック両教会学校の学生数が二十万人に達した。熊月之『西学東漸与晩清社会』（修訂版）第五章、二二五、二三二―二三四、二二八頁を参照。なお近年盛んな教会学校研究の代表的なものとして熊月之・周武『聖約翰大学史』上海人民出版社、二〇〇七年など。

（16）格致書院は、英国等から寄贈された科学儀器を陳列し一般人の観賞に供するとともに、科学講座を開設して学生を募集し、西洋科学の普及に努めた。一八八六年から一八九四年まで全国の知識人を対象に、科学と時事に関する考課（年四回の季課及び春秋二回の特課）を実施した。出題・採点・評価は西学・時務に熱心な官員、士紳（李鴻章、劉坤一、鄭観応、盛宣懐等）に依頼し、九年間で成績優秀により表彰された者は、全国十余州から参加した延べ一八七八名に上った。熊月之『西学東漸与晩清社会』（修訂版）第八章、二八四―二八七頁を参照。また王爾敏『上海格致書院志略』香港・中文大学出版社、一九八〇年、郝秉健・李志軍『十九世紀晩期中国民間知識分子的思想――以格致書院為例』を参照。わが国における格致書院の研究には坂出祥伸「清末における科学教育――上海・格致書院の場合」、同『改訂増補　中国近代の思想と科学』朋友書店、二〇〇一年、第四章、第二節がある。

（17）江南製造局翻訳館が一九〇九年までに出版した訳書は、応用科学・工程技術、自然科学、社会科学にわたる一六〇種に及んだ。熊月之『西学東漸与晩清社会』（修訂版）第十二章を参照。

（18）広学会の出版した書籍は一九〇〇年までに一七六種、一九一一年までに四六一種に達した。中でもリチャード（Timothy Richard 李提摩太）『泰西新史攬要』とアレン『中東戦紀本末』は一世を風靡したことで知られる。また影響力の拡大に向けて、西洋の学術・文化に関する原稿を一般から賞金付で募集したほか、科挙の受験生や中央・地方官員への書籍の配布・贈呈に取り組み、一八八八年から一九〇〇年までに配布・贈呈した書籍は三〇万冊をこえ、光緒帝も広学会の書籍を多数購入していた。戊戌変法期に発表された変法派知識人の著作は、そのことを記してはいないものの、広学会の書籍に依拠したものが少なくない。詳しくは熊月之『西学東漸与晩清社会』（修訂版）第十三章、四三八、四四〇―四四一、四四四頁を参照。なお光緒帝の書籍購入については田文栽「試述新教在華出版事業」『基督教学術』第一輯、上海古籍出版社、二〇〇二年に詳しい。

(19) 宣教師の翻訳を支えた中国人助手に関する研究としては、易惠莉『西学東漸与中国知識分子――沈毓桂個案研究』が、ミュアヘッド（William Muirhead 慕維廉）、アレン、リチャードらの中文助手をつとめ、『万国公報』の編集にも深く関わった沈毓桂（一八〇七―一九〇七）についてその西洋思想受容を詳細に検討している。

(20) 費南山（Natascha Gentz Vittinghoff）著、于文・趙婧訳、于文校「19世紀中国新学領域的社会行動者」、復旦大学歴史学系等編『中国現代学科的形成』上海古籍出版社、二〇〇七年を参照。

(21) もっとも、清末知識人における西洋理解に影響を与えたのは、こうした宣教師の出版・教育活動による西洋情報の急増だけではなかった。この点に関して、李長莉は次のように指摘している。一八六〇年代以降、上海に流入したガス灯、電灯、電報、自転車、ミシン、水道、鉄道、電話など西洋近代の科学技術が生んだ諸機器や、マッチ、針、西洋紙、石鹸、石油、キャラコなどの洋貨は、当初拒否反応が見られたものの、八〇年代には一般民衆の日常生活の中で好感を持って使用されるようになる。そして、こうした日常生活の西洋化に伴い、一八八〇年代には西洋近代の科学技術が西洋の富強をもたらしたとの認識が上海の世論の主流を占めるようになる。上海の民衆は、古代中国には今日の西洋と同様の技術があったという附会説に納得せず、彼らの関心は、なぜ科学技術において中国は西洋に及ばないのか、に向かうようになる。また、洋貨の日常生活への流入・定着は、上海の民衆に中国には洋貨への需要があるとの認識をもたらし、この認識は資源の節約を重んじる小農経済的な伝統観念に対して、洋貨を製造し西洋人と市場を争うことを重視する近代工商業市場観念をもたらすことになった、という。本書で論じる清末知識人における世界認識の深化と新たな文明観の形成の背景に、こうした清末上海における日常生活レベルの西洋化が存在していたこともみのがせない（李長莉『晩清上海社会的変遷』天津人民出版社、二〇〇二年、七四―九八頁、一二四―一三五頁、九九―一一〇頁、一三五―一四四頁）。

(22) 常駐外交使節派遣に対する総理衙門の態度については、Knight Biggerstaff, *Some Early Chinese Steps toward Modernization*, Sanfrancisco, Chinese Materials Center, Inc. 1975, p.41 を参照。

(23) 例えば、ハートは一八六三年（同治二）七月二十九日の日記に、総理衙門王大臣の一人文祥に対し、外国との外交関係を維持していくには、ヨーロッパへの常駐外交使節の派遣が不可欠であることを語ったと記している（Richard J.Smith, John K.Fairbank, and Katherine F.Bruner, eds., *Entering China's Service, Robert Hart's Journals, 1854–1863*, The Council on East Asian Studies, Harvard University, 1986, p.300, Journals 29 July 1863.）。その後もハートは、総理衙門での会話や中国政府宛ての覚書の中でしばしばその旨を繰返し、ウェードも同様の働き掛けを行なっていた（Richard J.Smith, John K.Fairbank, and Katherine F.Bruner, eds., *Robert Hart and China's Early Modernization, His Journals1863–1866*, The Council on East Asian Studies, Harvard University. 1991, p.347.）。こうした中、一八六五年（同治四）九月、総理衙門に英国への一時帰国を申し出たハートは、同時に一八六二年（同治元）総理衙門に附設された外国語学校である同文館の学生数名を同行させ、欧州を視察させることを提案する。ハートに随行するという体裁で、同文館学生に外国視察の機会を与えようというこの提案は、外国への正式な使節の派遣になお抵抗感のあった総理衙門にとって、願ってもないものだった。かくして一八六六年（同治五）三月、斌椿を代表とする西洋諸国への最初の使節が派遣されたのであった（*Robert Hart and China's Early Modernization, His Journals1863–1866*, p.316, 7 September 1865, pp.335–338, 1 and 22 December 1865, pp.344–345, 4 February, 2 March 1866. *The North China Herald*, 31 March 1866, Shanghai.『始末（同治）』巻三九、一―二葉、同治五年正月六日、恭親王等奏摺）。

(24) 斌椿（一八〇四―？）は、漢人八旗の一つ正白旗の出身。一八六四年、ハートのもとで文案となる前は、山西襄陵縣知縣であった。彼は英語が出来なかったようだが、ハートの文案になった頃には、他の西洋人とも交流があったらしく、アメリカ公使館参事ウイリヤムス（Samuel Wells Williams 衛廉士）からはブリッジマン（Elijah Coleman Bridgman 裨治文）の『聯邦志略』、同文館教習マーチンからはウェイ（Richard Quanterman Way 禕理哲）の『地球説略』等の西学書を贈られ、大いに啓発を受けたと自ら述べている（斌椿『海国勝游草』、『走向世界叢書』中の『林鍼・西海紀游草　斌椿・乗槎筆記、詩二種　志剛・初使泰西記　張徳彝・航海述奇、欧美環游記』鍾叔河等校点、岳麓出版社、一九八五年所収、一八二頁）。またハートは、斌椿を西洋に同行させた理由をとして、彼の西洋人への理解力が、知合ってからの二年間で大いに進歩したことを挙げている（*Robert Hart and China's Early Modernization, His Journals 1863–66*, p.373, 6 April 1866）。とはいえ、当時六十三歳の老人には、西洋社会への問題意識は希薄であったように見える。西洋での斌椿の日記の大半は、汽車、宮殿、街路、公園、工場など巨大で精緻な西洋の物質文明、宮殿での宴会や舞踏会で見た婦人たちの華麗な服装、及び芝居、サーカス、曲芸など多彩な見世物についての記述で占められている。それらの記述にはほぼ共通して、あたかも仙境に迷い込んだかのような斌椿の驚嘆ぶりが見出せるものの、わずかに英国の地方自治制などについて、古代中国の官制を念頭においた理解を示しているほかは、西洋社会のあり方やその繁栄の背景への考察はほとんどみられない（斌椿『乗槎筆記』（テキストは前掲『海国勝游草』に同じ）を参照）。連日にわたる各地での視察は、西洋文明理解の下地をほとんど持たぬ斌椿には、同行した同文館を卒業したばかりの若き張徳彝（第三章、第二節を参照）とは対照的に苦行だったのであろう。一行の案内役だったボウラ（Edward Bowra 包臘）の記録は、昼間はしばしば体の不調を理由にひとり視察をキャンセルし、夜は元気に芝居見物に出掛た斌椿の様子を、シニカルに伝えている（Charles Drage, *Servants of The Dragon Throne, Being the lives of Edward and Cecil Bowra*, Peter Dawnay LTD. London 1966, pp.140–151）。なお斌椿使節団に関する研究には上記のほか、①Knight Biggerstaff, *Some Early Chinese Steps toward Modernization*, ②鍾叔河「斌椿游歴欧洲」、同『走向世界——中国近代知識分子考察西方的歴史』中華書局、一九八五年、第五章、③王賓「『中華』の国から『夷狄』の国へ——近代中日両国初めての遣外使節団の西洋見聞」『日本学報』大阪大学文学部日本研究室、第九号、一九九〇年など。

(25) これら使節関係者の出使日記を含め、清末の出使日記については、岡本（研究代表者）『中国近代外交史の基礎的研究――19世紀後半期における出使日記の精査を中心として』が、その性格と内容・体裁を明らかにするとともに、青山治世による網羅的リストと箱田恵子による在外公館関係者の一覧表を収録しており、きわめて有益である。

(26) 茂木『変容する東アジアの国際秩序』四七、四八頁を参照。

(27) 常駐外交使節派遣にいたるこの間の経緯と郭嵩燾らの派遣については、陳体強『中国外交行政』商務印書館、一九四五年、一四三―一四六、一四七―一四八頁及び箱田『外交官の誕生――近代中国の対外態勢の変容と在外公館』第Ⅰ部第一章を参照。

(28) 楊易「晩清外交官与戊戌維新運動」王暁秋・尚小明主編『戊戌維新与清末新政』北京大学出版社、一九九八年所収、九〇、九一頁。なお箱田恵子「清末公使館員表（一八七六―一八九四年）」、岡本（研究代表者）『中国近代外交史の基礎的研究――19世紀後半期における出使日記の精査を中心として』所収、及び箱田『外交官の誕生――近代中国の対外態勢の変容と在外公館』第Ⅲ部第六章を参照。

(29) 費南山「19世紀中国新学領域的社会行動者」を参照。

(30) 楊易「晩清外交官与戊戌維新運動」を参照。

(31) 例えば、初代出使英国大臣郭嵩燾の出使日記『使西紀程』は、郭の出使中の一八七七年、早くも総理衙門により公刊された。『使西紀程』は、その西洋への賞賛が知識人の激しい批判を浴び、同年七月発行禁止になるが（『郭年譜』下冊、六六五頁）、同年六月から八月まで『万国公報』四四一巻―四五〇巻に掲載されたほか、その後公刊された『小方壺齋輿地叢鈔』（一八九一）、『各国日記彙編』（一八九六）、『游記彙刊』（一八九七）等に収録され広く流布した。岡本隆司「清末の在外公館と出使日記」、同（研究代表者）『中国近代外交史の基礎的研究――19世紀後半期における出使日記の精査を中心として』所収、一〇頁を参照。

(32) 岡本「清末の在外公館と出使日記」を参照。

第二章第一節

（1）　劉錫鴻の経歴については『番禺県続志』宣統二年刊、人物志五、及び張宇権『思想与時代的落差――晩清外交官劉錫鴻研究』天津古籍出版社、二〇〇四年所収の「劉錫鴻生平大事年表」を参照した。なお、張宇権は生年を道光二年（一八二二）あるいは三年（一八二三）、享年を六十歳前後と推定する。劉の著作のテキストとして本書で使用したのは、①『英軺私記』（『走向世界叢書』中の『劉錫鴻・英軺私記　張徳彝・随使英俄記』朱純・楊堅校点、岳麓書社、一九八六年所収、底本は『小方壺齋輿地叢鈔』本）、及び②『劉光禄遺稿』、『彙編』第一冊所収。

劉に関する研究には、①趙靖・易夢虹主編『中国近代経済思想史』中華書局、一九八〇年、下冊、第三篇、第六章、第二節「劉錫鴻　曾廉」、②侯厚吉・呉其敬主編『中国近代経済思想史稿』黒龍江人民出版社、一九八三年、第二冊、第二編、第三章、第二節「劉錫鴻的経済思想」、③鍾叔河「劉錫鴻『用夏変夷』的失敗」、同『走向世界――中国近代知識分子考察西方的歴史』第十四章、④J.D.Frodsham, trans. and annot. *The First Chinese Embassy to the West: The Journals of Kuo Sung-tao, Liu Hsi-hung and Chang Te-yi*, Clarendon Press, Oxford. 1974. ⑤溝口雄三「ある反『洋務』――劉錫鴻の場合」、同『方法としての中国』所収、⑥茂木敏夫「劉錫鴻『英軺私記』的世界観」『南京大学学報社会史専輯』、一九八九年、⑦張宇権『思想与時代的落差――晩清外交官劉錫鴻研究』、⑧小野泰教「郭嵩燾・劉錫鴻の士大夫観とイギリス政治像」『中国哲学研究』第二十二号、二〇〇七年などがある。①②は、劉を重農抑商、反工業・反科学技術の封建頑固派、かつ列強の対外侵略への媚外投降論者と特徴づける点で共通する。③は、劉は保守的な封建専制主義者で、全力で「聖人之道」を守り「用夏変夷」を貫こうとしたとしつつ、西洋体験の中で自らの西洋への偏見・誤認を、部分的ながら認めざるをえなくなったとも指摘する。一方、④の Introduction は、劉は決して偏狭な反動派ではなく西洋文明を偏見なく公平に評価したとする。また劉のこうした西洋評価は、西洋文明の起源が中国にあるとの認識によるが、彼はまたその後西洋文明は大きく修正されてしまっており、それを今中国に導入すべきではないと主張した、と論じている。なお④は、郭嵩燾の『使西紀程』といくつかの上奏文、書簡の英訳、及び随行した劉と張徳彝の日記の部分英訳等を収録する。さらに⑤⑥は、ともに劉が西洋文明の価値を肯定的に評価したこと、またそれは儒家的な道徳的価値観を普遍的な基準とし、この基準に適う価値を西洋文明に見出した結果であったことを指摘している点で共通しており、劉の西洋認識を彼に内在する論理に即して論じている。劉の西洋文明への肯定的評価については、本稿も⑤⑥におけるこうした認識と基本的に共通の理解にたっている。⑦は、劉に関する初めての専著で、豊富な資料により劉の人物像を明らかにしているが、劉の保守性を強調する点は中国での従来の研究とほぼ同様である。⑧については第二章、第二節、注（1）、二一九頁を参照。

（2）「復李伯相書」（一八七五）『彙編』第一冊、二七五頁。

（3）同右、『彙編』第一冊、二七六、二七七頁。

（4）「復丁雨生中丞書」（一八七五）『彙編』第一冊、二八二、二八三頁。なお劉錫鴻のこうした議論の背景をなすものとして、例えば朱熹『大学章句』伝第十章に「生財有大道、生之者衆、食之者寡、為之者疾、用之者舒、則財恒足矣。（注）呂氏曰、国無遊民、則生者衆矣、朝無幸位、則食者寡矣、不奪農時、則為之疾矣、量入為出、則用之舒矣」とある。

（5）「読郭廉使論時事書偶筆」（一八七五）『彙編』第一冊、二九六頁。

（6）同右、『彙編』第一冊、二九〇、二九二、二九七頁。なお劉錫鴻の出使にいたる経緯について、曾永玲は、当初郭嵩燾が劉を参賛として同行させようと考えていたにもかかわらず、結局、郭の意に反して劉が参賛よりランクの高い副使となった背景には、保守的な劉を副使として同行させることによって、李鴻章と深い関係を持ち西洋化に積極的な郭を掣肘せんとする総理衙門の意図がはたらいていた（具体的には、劉は総理衙門大臣李鴻藻の郭を監視せよとの密令を受けていた）ことを指摘している（曾永玲『中国清代第一位駐外公使郭嵩燾大伝』二六一、二六九、二七〇頁）。

（7）『郭年譜』下冊、五六五頁、また劉錫鴻『英軺私記』四八頁、張徳彝『随使英俄記』（原名は『四述奇』。『走向世界叢書』中

の楊向群等編『劉錫鴻・英軺私記　張徳彝・随使英俄記』岳麓書社、一九八六年所収）二七五、二七六頁を参照。なお随員への注記は、楊易「晩清外交官与戊戌維新運動」及び箱田「清末公使館員表（一八七六―一八九四年）」に拠った。

（8）『郭日記』第三巻、五九一頁。

（9）ただし郭嵩燾、劉錫鴻にとっては、外国語が出来ないことが大きな制約となった。また郭の日記の記述をみると、張徳彝の通訳能力も郭にとっては必ずしも十分に信頼出来るものではなかった。『郭日記』第三巻、一六六、二六四頁。

（10）朱壽朋編『光緒朝東華録』中華書局、一九五八年、第一冊、光緒二年九月、一一一、一一二頁（総二九五、二九六頁）。

（11）Richard J.Smith, John K.Fairbank, and Katherine F.Bruner, eds., *Robert Hart and China's Early Modernization, His Journals 1863-1866*, The Council on East Asian Studies, Harvard University. 1991, p.372, 5 April 1866.

（12）ハートやウェードの働き掛けの様子は、出使前の郭嵩燾の記述からもうかがえる。例えば『郭日記』第三巻、四七、五九頁など。

（13）J.D.Frodsham, trans. and annot. *The First Chinese Embassy to the West: The Journals of Kuo Sung-tao, Liu Hsi-hung and Chang Te-yi*, Introduction, p.39.

（14）西洋への使節派遣の働き掛けなど、十九世紀後半の西洋人による中国の西洋化・文明化への取り組みの背景をなす時代精神とその史的変遷については、東田雅博『大英帝国のアジア・イメージ』ミネルヴァ書房、一九九六年が詳しく論じている。同書によれば、産業革命後の世界経済の中軸たる英国の繁栄が、ヴィクトリア時代の人々にもたらした「進歩」への楽観的確信と自らが達成した「文明」の普遍性への陶酔は、必然的に彼らに非ヨーロッパ文明を軽視させ、未開・野蛮な非ヨーロッパの国々の「文明化」への関心を持たせることとなり、ここに「優れた文明に随伴する義務」としての「文明化の使命」（civilizing mission）という時代精神が登場したとされる。こう指摘した上で、東田はこの時代精神の史的変遷を、十九世紀後半英国のアジア（インド、中国、日本）イメージの変遷をたどることによって明らかにしている。そのうち中国イメージについては、次のような指摘がなされている。すなわち、英国が中国を文明化する使命を有するというイメージは、一貫して重要なものであり続けたが、中国に価値ある文明が存在するとの当初の好意的な態度は、一八六〇年代から八〇年代にかけて徐々に中国の停滞を強調する態度に取って代られ、その結果、中国の「文明化」は軍事力行使をも辞さぬ硬直的、威圧的なものとなり、さらに九〇年代には、中国の「文明化」は帝国主義的国際関係の文脈、あるいは英国の戦略構想の中で利用される限りでのみ、重視されるにいたったという。

なお、「文明化の使命」という時代精神のもとに、英国をはじめ西洋各国の都市に、西洋文明中心の世界秩序を誇示する近代的な博物館、動植物園、あるいは万国博覧会などの諸展観装置が出現していった状況については、吉見俊哉『博覧会の政治学』中央公論社、一九九二年が明らかにしており、清末中国人の西洋体験の背景を知る上で参考になる。

(15)『英軺私記』五二、五三、六六頁。

(16) 長島伸一『大英帝国——最盛期イギリスの社会史』講談社、一九八九年、第一章を参照。また、E・J・ボブズボームによれば、劉錫鴻、郭嵩燾、張徳彝の英国駐在期の直前にあたるヴィクトリア朝中期(一八五一―七三)における英国社会の状況は、次のようなものであった。繊維を中心に形成された英国工業は、産業革命の完成期(一八二〇―四〇年代)には、石炭と鉄鋼の生産、鉄道建設など経済成長への確実な基礎が形成され、完全な工業化の時代に突入し、労働者の生活水準の全般的改善がもたらされた。まず労働条件の面では、資本家は賃金の圧迫、労働時間の延長を図るかつての方法を放棄し、相対的高賃金と労働者懐柔の諸政策をとるようになる。一八六七年には工場法が初めて繊維工業以外まで拡大され、少年・婦人の労働時間を制限した一八三三年と一八四七年の工場法に対して、同調する意見が広まった。炭鉱においても、一八七二年には北東部における年間契約が廃止され、七五年には主従法が廃止された。また労働組合は、一八七一年法と一八七五年法により法律上の大幅な自由を与えられ近代的、法的地位を獲得した。さらに平均実質所得は、五〇年から六〇年まで全く不変であったが、六二年から七五年の間に四〇パーセント上昇した。次に選挙制度の面では、英国の労働者階級はもはや革命的でないとみなした支配階級は、一八六七年の選挙法改正法で労働者階級に依存する選挙制度を法認するにいたる。環境衛生の面では、十九世紀前半、英国の諸都市は全面的に荒廃し、伝染病が流行する恐るべき状況を呈していたが、一八五〇年代から下水、給水、道路清掃など体系的な衛生改革が進み、公衆のための公共用地や公園が確保され、都市と工業の拡張の中で都市の荒廃は依然として存在していたものの、三〇年代、四〇年代に比べれば、ヴィクトリア朝中期の都市は多くの点で明らかに改良された（E・J・ボブズボーム著、浜林正夫他訳『産業と帝国』未来社、一九八四年、一三〇―一四三頁、一四七―一五一頁、一九一―一九四頁）。さらに民衆教育の面に目を向けると、産業革命期には労働者の子弟の初等教育は生活のためにほとんどなおざりにされていたが、一八三三年と四四年の工場法において、繊維産業に従事する児童への学校教育の規定が盛り込まれる。これによって学校の建設・維持に国費が支給されたことで、ヴィクトリア朝中期には民間における民衆教育が普及し、一八五〇年に六十九パーセントだった識字率は、一八七〇年には八〇パーセントへと順調に延び、また同年初等教育法により普通教育の義務制に道が開かれた（長島『大英帝国――最盛期イギリスの社会史』、一一六―一一九頁）。

(17) 『英軺私記』七〇、七五、七六、九二頁。

(18) 同書、七四頁。なおこの事件に関しては『郭日記』第三巻、光緒二年十二月十九日、一〇一、一〇二頁、張徳彝『随使英俄記』光緒二年十二月十九日、三一四、三一五頁にも記述がある。

(19) 同書、七四頁。

(20) 同書、一〇九頁。

(21) 同書、四九頁。

(22) 同書、二〇七、二〇八頁。

(23) 同書、九五、九六頁。

(24) 同書、一五七―一五九頁。張徳彝の『随使英俄記』光緒三年十一月四日、五〇八頁にもほぼ同じ記述がみえる。なお漢代の三老などは『周礼』における郷官の流れを汲むものとして清末の地方自治論の論拠となった。増淵龍夫「歴史認識における尚古主義と現実批判」、同『歴史家の同時代史的考察について』岩波書店、一九八三年、Ⅱを参照。

(25)『英軺私記』八三頁。

(26)同書、一一〇頁。

(27)「英国之所恃者、在上下之情通、君民之分親。(中略)観其国中平日間政治、実有三代以上之遺意焉」「紀英国政治」王韜『弢園文録外編』中州古籍出版社、一九九八年、巻四、一七七頁。

(28)『英軺私記』一二九頁。

(29)同書、一二八頁。

(30)こうした思考様式は、儒教的徳治主義に淵源をもつものだが、直接的には朱子学において明示された、為政者における自己の道徳性の完成(修身)を天下の安定・繁栄(治国平天下)に直結させる思考様式を受継ぐものであり、清末においても伝統型知識人において普遍的に見出せるものであった。朱子学的思考様式については、島田虔次『大学・中庸』上、朝日新聞社、一九七八年を参照。関連研究として林毓生著、丸山松幸他訳『中国の思想的危機』研文出版、一九八九年、有田和夫『近代中国思想史論』汲古書院、一九九八年など。

(31)『英軺私記』一二九頁。

(32)同書、一二九頁。

(33)同書、一二九頁。

(34)こうした西洋における「仁義」の教化の受容という認識にもとづく西洋への肯定的評価は、劉錫鴻が英国に滞在中だったペルシャ藩王と会談した際の議論にも見出せる。ペルシャ藩王が、孔子の教えが利益の追求を禁じ、武力の重視を戒めたために中国を衰弱させたというのに対し、劉錫鴻は、孔子は必ずしも国家の富強を否定したのではない、とする。その上で劉錫鴻はさらに、「但所以致富強者、准縄乎仁義之中、故其教為万古所不能易。中国歴朝強盛由此、（中略）今英国知仁義為本、以臻富強、未始非由久入中国得聞聖教所致、奈何以為貽害也」（『英軺私記』一四一頁）と指摘する。このように劉錫鴻においては、「仁義」に依拠する富強こそが、中国で追求されてきた、あるべき富強であり、英国は中国への朝貢により「仁義」の教化を受け、富強を達成したとする。もっとも、あるべき富強が西洋において完全に達成されたというのではない。前日の日記で劉錫鴻は、「外洋以富為富、中国以不貪得為富。外洋以強為強、中国以不好勝為強」（『英軺私記』一二九、一三〇頁）と述べている。このように劉錫鴻のみるところ、西洋が達成した富強は、まだ中国が追求する「仁義」に依拠する富強と同じものとはいえず、西洋における「仁義」の教化はあくまで部分的なものにすぎない。従って、西洋は野蛮な欲望の追求に向う可能性をもなお残している反面、「仁義」に依拠した富強を実現し文明化（中華化）する可能性をもっていると考えられていたのである。なお、清朝は一七九三年に英国が派遣したマカートニー使節団を朝貢使節とみなしたため、英国は「朝貢国」として数えられていた（坂野『近代中国政治外交史』一四二頁）。

第二章第二節

（1）郭嵩燾の生涯については、『郭年譜』を参照した。郭の著作のテキストとして本章で使用したのは、①『郭日記』、②『郭奏稿』、③『郭文集』である。①は湖南省図書館蔵の『郭嵩燾日記』手稿本の標点排印本で、咸豊五年から光緒十七年に郭が死去する前日までの三十七年にわたる日記を収録し、字数二百万字に及ぶ。従来から郭の日記の存在は知られていたが、刊行されたのは出使日記『使西紀程』（英国まで約五十日の航海中の日記）だけだった。①の刊行により、洋務運動期の内政・外交や社会状況に関する貴重な史料が提供されることになった。なお『走向世界叢書』所収の『郭嵩燾　倫敦与巴黎日記』鍾叔河・楊堅整理、岳麓書社、一九八四年は、『郭嵩燾日記』手稿本のうち出使期とその前後の部分を収め、解説と詳細な索引を付す。郭の出使日記の詳細については、青山治世「清末出使日記リスト」、岡本（研究代表者）『中国近代外交史の基礎的研究――19世紀後半期における出使日記の精査を中心として」所収を参照。

郭に関する研究は少なくないが、ここでは郭の西洋認識を論じた主要なものとして、①J.D.Frodsham, trans. and annot. *The First Chinese Embassy to the West: The Journals of Kuo Sung-tao, Liu Hsi-hung and Chang Te-yi*, Introduction, ②曾永玲『中国清代第一位駐外公使郭嵩燾大伝』遼寧人民出版社、一九八九年、③佐々木揚「郭嵩燾の中国論と西洋観・日本観」、同『清末中国の日本観と西洋観』第二章、④汪栄祖『走向世界的挫折――郭嵩燾与道咸同光時代』東大図書、一九九三年、⑤王興国『郭嵩燾評伝』南京大学出版社、一九九八年、⑥張静『郭嵩燾思想研究』南開大学出版社、二〇〇一年、⑦呉以義『海客述奇――中国人眼中的維多利亜科学』台北、三民書局、二〇〇二年、⑧小野泰教「郭嵩燾・劉錫鴻の士大夫観とイギリス政治像」を挙げておく。

①は、郭は西洋にはテクノロジーのみならず儒教と同等の独自の倫理的基礎があり、この点で西洋文明は中国文明に比較しうる文明だと認識しており、かつての文明を失った今の中国は西洋に学ぶ必要があると主張したと、指摘する。また②は、郭は西洋の資本主義文明は、全体として中国の封建主義文明よりも高度な新しい文明体系であり、中国はこれを学ぶことにより新生の契機となしうると認識していたとする。④は、郭に濃厚だった儒教思想は彼の西洋認識を妨げなかったとし、儒教に根ざす理性的考察が西洋世界への正確な認識を可能にしたとする。一方、郭が西洋文明を中国文明とは別個の文明と認識していたとみるこれらの見解に対し、③は、郭は西洋の政治のあり方が、当時の中国の政治に比して優れたものであることを認めたが、これはあくまで「三代之治」に示される徳治による「人心風俗」の教化という儒教的理念に照らした評価であったことを強調し、郭が西洋文明を中国文明とは異質な文明と認識した上でそれを賞賛したとはみていない。郭の西洋文明への認識については、本書も③におけるこうした立場とほぼ共通の理解にたっている。以上のほか⑤は、郭の中西両文明の差異への認識の深さは同時代随一とし、器物のみならず、政治法律レベルの西洋受容を唱え、さらに思想意識レベルの西洋受容を予見したと

し、⑥は、郭の西洋認識は当時の一般的知識人を超越ており、中西両文化の異質性を認識し、中国伝統文化を遅れた文化、西洋の近代資産階級文化を先進文化とみなしたとする。⑤⑥の見方はともに②に近い。⑦は、出使期の郭の西洋科学に関する見聞、評論を分析し、科学の提示する事実を承認し個別の結論を受け入れることは、完全に科学精神を理解することとは全く異なることを指摘する。さらに⑧は、郭と劉が中国社会において抱いていた主体的な政治的問題意識に即して彼らの西洋認識を捉えようとしたもので、③や本書とは異なる新たな視角を提供している。なお中国及び台湾における郭嵩燾関係の出版物と研究については、王興国『郭嵩燾研究著作述要』湖南大学出版社、二〇〇九年に詳しい。

（2）「『罪言存略』小引」（一八七九）『郭文集』三四頁。

（3）『郭日記』第一巻、咸豊六年二月七日、同二月九日、三一―三三頁。

（4）曾永玲『中国清代第一位駐外公使郭嵩燾大伝』一〇四頁、中央研究院近代史研究所編『四国新檔』中央研究院近代史研究所刊、一九八六年、第二冊、英国檔・下、八五五頁。

（5）『郭日記』第一巻、咸豊十一年七月二十日、四六九頁。

（6）例えば、『孟子』梁恵王篇上に「孟子対曰、王何必曰利、亦有仁義而已矣」というように、儒家においては「利」の追求を社会秩序の混乱をもたらすものとみなし、「義」と矛盾するものと捉える傾向が強かった。また朱子もこの『孟子』の義利説について、「此章言仁義根於人心之固有、天理之公也、利心生於物我之相形、人欲之私也。循天理、則不求利、而自無不利。徇人欲、則求利未得、而害已随之」（『孟子集注』巻一、梁恵王章句上）と述べ、その傾向を踏襲している。

（7）『郭日記』第一巻、咸豊十年九月二十四日、四〇〇、四〇一頁、同書第一巻、咸豊十年十月十日、四〇九頁、同書第一巻、咸豊十一年七月二十日、四六九―四七一頁、「上沈尚書」（一八六一）『郭文集』一四九頁等。

（8）『郭日記』第一巻、咸豊十年九月二十四日、四〇〇頁、同書第一巻、咸豊十一年一月五日、四二八頁、「上沈尚書」（一八六一）『郭文集』一四九頁等。

（9）『郭日記』第二巻、同治元年九月二日、六五頁、同年十二月十九日、八二頁。
（10）坂野『近代中国政治外交史』二六三頁を参照。
（11）「条議海防事宜」（一八七五）『郭奏稿』三四一頁。なお、郭嵩燾にも強い影響を与えたこの時期における西洋情報の増大については、第一章、一八—二一頁を参照。
（12）『郭日記』第二巻、同治九年七月二日、六〇八、六〇九頁及び曾永玲『中国清代第一位駐外公使郭嵩燾大伝』一三七、一三八頁を参照。
（13）「条議海防事宜」『郭奏稿』三四一頁。
（14）同右、『郭奏稿』三四三頁。
（15）同右、『郭奏稿』三四一頁。
（16）同右、『郭奏稿』三四三頁。
（17）同右、『郭奏稿』三四二頁。
（18）同右、『郭奏稿』三四〇頁。
（19）同右、『郭奏稿』三四〇頁。
（20）本章、第一節、四〇、四一頁を参照。
（21）郭嵩燾は、一八七七年一月二十一日（光緒二年十二月八日）にロンドンに到着、一八七九年一月三十一日（光緒五年一月十日）までロンドン駐在し、一八七八年二月からは出使法国大臣を兼任した（『郭年譜』下冊、五七五、八三六、七〇〇頁）。なお、郭ら一行の構成については、本章、第一節、三一、三二頁を参照。
（22）『郭日記』第三巻（『使西紀程』原稿）、光緒二年十二月六日、一三七頁（九一頁）。（ ）内の頁数は、『郭日記』のうち西洋出使時期及びその前後の日記だけを一冊にした鍾叔河主編『走向世界叢書』所収の『郭嵩燾　倫敦与巴黎日記』のもの。検索上の便宜を考慮し、以下『郭日記』の頁数を記す場合はすべてこれを併記する。

（23）本書で詳しく論ずることはできないが、郭嵩燾における西洋観察は、「富強の基」としての科学技術等にも及んでいる。日記には西洋到着後の早い時期から、鉄道、蒸気船、電信、及び鉄・石炭の生産等への言及が見出せるが、中でも特に目を引くのは、鉄道に関わるものである。英国到着後まだ間もない一八七七年（光緒三）三月、郭は英国人の鉄道技術者スチーブンソン（Sir MacDonald Stephenson 斯諦文森）から、中国への鉄道敷設のプランを示され（『郭日記』第三巻、光緒三年二月二日、一五九頁（一三三、一三四頁））、後日さらに鉄道敷設のための株式による資金集め、西洋人技術者の招聘、留学生派遣による技術者養成などの提案を受けている（『郭日記』第三巻、光緒三年二月二十四日、一七七、一七八頁（一五五頁））。こうした提案をふまえ、郭はこの頃書いた李鴻章への書簡で、中国の広大な国土を貫通させ、また民間の経済的活力を十分に発揮させる上で、鉄道や電信が重要な役割を果たしうることを指摘している（「倫敦致李伯相」『郭文集』一九一頁）。郭はこうした立場から、間もなく英仏両国に赴き造船と操船を学ぶことになっていた福州船政学堂派遣の第一次留学生に、予定を変更して鉄道敷設の技術など実用に値する技術、機器について学習させるよう上記の書簡で李鴻章に提案し、あわせて新たに天津、上海、福建に優秀な子弟を送り、教育を施した上で留学させるよう要請している（「倫敦致李伯相」『郭文集』一九一頁）。もっとも、郭はこのように鉄道の利点を認めつつも、後日においては莫大な経費を賄いきれないとの理由からその急激な導入には反対し、まずは試験的に比較的短い区間に敷設し、徐々に延長していくことを主張するようになる（「致李傅相」『郭文集』二四二、二四三頁）。

また郭は、西洋出使中、しばしば各地の研究機関等を訪れ、物理学、化学、生物学、医学などの学者との交流を重ねている。例えば、一八七七年（光緒三）四月、物理学者スポッティスウッド（Spottiswoode 斯博徳斯武得）の誘いで、英国科学知識普及協会での著名な物理学者ティンダル（John Tyndall 定大）の講演会に出席し、蒸気機関が熱を力に変え、その力がまた熱を生む、という熱学の理論等についてのティンダルの説明を記録しており（『郭日記』第三巻、光緒三年二月二十九日、一八〇、一八一頁（一五八、一五九頁））、彼が西洋における科学技術の発達の根底に学術の発展があることを認識していった様子がうかがえる。さらに郭は、一八七七年（光緒三）十月の日記で、こうした英国の実用的な学術の発展はベーコン（Francis Bacon比耕）に起源し、十七世紀半ば以降の国家的な奨励・援助によってもたらされた旨を指摘している（『郭日記』第三巻、光緒三年十月二十九、三十日、三五六、三五七頁（三八四―三八六頁））。なお、郭の西洋近代の科学技術への理解については、呉以義『海客述奇――中国人眼中的維多利亜科学』を参照。

(24) 吉見『博覧会の政治学』特に序章を参照。

(25) 『郭日記』第三巻、光緒四年四月十一日、五〇〇頁（五六八頁）。

(26) 『郭日記』第三巻、光緒四年二月二日、四三九頁（四九一頁）。また一八五六年、英国宣教師ジェームズ・レッグが香港で出版した中国人の英語学習用の英漢対訳教材『智環啓蒙塾課初歩』では、「国之野劣者」（savage nations）として南北アメリカの諸民族（米国を除く）、オーストラリア、ニュージーランドの土人とアフリカの黒人、「国之野遊者」（barbarous nations）として定住地のない遊牧民でアフリカ等に散居する者、「国之被教化而未全者」（half-civilized nations）としてアジアのインド、日本、トルコ等の人、「国之被教化而頗全者」（civilized nations）としてスペイン、ポルトガル、イタリア、ロシア、ポーランド、イギリス、アメリカ合衆国などの人を挙げている（沈国威・内田慶市編著『近代啓蒙の足跡』関西大学出版社、二〇〇二年、二四三―二四五頁）。なお、当時の西洋人における文明化のランク付けについては、P・J・マーシャル、G・ウィリアムズ著、大久保桂子訳『野蛮の博物誌――十八世紀イギリスがみた世界』平凡社、一九八九年、東田『大英帝国のアジア・イメージ』、R・ドーソン著、田中正美他訳『ヨーロッパの中国文明観』大修館書店、一九七一年などを参照。

(27) 『郭日記』第三巻、光緒四年正月二十六日、四三四頁（四八二頁）、同書、光緒四年八月四日、六一八頁（七一五頁）。

(28) 『郭日記』第三巻、光緒四年二月二日、四三九頁（四九一頁）。またこれと関連する記述として『郭日記』第三巻、光緒四年五月二十日、五四八頁（六二六、六二七頁）に「三代以前、皆以中国之有道制夷狄之無道。秦漢而後、専以強弱相制、中国強

則兼幷夷狄、夷狄強則侵陵中国、相与為無道而已。自西洋通商三十余年、乃似以其有道攻中国之無道、故可危矣」とある。

(29)　中華から夷狄へ貶価された例として、『春秋』僖公三十三年「夏四月辛子巳、晉人、姜戎と秦を殽に敗る」についての『公羊伝』及び『穀梁伝』の解釈が挙げられる。すなわち『公羊伝』は、敗った相手を「秦人」といわずに「秦」とのみ書いたのは、秦を夷狄とみなしたからである、と説明とする。また『穀梁伝』は、これをさらに論理的に整理し、「対等者間の戦いを意味する『戦』字を用いずに『敗』と書いたのは、秦を『狄』とするからである。それは、秦が千里の険を越えて人口の少ない国に攻め入り、進んでは守ることができず、退いてはその軍隊を敗れさせ、人の子女の教を乱し、男女の別がないからである。秦は殽の戦以後、『狄』となった」と説明する（小倉芳彦『中国古代政治思想研究』青木書店、一九七〇年、補論1「華夷思想の形成」）。

なお、先秦に形成されたこうした華夷の逆転の論理が、思想史上重要な作用を果たしたのは、決して清末中国だけに限ったことではない。この点に関連して、例えば中嶋隆藏『六朝思想の研究——士大夫と仏教思想』第三章第五節「華夏と夷狄」は、六朝時代の士大夫が、出自を戎域の印度にもつ仏教は、華夏たる中国の風俗とは調和しないという反仏論者の主張を論破し、仏教を受容していく過程で、華夷の別を固定化しない観念や、場合によっては夷狄に範を求める必要を説く観念、さらには華夏の地が天地の中心ではないとする観念など、先秦以来の華夷に関する諸観念が作用していたことを明らかにしている。またロナルド・トビ著、速水融他訳『近世日本の国家形成と外交』創文社、一九九〇年は、近世日本における日本を中心とする華夷秩序の形成を明らかにしており、渡辺浩「『進歩』と『中華』——日本の場合」、同『東アジアの王権と思想』東京大学出版会、一九九七年、Ⅳ、9は、明治維新とは、日本の儒学者が儒学的価値観を堅持しつつ中国への評価を低下（「非中華化」）させる一方、西洋への評価を高めた（西洋の「中華化」）もので、西洋化であると同時にある程度まで日本の「中華化」であったとする。

(30)　「復姚彦嘉」『郭文集』二〇二頁。なお『郭日記』巻三、光緒五年五月四日、同五月十四日、八七五、八八三頁、及び佐々木

『清末中国の西洋観と日本観』一八六頁を参照。また華夷逆転に関わる記述は、王韜や譚嗣同にも見出せる。王韜については佐藤「『清末啓蒙思想』の成立」（二）九三頁、譚嗣同については小野川『清末政治思想研究』平凡社版、第一冊、第四章、二六五頁を参照。

(31)「復姚彦嘉」『郭文集』二百頁。

(32)「与友人論倣行西法」（一八九〇）『郭文集』二五四、二五五頁。『郭年譜』下冊、九九三―九九七頁。

(33) もっとも、儒教的価値観から直ちに富強を肯定的に評価することには無理があった（例えば本章、第一節、注（34）、二一六、二一七頁を参照）。出使後の記述であるが、郭嵩燾は富強について一方では「富強者、秦漢以来所称太平之盛軌也」（「寄李傅相」（一八八五）『郭文集』二二一頁。傍線は手代木、又執筆時期は『郭年譜』に拠る、以下同じ）、「富強者、秦漢以来治平之盛軌、常数百年一見」（「与友人論倣行西法」（一八九〇）『郭文集』二五四頁）と述べながら、他方では「富強者、三代以来太平之盛軌」（「致李傅相」（一八八九）『郭文集』二四三頁）と述べており、評価にぶれがみられるのはそうした事情と無関係ではないだろう。

(34) 出使期の郭嵩燾にみられるこのような「三代」と「秦漢以降」の断絶を強調し、「三代」の「政教」に照らして西洋の「政教」を評価する態度に関して、佐々木揚は英国において西洋文明の卓越性を承認せざるをえない中で現れたものであり、渡英前の郭の歴史観は南宋以降の士大夫の堕落を批判するものであったと指摘する（佐々木『清末中国の西洋観と日本観』一五三頁）。

(35) 所謂附会説とは、西学を中学に附会することで、多くの場合西学への道を開こうとする議論をいい（西学中源説ともいう）、清初の黄宗羲らにはじまるとされる（熊月之『西学東漸与晩清社会』（修訂版）、五八四―五八五頁など）。清末の早い時期に見出せるこの種の議論としては、例えば、魏源（一七九四―一八五七）が『海国図説』（一八四四）で、「中国智慧、無所不有。（中略）儀器則鐘表晷刻、不亜西土、至羅鍼壺漏、則創自中国而後西行。（中略）是人才非不足、明矣」（『海国図志』「籌海篇三」、中華書局編輯局編『魏源集』中華書局、一九七六年、下冊、八七二頁）と述べている。こうした議論は、その後とりわけ洋務運動の中で、西洋の機器、技術の中国への導入を合理化する際、より誇張されたかたちでしばしば活用された。一八六七年（同治六）、恭親王らが同文館に算学館を付設することを求めた上疏において、「査西術之借根実本於中術之天元、彼西土目為東来法」（「同治五年十二月二十三日総理各国事務奕訢等摺」、『彙編』第二冊、二四頁）と述べたことは、よく知られる。こうした附会説は、全く根拠がないわけではないものも含まれるが、根拠に乏しく主観的な判断によるものが多かった（熊月之『西学東漸与晩清社会』（修訂版）、五八四―五八六頁）。またその対象は、西洋情報が増加するに伴い、機器、技術から議会制度等へ比重を移していった（小野川『清末政治思想研究』平凡社版、第一冊、第一章、第二章）。郭嵩燾の日記には、本文に紹介したほかにも多くの附会説が見出せる。例えば、パリの国立図書館で古代エジプトの文物を見学した際には、「其瓦器尤多中国遺式。用此知挨及二千年前必与中国通、其文字亦古篆籀之遺」（『郭日記』第三巻、光緒四年六月十六日、五六九頁（六五二頁））と述べており、古代エジプトの土器や文字は中国から伝わったと考えていた。伝統的文明観に依拠する郭にとって、古代エジプトの文字や文物の古代中国との類似は、中国文明が古代から西方に伝わっていた証拠にほかならなかったのである。

(36)「倫敦致李伯相」（一八七七）『郭文集』一八八頁。

(37) 一行は光緒二年十二月八日にロンドンに到着したのち、同月二十六日に英国議会の開会式を見学している。『郭日記』第三巻、一〇四頁（一〇六頁）。

(38)『郭日記』第三巻、光緒三年十一月十八日、三七三頁（四〇七頁）。

(39)『郭日記』第三巻、光緒三年十一月十六日、三六八頁（四〇二頁）。なお『周礼』（秋官、小司寇）に「一曰訊群臣、二曰訊群吏、三曰訊萬民」とある。

(40)『郭日記』第三巻（『使西紀程』原稿）、光緒二年十月二十日、六六、一〇七頁（二八、二九頁）。

(41)『郭日記』第三巻、光緒二年十二月十九日、一〇二頁（一〇四頁）、同書第三巻、光緒三年正月四日、一四五頁（一一六頁）。

(42)『郭日記』第三巻、光緒三年二月一日、一五八、一五九頁（一三三頁）。

(43)『郭日記』第三巻（『使西紀程』原稿）、光緒二年十月二十一日、一〇八頁（三一頁）。
(44)『郭日記』第三巻、光緒三年四月五日、二〇九頁（一九九頁）。
(45)『郭日記』第三巻、光緒三年十月二十四日、三五〇、三五一頁（三七八頁）。
(46)『郭日記』第三巻、光緒四年六月十一日、五六七頁（六五〇頁）、同六月十八日、五七三頁（六五七頁）、同六月二十四日、五七七頁（六六二頁）、同七月五日、五九二、五九三頁（六八二頁）。
(47) R・ドーソン著、田中正美他訳『ヨーロッパの中国文明観』Ⅲ及びⅦ二一六頁。また東田『大英帝国のアジア・イメージ』を参照。
(48)『郭日記』第三巻、光緒三年五月十二日、二三五頁（二三四頁）。なお張競『近代中国と「恋愛」の発見』岩波書店、一九九五年、六〇、六一頁を参照。
(49)『郭日記』第三巻、光緒四年四月二十一日、五一〇頁（五八〇頁）。
(50)『郭日記』第三巻、光緒四年七月三日、五八八頁（六七七頁）。
(51)『郭日記』第三巻、光緒四年九月二十一日、六五六頁（七六二頁）
(52) 張徳彝『随使英俄記』光緒四年五月十九日、五六七、五六八頁、光緒四年四月二十八日、五六〇頁。また曾永玲『中国清代第一位駐外公使郭嵩燾大伝』三〇五、三〇六頁を参照。
(53)『郭日記』第三巻、光緒四年十一月一日、六九二頁（八一〇頁）。なお西洋における女性をめぐる風俗への出使知識人の認識に関連して張競『近代中国と「恋愛」の発見』第一章は、西洋の男女関係に関する郭嵩燾、劉錫鴻、張徳彝の認識の比較を通して、彼らの西洋文化への態度を「比較的開明的」な郭嵩燾、「徹頭徹尾頑固派」の劉錫鴻、「中間的な態度」の張徳彝と指摘している。
(54)『郭日記』第三巻、光緒三年十二月十八日、三九三頁（四三四頁）。

（55）『郭日記』第三巻、光緒三年十二月十八日、三九三頁（四三四頁）。

（56）『郭日記』第三巻、光緒四年五月二十日、五四八頁（六二七頁）。

（57）「三代」の政治と西洋の政治の異質性に関する記述としては、ほかにも『郭日記』第三巻、光緒四年三月三日、四六六頁（五二六頁）に、国家財政のあり方をめぐる次のような記述がある。「西洋制国用、歳一校量出入各款、因其盈絀之数以制軽重之宜、一交議定院諸紳通議、而后下所司行之。三代制用之経、量入以為出、西洋則量出以為入、而后知其君民上下、并心一力、以求制治保邦之義、所以立国数千年而日臻強盛者此也」。

（58）郭嵩燾は議会制度に象徴される西洋の政治のあり方を、全体として積極的に評価していたが、そのマイナス面をも認識していた。例えば、英国ブラッドフォードの織布工場でのストライキに言及した際には、「西洋政教以民為重、故一切取順民意」と述べ、これを模範とすべきこととして高く評価しつつも、民権の重視から生じるストライキについては「蓋皆以工匠把持工価、動輒称乱以刧持之、亦西洋之一敝俗也」と述べている（『郭日記』第三巻、光緒四年四月十八日、五〇六頁（五七六頁））。また、一八七八年のドイツ皇帝ヴィルヘルム一世襲撃未遂事件の際には、事件に言及した上で「西洋立国、有君主民主之分、而其事権一操之議院、是以民気為強。等威無辨、刑罰尤軽。其君屢遭刺撃而未嘗一懲辦、亦并不議及防豫之方、殆亦非所以立教也」（『郭日記』第三巻、光緒四年五月六日、五三四、五三五頁（六一〇、六一一頁））と述べている。

（59）こうした郭嵩燾の中西両文明における異質な価値観に関する認識は、厳復が英国留学期を回想した文章からうかがえるように、厳復の中西文明論（序論、五頁を参照）の形成にも一定の示唆を与えていたと考えられる。詳しくは手代木「厳復の英国留学」を参照。

第三章第一節

(1) 薛福成の経歴に関する記述は、丁鳳麟『薛福成評伝』南京大学出版社、一九九八年に拠った。また関連する史料を注記した。
(2) 「誥授光祿大夫頭品頂戴都察院左副都御史薛公家伝」薛福成『庸庵文別集』上海古籍出版社、一九八五年、二四〇頁、「先妣事略」『薛選集』一〇五、一〇六頁。
(3) 「上曾侯相書」『薛選集』一〇頁。
(4) 「母弟季懐事状」『薛選集』二七九頁、「『上曾侯相書』後記」『薛選集』二七頁。
(5) 「『拙尊園叢稿』序」『薛選集』五一〇頁、「『上曾侯相書』後記」『薛選集』二七頁。
(6) 李恩涵『曾紀沢的外交』中央研究院近代史研究所、一九八二年再版、八—一〇、一九、二〇頁。
(7) 丁鳳麟『薛福成評伝』六二、六三頁、「『応詔陳言疏』後記」『薛選集』八二頁。
(8) 丁鳳麟『薛福成評伝』七七頁。
(9) 丁鳳麟『薛福成評伝』七八、七九頁。
(10) 『籌洋芻議』の影響については丁鳳麟『薛福成評伝』三二一—三二九頁に詳しい。
(11) 丁鳳麟『薛福成評伝』一九五—二〇〇頁。
(12) 丁鳳麟『薛福成評伝』二〇三、二〇四頁。
(13) 薛福成の伝記、著作及び従来の研究の概要は、以下の通りである。薛の伝記としてまず挙げるべきは、丁鳳麟『薛福成評伝』である。同書は薛の生涯を丹念にたどっているだけでなく、各時期の著作についても詳細に論じており、今日もっとも基本的な薛に関する研究書といえる。ただ薛の西洋に学ぶ変法論の発展を詳細に論じながら、薛における西洋認識の深化を可能にした西洋情報の来源について、ほとんど論及がない点は惜しまれる。伝記としては他に、費成康『薛福成』上海人民出版社、一九八三年、丁鳳麟・張道賓『薛福成』江蘇人民出版社、一九八三年など。

薛の著作のテキストとして使用したのは、①『薛選集』、②『薛日記』である。このうち②は薛の出使日記『出使英法義比四国日記』六巻（光緒十六年一月―光緒十七年二月、庸庵全集本）及び『出使日記続刻』十巻（光緒十七年三月―光緒二十年五月、伝経楼校本）の標点排印本である。なお二〇〇四年に南京図書館蔵稿本三十九巻を底本とする蔡少卿整理『薛福成日記』（吉林文史出版社、全二册）が刊行された。同書は同治七年正月から光緒二十年五月までの日記を収録する。出使前部分は約二十年にわたる曾国藩、李鴻章、張之洞らの幕府での見聞で、その多くは各種公文書、函牘、電報、報刊、雑誌等の抄録である。出使期部分は、『出使英法義比四国日記』及び『出使日記続刻』にはない記述を若干含み、また両者に拠って一四〇カ所以上の記述を補っている。ただし『出使英法義比四国日記』又は『出使日記続刻』に記載があり、稿本にはない記述を、すべて補っているわけではなく、使用上注意を要する。薛の出使日記の詳細については、青山「清末出使日記リスト」を参照。また、薛の著作の全貌については、丁鳳麟『薛福成評伝』三一一―三二一頁及び「主要参考文献」を参照。

次に薛に関する研究は、その変法の提唱者及び出使大臣としての業績を反映して経済思想、外交思想を論じたものが少なくないが、ここでは管見の限りで本書の関心と関わる主要なものを挙げるにとどめる。①鍾叔河「薛福成洋務思想的発展」、同『走向世界――中国近代知識分子考察西方的歴史』第十八章、②丁鳳麟『薛福成評伝』、③佐藤慎一「文明と万国公法」、同『近代中国の知識人と文明』第一章、④薛化元『晩清「中体西用」思想論（一八六一―一九〇〇）』稲郷出版社、二〇〇一年再版、初版は台北、弘文館出版社、一九八七年、⑤李長莉『先覚者的悲劇――洋務知識分子研究』第三章、⑥三石善吉「内発的発展――中体西用論と儒教的千年王国論」、同『伝統中国の内発的発展』研文出版、一九九四年、第二章、⑦袁進「試論清代出使士大夫対西洋文明的認識」『社会科学』上海社会科学院、一九九八年五期、及び同「試論晩清士大夫対西方民主的理解」『安徽史学』一九九八年二期。⑧劉悦斌『薛福成外交思想研究』北京、学苑出版社、二〇一一年。

以上のうち、①②は、薛に関する専論、③④⑥は、薛に関する一定の論述を含み、⑤⑦は、清末に西洋出使や西洋式教育を経験した薛を含む知識人に共通する特質を解明している。また①②は、ともに薛の西洋文明への認識の深化を強調するが、西洋文明と中国文明の関係をどう捉えていたのかという文明観の問題には、関心がみられない。①②以外は、薛が中国文明を唯一普遍の文明とみなしていたとする点では共通する。文明観の問題についてふみこんだ検討がみられるのは③⑤⑦でそれぞれ示唆に富む。結論として③は、薛は中国文明と西洋文明は本質的に異質なものではなく、文明はあくまで単一の尺度にもとづく普遍的なものとみていた、とする（本節、注（63）参照）。⑤⑦は、ともに一八六〇年代から日清戦争前までに西洋出使や西洋式教育を経験した薛をも含む知識人の事例を広く検討し、彼らは西洋文明を中国文明と一体化させて捉えており、その結果西洋文明理解は伝統的価値観による制約を受けることとなった、とする。また④は、西洋認識の深化により薛における「西用」の範囲は拡大したが、出使期においても西洋認識の基本をなす「中体西用」の枠組みは維持されたとし、⑥も、中国文明の文脈での西洋文明理解を強調する。⑧は、薛の外交思想・外交活動全般を検討し、その外交思想は伝統的朝貢体制から近代国際関係体制への過渡期の外交のあり方を典型的に反映するものであったとする。なお、薛に関する研究論文については、⑧所収の研究文献リストに詳しい。

（14）まず「養人材」では、科挙の形式主義を批判し、「徵辟」（身分の低いものを召し出して官職につけること）と「科挙」の併用を、「広墾田」では、太平天国により荒廃した耕地を「民墾」と「官墾」により開墾することを提唱する。また「興屯政」では、太平軍と戦ったのちに行き場を失った兵士による屯田制の実施を、「治捻寇」では、捻軍を平定するための方策として余計な軍隊を削減し、精鋭部隊を投入することなどを提起している。さらに「澄吏治」では、「捐官」（金を納めて官位またはその名目を得ること）の制限・廃止、「門丁」の禁止と州県における官吏の厳選、俸給の増額、当該州県の人材登用を、「厚民生」では、緑営の縮小と厘金の減額を主張し、「籌海防」では、西洋人の長所を奪い短所に乗ずることを、そして「挽時変」では、西洋列強との条約締結の害としてアヘンとキリスト教布教を挙げ、その禁止と抑制の方策を提示する。

（15）「上曾侯相書」『薛選集』二二一、二二三頁。

（16）「贈陳主事序」『薛選集』四五頁。

(17) 同右、『薛選集』四六頁。
(18) 同右、『薛選集』四六頁。
(19) 「上曾侯相書」『薛選集』二三頁。
(20) 同右、『薛選集』二三頁。
(21) 同右、『薛選集』二三―二五頁。
(22) 「贈陳主事序」『薛選集』四六頁。
(23) 『籌洋芻議』利権四、利権二、『薛選集』五五四頁、五四九頁。
(24) 同右、変法、『薛選集』五五五頁。
(25) 同右、変法、『薛選集』五五六頁。なお『孟子』(滕文公上)に「吾聞用夏変夷者、未聞変於夷者也」とある。
(26) 日本による琉球処分後、清朝内部では中国と朝鮮の宗属関係のあり方が問題化するが、薛福成は朝鮮の独立国化ではなく藩属国として維持することを唱えた。そうした主張は、彼において伝統的華夷的秩序観が維持されていたこと無関係ではないであろう。本章、第三節、一四〇、一四一頁を参照。
(27) 『籌洋芻議』変法、『薛選集』五五四―五五七頁。
(28) 「応詔陳言疏」『薛選集』七六、七七頁。
(29) 同右、『薛選集』八一頁。
(30) 同右、『薛選集』七八頁。
(31) 同右、『薛選集』七八、七九頁。
(32) 同右、『薛選集』七五頁。
(33) 『籌洋芻議』約章、『薛選集』五二七―五二九頁

(34) 同右、敵情、『薛選集』五三六—五三八頁。
(35) 同右、利権一、利権二、『薛選集』五四七—五五一頁。
(36) 青山治世「清末における『南洋』領事増設論議——清仏戦争後の議論を中心に——」『歴史学研究』第八〇〇号、二〇〇五年が指摘するように、薛福成は「咨総理衙門補録告英外部擬派領事姓名」、薛福成『出使公牘・奏疏』近代中国史料叢刊第八一輯、台北、文海出版社、一九七二年、巻一、六五頁で、『星軺指掌』をふまえた主張をしている。
(37) 『籌洋芻議』商政、『薛選集』五四〇—五四二頁。
(38) アレンは『中西関係略論』で中国の富強化へ向けて農工商業の発展の方策を論じている。そのうち農業については、作物に適した条件の研究、技術改良により生糸・茶をはじめ西洋諸国が求める農産物を増産することを説き、さらに西洋に学ぶ品種改良にも触れている(「論謀富之法」一三葉右)。工業については、英国は他国から材料を運び製品を他国に売るので製品が滞らず、利益を生むのであり、中国のように公司を設けず一人一人の生計を立てるだけの工業とは違う(同上)などと指摘している。『中西関係略論』は、『万国公報』三五二巻(一八七五年九月五日)—三八三巻(一八七六年四月十五日)に掲載された。本書では、一八七六年の単行本(光緒二年孟秋中浣刊、鉛印、全四巻、上海図書館蔵)を使用し、あわせて李天綱編校『万国公報文選』生活・読書・新知三聯書店、一九九八年所収の選録を参照した。また本書では『万国公報』のテキストとして、台北、華文書局影印本、一九六八年、全四十冊を使用した。
(39) 『籌洋芻議』船政、『薛選集』五四三—五四五頁。
(40) 梁啓超「読西学書法」、中国史学会主編『戊戌変法』中国近代史資料叢刊第八種、神州国光社、一九五三年、第一冊、四五六、四五七頁。
(41) 朱壽朋編『光緒朝東華録』中華書局、一九五八年、第三冊、二五九一頁、二六一一頁。
(42) 格致書院における考課(年四回の季課と春秋二回の特課)の出題と成績優秀者及びその答案は王韜輯『格致書院課芸』(上海

大文書局等鉛印本、一八八七—九四年、全十五冊、上海図書館蔵）によって知ることができる。薛福成は一八八六年（光緒十二、丙戌）春季課では中国海軍の創設について、一八八七年（光緒十三、丁亥）秋季課では絲茶商人の保護策について、一八八八年（光緒十四、戊子）秋季課では軍艦修理用ドックの設置場所について出題している。

(43) 「照会江南製造局総辦彙送訳刻西学書籍」、薛福成『出使公牘・奏疏』近代中国史料叢刊第八一輯、台北、文海出版社、一九七二年、巻七、五〇三頁。

(44) 『薛日記』光緒十六年十一月二十二日、二六七頁、光緒十九年正月一日、七一〇頁、光緒十七年七月九日、四〇二頁。

(45) 『万国公報』第二九冊（一八九一年六月）に「籌擬南洋各島添設領事保護華民疏」、同第六一冊（一八九四年二月）に「請申明新章豁除旧禁以護商民而広招徠疏」が掲載された。薛福成の『格致彙編』序文については、『薛日記』光緒十六年正月十六日、七一頁、及び『格致彙編』一八九〇年春季、を参照。

(46) 出使中の日記には、例えば光緒十八年（一八九二）六月末から八月末にかけて電気・雷の生成や地球・生物の生成史、西洋の製鋼技術などに関する詳細な紹介がみられるが、これらは全て『格致彙編』に掲載されたオリバー（Charles Henry Oliver 欧禮斐）「論雷電」（一八九二年春季所載、『薛日記』光緒十八年閏六月二十九日、七月一日、六〇〇—六〇二頁）、ポット（Francis Lister Hawks Pott 卜舫済）「地理初桄」（一八九一年秋季所載、『薛日記』光緒十八年七月二日—四日、六〇二—六〇四頁）、ミュアヘッド（William Muirhead 慕維廉）「地球奇妙論」（一八九二年夏季所載、『薛日記』光緒十八年八月二十日—二十二日、六二八—六三〇頁）、「西国煉鋼説」（無署名、一八九二年夏季所載、『薛日記』光緒十八年八月二十三日—三十日、六三〇—六三六頁）からのほぼ忠実な引用である。ただし『薛日記』では、「地理初桄」及び「地球奇妙論」からの引用のはじめに「『格致彙編』云」と記す以外、出典を記していない。なお本書では『格致彙編』のテキストとして、南京古旧書店影印本、一九九二年を使用した。

(47) 『薛日記』六八頁。なお随員への注記は、楊易「晩清外交官与戊戌維新運動」及び箱田「清末公使館員表（一八七六—一八九四年）」に拠った。

（48）　従来の出使日記が、出使中の日々の行動を記録することに力点を置くものであったのに対し、『出使英法義比四国日記』と『出使日記続刻』（本節、注（13）を参照）は、出使中に得た世界の動向に関する膨大な情報の記録といえる（『薛日記』凡例、六三—六五頁）。収録された情報は大まかに次の三つの内容にわけられる。第一は、公式行事等の記録、外交上の懸案事項に関する記録で、各国王侯への謁見、朝眷会、舞踏会等の記録、及び出使人員・官費派遣留学生等の記録、南洋等海外僑民華工保護のための領事設置問題、長江教案（一八九一）問題、雲南ビルマ辺界商務問題などに関する記録等が含まれる。第二は、英国をはじめとする西洋諸国の概況（政治、商工業、貿易、財政、学術、教育、軍事、地理、気候、人口、歴史、宗教など）、及び西洋諸国に富強をもたらした諸要因に関する考察で、本節での検討の主な対象となるものである。第三は、ヨーロッパ・アメリカ以外のアジア、南アメリカ、オーストラリア、アフリカの概況であり、最大の分量をしめる。

従来、海外へ出使する使節にとって、最大の情報源であった徐継畬の『瀛環志略』は、なお多くの不備を有しており、薛福成の出使目的の一つは、その不備を補う世界地理書『続瀛環志略』の編纂にあった（鄒振環「薛福成与『瀛環志略』続編」『学術集林』巻一四、上海遠東出版社、一九九八年、及び同『晩清西方地理学在中国』上海古籍出版社、二〇〇〇年など）。これらの情報がいかなる資料にもとづくものかは、常に明記されているわけではないが、西洋や中国の新聞・雑誌、書籍、あるいは清朝や総理衙門また各国外務省の公文書、パリ、ロンドンの中国公使館が所蔵する通商や外交の関する歴代諸文書、さらには薛福成自身の西洋での観察や西洋人との議論などが、その主な情報源だった。

このうち最大の情報源だった新聞・雑誌には、ロンドンの『タイムズ』（*The Times*）、『スタンダード』（*The Standard*）、パリの『マタン』（*Le Matin*）などヨーロッパの主要新聞をはじめ、中国の官報や上海の『字林日報』（*North China Daily News*）、『滬報』、『格致彙編』などがあり、さらにロシア、インド、シンガポール、香港、日本などの新聞の記事も含まれていた。例えば、薛の日記には一八九〇年（光緒十六）から九一年（光緒十七）にかけて、しばしばシベリヤ鉄道（一八九一年着工）に関する記事がみえるが、これは各国の新聞を駆使して収集された情報の一つであろう。

西洋の新聞記事からの引用は、一八六〇年代後半以降書かれた他の出使日記にも見出せるが、薛の場合その分量の多さは従来とは比較にならない。清末において西洋の新聞記事を紹介した代表的な文献としては、『万国公報』の「各国国事欄」や金楷理等撰『西国近事彙編』(江南製造局刊、一八七三—九九年、全一〇八冊、上海図書館蔵)があり、梁啓超は当時の知識人が西洋情報を収集する上で、両者が必読文献だったことを指摘している(「読西学書法」一八九六)。前述のように薛は『万国公報』に関心を寄せており、また、彼が江南製造局翻訳館から取り寄せ出使時に携帯した同館歴代訳書には、『西国近事彙編』も含まれていたはずである。薛はこれらの文献を通じて出使前から西洋の新聞記事への関心を持っていたのであろう。

また『出使英法義比四国日記』と『出使日記続刻』で紹介されている中国公使館所蔵の通商・外交等関係文書としては、総税務司から毎年清朝に提出されていた通商各関貿易総冊(一八八九—九一年、『薛日記』光緒十六年六月二十日、二十一日、一七四、一七五頁、光緒十六年十月十一日、二四一—二四三頁、光緒十七年九月二十日—二十九日、四三一—四三九頁、光緒十八年九月十一日—二十九日、六四三—六五五頁)、福州船政学堂派遣官費留学生(第一次一八七七年、第二次一八八一年、第三次一八八五年)の監督者からロンドンの中国公使館に提出された留学生の就学情況報告(『薛日記』光緒十六年八月四日、八月六日、二〇四—二〇八頁)、海外派遣遊歴官(一八八七)の報告に関する総理衙門の推薦書(『薛日記』光緒十六年八月十八日、二一八頁)、王栄和・余瓗の報告をもとに書かれた張之洞の南洋華民商務情況報告(一八八六年、『薛日記』光緒十六年六月二十二日—六月三十日、一七五—一八二頁)及び姚文棟のインド・ビルマ報告(『薛日記』光緒十七年四月四日—四月五日、三六二—三六四頁、光緒十七年五月二日—四日、三七五—三七六頁、同年五月二十日、三八一頁)などが挙げられる。
(49)『薛日記』光緒十六年三月十三日、一二四頁。
(50)『薛日記』光緒十八年六月二十日、五七九頁
(51)伝統的華夷観にもとづく西洋人=夷狄=貪欲という西洋人評価のこのような変化は、しかし、決して薛福成における華夷観に

もとづく異人種への偏見の消滅を意味するものではなかった。彼は西洋人を中国人と同列視する一方で、西洋への航海の途中、各寄港地で目にした南洋の土民、さらには、アイヌやインディアン、台湾の生番、中国西南の土番などを、「賤者」とみなしていた（『薛日記』光緒十七年二月十日、三一八、三一九頁）。薛に限らず清末知識人にみられるこうした異人種への偏見について、坂元ひろ子は西洋人宣教師によりもたらされた皮膚の色で人種をランク付ける人種分類に、華夷的文化差別が接合されたものだったと指摘している（坂元『中国民族主義の神話――人種・身体・ジェンダー』岩波書店、二〇〇四年、三三―三五頁）。関連して、薛の日記はそうした宣教師経由の人種分類のうち、「黄色人族」、「白色人族」、「黒色人族」、「半黄半白色人族」、「淡黒色人族」、「雑色人族」の六分類（『薛日記』光緒十九年七月二十八日、八二三、八二四頁）を紹介しているほか、日本人の著作『人類社会変遷説』（著者不詳）からの引用文に、「高加索人」「蒙古人」「阿伯亜人」「巫来由人」「亜美利加之銅色人」の五分類もみえる（『薛日記』光緒十七年十二月二日、四七四頁）。六分類の来源は不明だが、五分類はドイツ人ブルーメンバッハに始まるもので、日本では明治初年以降、有力な分類として紹介され定着していく。この五分類は『格致彙編』（「格致略論（続第十一巻）」一八七六年十二月、「人分五類説」一八九二年夏季など）での紹介や、その後の日本からの流入により清末知識人に大きな影響を与えた（坂元『中国民族主義の神話――人種・身体・ジェンダー』第一章、石川禎浩「近代東アジア〝文明圏〟の成立とその共通言語――梁啓超における「人種」を中心に」、狭間直樹編『京都大学人文科学研究所七〇周年記念シンポジウム論集　西洋近代文明と中華世界』京都大学学術出版会、二〇〇一年所収を参照）。

また、こうした人種分類と関連して、薛の日記には環境決定論（『薛日記』光緒十六年正月二十八日、八六頁）や進化論の優勝劣敗法則の影響をうかがわせる記述（『薛日記』光緒十七年二月十日、三一八頁）がみられるが、これらも人種分類とともに宣教師の言説から受容されたものと考えてよいであろう。

(52) 例えば、『薛日記』光緒十七年十月二十三日、四五一頁、光緒十八年十二月十一日、六九九、七〇〇頁など。

(53) 『薛日記』光緒十六年十二月十日、二七二頁。なお、『周礼』（地官、族師）に「刑罰慶賞、相及相共、以受邦職、以役国事、以相葬理」とある。

(54) こうした附会説により、西洋の政教風俗が肯定的に評価されたといっても、薛福成は決して、西洋諸国をすべて同列にみていたわけではない。彼の記述には、以下のようないくつかの西洋各国の分類やランク付けが、その相互の関係が未整理のまま並存していた。一つは人心風俗の厚薄による分類である。随員との会話でアメリカの風俗の純朴さが話題となったことを記した際、薛は次のように述べている。

私が思うに、西洋諸国が今日極盛の時代に当たっているのは、もとより運勢によるものである。しかし原始時代においては、戸数人口はまだ少なく、人の精気はまだ発散せず、人心風俗は本来のままで人情は純朴で厚かった。思うにアメリカ大陸の始まりは欧州より遅れ、欧州の始まりは中国より遅れ、欧州各国の始まりにもまた先後がある。それ故に風俗にもまた厚薄がある。アメリカはちょうど中国の虞夏の時代のようであり、ロシアはちょうど中国の商周の時代のようであり、イギリス、ドイツはちょうど中国の両漢時代のようであり、フランス、イタリア、スペイン、オランダはちょうど中国の唐宋時代のようであるのではないか（『薛日記』光緒十六年三月十三日、一二四頁）。

また、薛は西洋各国を政体によって「君主」「民主」「君民共主」の三つに分類する。まず「君主の国」は、君主が国家における全権を有すると述べ、中国、ロシア、ドイツ、オーストリア、トルコ、日本が含まれるとする。次に「民主の国」は、政権はすべて議院にありプレジデントには権力がないと述べ、アメリカ州各国、欧州のスイス、フランスが含まれるとする。さらに「君民共主の国」は、政権は議院にあり民権がその七、八割、君権が二、三割を占め、君主はプレジデントに勝ることは殆どなく、君位を世襲するに過ぎないと述べ、イギリス、オランダ、イタリア、ベルギー、スペイン、ポルトガル、デンマーク、スウェーデンが含まれるとする（『薛日記』光緒十六年十二月二十九日、二八六頁）。その上で、三政体への評価が次のように述べられる。すなわち「民主の国」は、衆人の意見を集め、民情にしたがい、政治が私物化されることはないが、党派が対立し互いに闘争し、国家の損益を考えようとせず、また「君主の国」は、優れた君主を得ればその功績と徳行は無限に発揮されるが、君主の精神が国を貫けなければ、国の諸業務がなくなってしまう、とされる（『薛日記』光緒十八年三月二十八日、五三六、五三七頁）。一方、「君民共主」（すなわち立憲君主制）については、君主か民主の一方を偏重する弊がなく、最も事情をくみ取って適宜処理していると高く評価するとともに、中国の唐虞（堯舜）は「民主」、秦漢以降はすべて「君主」、その間の 夏殷周三代は「君民共主」にあたる、と指摘している（『薛日記』光緒十八年四月一日、五三八頁）。このように議会制度を含む「君民共主」への評価は、「三代の治」を理想とする伝統的価値観にもとづく評価であり、西洋近代の民主思想の基礎をなす個人重視の価値観によるものではなかった。従って、「民主」は、「公」の実現において高く評価される一方、「礼」秩序の維持という点では、アメリカは「民権過重」、フランスは「叫囂之気過重」などと、否定的に捉えられていた。また、「君民共主」が高く評価されたといっても、その中国への導入が公然と提唱されたわけではなかった（袁進「試論晩清士大夫対西方民主的理解」『安徽史学』一九九八年二期）。

さらに薛は、ヨーロッパ諸国は国力によって四等に区分されるとする。すなわちイギリス、ロシア、ドイツ、フランス、オーストリアは一等国、イタリア、オランダ、トルコ、スペインは二等国、ポルトガル、デンマーク、スウェーデン、ノルウェー、ベルギー、スイスは三等国、ルーマニア、ブルガリア、ギリシャ、セルビアは四等国だと述べている（『薛日記』光緒十七年正月二十四日、三〇二頁）。

（55）『薛日記』光緒十六年十月二十六日、二五三頁。

（56）金谷治『管子の研究』岩波書店、一九八七年を参照。

（57）本節、注（62）参照。

（58）袁進「試論清代出使士大夫対西洋文明的認識」『社会科学』上海社会科学院、一九九八年五期を参照。同論文は、一八六〇年代以降西洋に出使した薛福成を含む知識人の膨大な日記資料をふまえて、彼らの西洋文明理解の共通性を指摘しており、教えられる点が多い。

(59) 例えば、佐々木揚「清末の『憲法』――日清戦争前後」『東洋史論集』九州大学文学部東洋史研究会、三十一号、二〇〇三年は、清末に西洋に出使した知識人は西洋の議院制度に強い関心を示しその実相を紹介したが、西洋近代の憲法については戊戌変法期になってようやく理解されるようになったことを明らかにしている。

(60) 『薛日記』光緒十六年四月二十四日、一四三頁、光緒十六年四月二十六日、一四五頁。なお、郭嵩燾における一部の西洋人の中国文明に対する関心・礼賛への言及については、第二章、第二節、六二頁を参照。

(61) 『薛日記』光緒十九年四月二十二日、七七五頁。

(62) 出使期の薛福成は、一貫して西洋近代の富強が何によってもたらされたのかを探求し続けた。出使して二年五ヵ月後にはある西洋人の言説を借りて、西洋の「謀国の要」は「安民」（民衆の保護）、「養民」（工商振興）、「教民」（民衆の教育）にあると指摘し、特に、「西国養民最重要之新法」として、「造機器」、「筑鉄路」、「設郵政局日報館」、「立和約通商」、「増領事衙門」、「通各国電線」、「籌国家公帑」、「立商務局」、「設博物院」、「挙正副商董」、「設機器局」、「定関口税」、「墾荒地」、「開礦政」、「行鈔票」、「講化学」、「選賢能」、「変漕法」、「清帳項」、「開銀行」、「求新法」の二十一項目を挙げている（『薛日記』光緒十八年閏六月六日、五八九、五九〇頁）。なお、宣教師の言説には、西洋の富強の原因を伝統的な「養民」観念によって理解する知識人の傾向を意識してであろう、西洋の「養民」についての言及がみられる。主な論文として、リチャード「地球養民関係」（『格致彙編』一八八一年三月、四月、五月）、同「養民有法」（『万国公報』第五四冊、一八九三年七月）、エドキンズ「富国養民策」（『万国公報』第四三冊―第八八冊、一八九二年八月―一八九六年五月）など。

また薛は上記の指摘から一年後、ある出使随員の議論を紹介するかたちで、「西国富強の原」は「通民気」（議会制導入）、「保民生」（人心財産の保護、弱者救済）、「牖民衷」（読み書き教育と職業教育）、「養民恥」（教育刑主義による刑罰実施）、「阜民財」（科学技術と機器の導入、分業化、公司・銀行設置等による工商振興）の五点にあると論じている（『薛日記』光緒十九年六月十四日、八〇二、八〇三頁）。同時に、薛は過酷な労働によって富強を支える労働者の情況にも関心を示し、労働組合

（同心会、同合会）、ストライキ（停工）、八時間労働制等に言及している（『薛日記』光緒十七年四月六日、三六四頁）。

さらに薛の記述には、富強をもたらした教育制度（『薛日記』光緒十七年正月三日、二九〇、二九一頁）、公司制度（『薛日記』光緒十八年六月十四日、五七五、五七六頁）、関税制度（『薛日記』光緒十九年八月六日、八二八、八二九頁、『薛日記』光緒十九年四月十三日、七七〇、七七一頁）、職業の専門化（「治術学術在専精説」一八九二年『薛選集』四二二―四二三頁、「保薦使才疏」一八九四年『薛選集』五二二―五二三頁）など諸施策に関する個別の言及も少なくない。

(63) ただし、薛福成には不安定なものながら、中国文明と西洋文明の相違に関わる考察もみられないわけではない。この点に関わって佐藤慎一は、歴史の異なる西洋諸国間の風俗の差と、中国における時代毎の風俗の差に見出せる類似を指摘した記述（本節、注（54）参照）をふまえて、薛福成の「中国文明と西洋文明の関係」についての理解を検討している。すなわち、佐藤はこの記述を、薛が「文明はあくまで単一の尺度に基づく普遍的なものであり、にもかかわらず中国と西洋諸国の間で文明の具体的なあり方に関して違いが存在するのは、それぞれの国における文明発生の時期が異なるからである」と考えたことを示すものとする。しかし、同時に佐藤は、薛のこの中西文明の相違に関する文明発生の時間差の観念による説明は、「文明の歴史的変化の問題を彼が突き詰めて考えていない」ために、現在の中国文明は、三代の完全な文明から堕落したものなのか、三代の文明の不完全な点を完成させたものなのか、あるいは三代の文明とは異質なものなのか、といった問題に答えておらず、つまり「中国文明と西洋文明の関係」についての説明としては、「いかにも不安定」なものだったことを指摘している（佐藤『近代中国の知識人と文明』九四、九五頁）。

(64) 『薛日記』光緒十六年十二月十日、二七三頁。

(65) 西洋における君臣、父子、夫婦間の倫理が、三綱に反するとの認識は、直接の西洋観察によってはじめて得られたものであり、中西両文明の異質性を認識する糸口となりうるものであった。薛福成は西洋における男女の関係に関しては、本文で紹介した西洋の夫婦関係への批判から一年二ヵ月後に、元来欧州には中国と同様の婦女の礼があったが、三、四百年前フランスのある王が国の富強化を図るために、やむを得ず礼法を省き婦女の社会進出を認め、それが欧米に広がったと述べ、「男女の別」のない西洋の風俗に一定の理解を示すにいたる（『薛日記』光緒十八年二月二十日、五一六、五一七頁）。しかし、西洋に滞在して二、三年を経ても、なお君主に対する「弑逆簒奪之罪」に甘く英雄視さえする西洋人の風俗を、「春秋之大義」を知らぬものといい、祖先祭祀のために子孫を残すことを軽視する西洋人の風俗を、「不仁」、「不可為」と述べる（『薛日記』光緒十八年正月二十九日、五〇七、五〇八頁、『薛日記』光緒十九年四月十二日、七六九頁）など、西洋の君臣、父子関係は伝統的価値観にもとづきただ否定されるのみで、そこに固有の価値観が見出されることは無く、また、中西における君臣、父子関係の差がなぜ生じたかについて考察が展開されることもなかった。

（66）伝統的文明観にもとづき、西洋の文明を中国文明と同質視する薛福成においては、伝統的文明観のもとで普遍的真理とされた古の聖人の言説は、西洋の学術の成果とも合致するものでなければならなかった。だが、そのことの証明は現実には不可能であった。例えば、薛福成は西洋人の地球球体説、地動説の正しさを認める一方、「天円地方」、「天動地静」などの古聖人の旧説については、「若謂不知地球之円、則未必然。但未到其時、聖人不肯顕言、未渉其境、聖人不必贅言耳」（『薛日記』光緒十八年正月二十二日、五〇〇頁）と述べ、苦しい弁護をするほかなかった。

（67）「応詔陳言疏」『薛選集』八一頁。

（68）『籌洋芻議』敵情、『薛選集』五三七、五三八頁。ちなみに、西洋人は「交際」には周到だが「交渉」においては融通がきかないとの認識は、出使期における各国君主らとの接見などを経て一層深まり、薛福成は西洋諸国が求める中国皇帝の駐京各国公使への接見を拒否することは、「虚礼を惜しみ実損を受ける」ものとして、接見に応ずるよう求めるようになる（「豫籌各国使臣合請覲見片」（一八九〇）『薛選集』三一〇―三一一頁、「致総理衙門総辦論接見外国使臣書」（一八九〇）『薛選集』三一四―三一五頁）。

（69）『薛日記』光緒十八年五月十八日、五六二頁。

(70)『薛日記』光緒十七年二月十一日、三二〇、三二一頁、『薛日記』光緒十六年五月二十四日、一六一頁、『薛日記』光緒十八年十二月十七日、七〇三、七〇四頁。

(71)『薛日記』光緒十九年四月十六日、七七二頁。ほかに光緒十八年五月十三日、五六〇頁など。

(72)『薛日記』光緒十七年正月十一日、二九五頁。

(73)『薛日記』光緒十九年四月十五日、七七一頁。中西の食事の差については『薛日記』光緒十八年十二月一日、六九三、六九四頁でも指摘している。

(74)宣教師が行なった中西比較による中国文明批判の清末知識人への影響については、本章、第三節、一五三―一五七頁及び結論、一七一―一七四頁を参照。なお、宣教師の中西比較による中国文明批判に関しては、熊月之『西学東漸与晩清社会』(修訂版)第九章、第十三章、第十五章、第十六章、王立新『美国伝教士与晩清中国現代化』第三章、王林『西学与変法――『万国公報』研究』第五章などが論及している。また、易恵莉『西学東漸与中国知識分子――沈毓桂個案研究』は沈毓桂におけるミュアヘッド、アレン、リチャードらの中国文明批判の受容について論じている。

第三章第二節

(1)張徳彝の生涯については『光禄大夫建威将軍張公集』(民国年間鉛印本、四巻、中国社会科学院近代史研究所資料室所蔵、後に張徳彝纂『醒目清心録』国家図書館分館編、全国図書館文献縮微中心刊、二〇〇四年、全十三冊に収録)所収の「年譜」、「墓誌」、「逸事」に詳しい。また蘇精『清季同文館及其師生』台北、上海印刷廠、一九八五年、一七四―一七八頁を参照。張の著作としては、『光禄大夫建威将軍張公集』に著作、奏疏等が収録されている。出使日記については、八回の出使のうち最初の出使時(一八六六)の『航海述奇』四巻、四回目の出使時(一八七六―八〇)の『四述奇』十六巻、八回目の出使時(一九〇二—〇六）の『八述奇』二〇巻が、出使後にそれぞれ刊行されている。また、『小方壺齋輿地叢鈔』（一八九一）に『航海述奇』及び『四述奇』を分割した『随使日記』『使英雑記』『使法雑記』『使俄日記』『使還日記』が収録（『使俄日記』は同第三帙、他は同第十一帙所収）された。その後、鍾叔河主編の『走向世界叢書』岳麓書社、一九八四—八六年に、出使日記八種のうち『航海述奇』（原名も同じ）、『欧美環游記』（原名『再述奇』）、『随使法国記』（原名『三述奇』）、『随使英俄記』（原名『四述奇』）までの四種が、標点のほか解説と索引を付して収録された。詳しくは、鍾叔河『走向世界——中国近代知識分子考察西方的歴史』八七、八八頁を参照。本書では『走向世界叢書』本をテキストに使用した。さらに、一九九七年に『七述奇』を除く出使日記七種の稿本（張自身が清書）を底本として影印された『稿本航海述奇匯編』北京図書出版社、全十冊が刊行された。また、破毀されたとされていた『七述奇』は、中国歴史博物館蔵の稿本（未成稿）が趙金敏「関於張徳彝『七述奇』手稿」『近代史研究』一九八五年六期に標点を付して全録された。以上のほか、二〇〇四年に出版された前掲の張徳彝纂『醒目清心録』は、辛亥（一九一一）以降に張が各種の新報から抄録した文章をまとめた同名の『醒目清心録』（稿本、原書は六〇冊）のほか、張の三種の著作、すなわち中国人の英語学習用教科書である『英文話規』（不分巻、稿本）、中西の暦（一八二一—一九二〇）の対照表である『中外百年暦』（不分巻、四冊、稿本）、及び上記の『光禄大夫建威将軍張公集』を収録する。なお、張の出使日記の詳細については、青山「清末出使日記リスト」を参照。

張に関しては前述のような史料の整理・出版を受けて、近年研究が増えつつある。ここでは管見の限りで知りえたものを挙げる。①舟晨「近代外交風雲中的張徳彝（一八四七—一九一八）」『文物天地』一九八三年六期、②鍾叔河「張徳彝航海述奇」、同『走向世界——中国近代知識分子考察西方的歴史』第七章、③鍾叔河「張徳彝的《四述奇》」、朱純・楊堅校点『劉錫鴻・英軺私記　張徳彝・随使英俄記』所収、④鍾叔河「巴里公社的目撃者」、同『走向世界——中国近代知識分子考察西方的歴史』第十二章、⑤陳叔平『巴黎公社与中国』中国人民大学出版社、一九八八年、第一章、⑥Frank Dikötter, *The Discourse of Race in Modern China*, Hong Kong University Press, 1992. ⑦李長莉『先覚者的悲劇——洋務知識分子研究』学林出版、一九九三年、

⑧阪本英樹『月を曳く船方――清末中国人の米欧回覧』成文堂、二〇〇二年、⑨王春燕・張堂明「張徳彝眼中的西方近代教育――以八部『航海述奇』為考察中心」『魯東大学学報』（哲学社会科学版）二〇〇八年六期、⑩鄒振環「光緒皇帝的英語学習与進入清末宮廷的英語読本」『清史研究』二〇〇九年三期、⑪范鉄権「張徳彝「述奇」日記中的西方」『廊坊師範大学学報』（社会科学版）二〇〇九年六期、⑫余冬林「従張徳彝七種『航海述奇』看西方的議会文化――以議会述語為中心的考察」『河北科技師範学院学報』（社会科学版）二〇一〇年三期、⑬陳占彪「論清末民初中国対万国博覧会的三種認知」、上海市社会科学界聯合会編『世界舞台的中国角色』上海人民出版社、二〇一〇年所収。

①は、張の生涯と事跡を紹介したもの。鍾叔河の②③は、洋務運動や洋務世代知識人への否定的評価を前提としており、張の西洋観察は封建観念にもとづき西洋の「奇」を捉えたに過ぎず、彼に西洋思想の受容などの新しさを見出すことはできないと断じている。ただ西洋社会やその人心風俗に関する張の記述は、西洋認識の深化を反映し文化的価値に富み、結果として新たな世界の客観的存在を認めるものとなっているとする。④⑤はともに、一八七一年、張が崇厚に随行した際の出使日記『三述奇』に含まれるパリ・コミューンと当時のフランス社会の状況を描いた記述を紹介し、その史料としての重要性を指摘する。⑥は、中国近代の人種観念（人種的偏見）の形成を解明しようとする立場から、張の日記にみえる人種的な記述にも論及している。⑦は、洋務世代知識人の進歩性とそれ故の困難性を解明しようとする立場から張にも論及しており、張の行動様式を考える上で参考になる。⑧は、主に張の『再述奇』を史料として、バーリンゲーム使節団の西洋体験を論じている。⑨⑪⑫は、ともに『航海述奇』から『八述奇』（『七述奇』を除く）までを史料に用いた研究である。⑨は、張が西洋の富強を生んだ教育の機関、制度、内容への観察を深め、中西教育の異質性を認識していたことを指摘する。⑪は、張が西洋文化を多面的に記録したことを紹介する。⑫は、張が使用した西洋の議会をさす用語についての調査報告である。また⑩は、光緒帝が光緒十七年十一月初一（一八九一年十二月一日）に英語を学びはじめたこと、その時の英語教師は同文館総教習だったマーチンが派遣した張徳彝と沈鐸であり、二人が一日おきに交代で、早朝四時から皇帝の前に座って三十分の授業を行ったことなどを、中外関

連史料を駆使して指摘する。⑬は、清末から民初にかけて万国博覧会に対する理解が、娯楽としての理解（一八六〇、七〇年代の張徳彝、王韜）から、貿易を促進するものとの理解（一八七〇年代の李圭、一九〇〇年代の楊兆鋆）、文明化を誘導するものとの理解（一九一〇年代の張元済、馮自由）へと変化していったと指摘する。

（2）以下、張徳彝の経歴については『光祿大夫建威将軍張公集』所収の「年譜」、「逸事」、及び鍾叔河「張徳彝航海述奇」、同『走向世界――中国近代知識分子考察西方的歴史』第七章に拠った。

（3）斌椿使節団派遣の経緯と斌椿の出使体験については第一章、注（23）（24）を参照。

（4）同文館については、『始末（咸豊）』巻七一、一七―二六葉、咸豊十年十二月三日恭親王等奏摺、『始末（同治）』巻八、二九、三一葉、同治元年七月二十五日恭親王等奏摺を参照。同文館に関する研究としては、畢乃徳（Knight Biggerstaff）著、傅任敢訳「同文館考」『中華教育界』第二十三巻第二期、一九三五年（後に張静廬輯註『中国出版史料二編』群聯出版社、一九五四年所収）、呉宣易「京師同文館史略」『読書月刊』第二巻第四号、一九三三年（後に張静廬輯註『中国出版史料二編』所収）、蘇精『清季同文館及其師生』、熊月之『西学東漸与晩清社会』（修訂版）第六章などを参照。なお近年の研究に陳向陽『晩清京師同文館組織研究』広東高等教育出版社、二〇〇四年がある。

（5）『航海述奇』（『走向世界叢書』所収の『林鍼・西海紀游草　斌椿・乗槎筆記、詩二種　志剛・初使泰西記　張徳彝・航海述奇、欧美環游記』鍾叔河等校点、岳麓書社、一九八五年所収）同治五年正月二十八日、四四七―四四九頁。

（6）同書、同治五年二月四日、四五一―四五二頁。

（7）同書、同治五年三月十八日、四七九―四八〇頁。

（8）同書、同治五年三月十九日、四八一頁。

（9）同書、同治五年三月二十日、四八四―四八七頁。

（10）同書、同治五年三月十九日、四八二頁。

(11) 同書、同治五年四月三十日、五三一頁。
(12) 同書、同治五年五月九日、五三三頁。
(13) 同書、同治五年四月二十二日、五二三頁。
(14) 同書、同治五年四月二十四日、五二六頁。
(15) 同書、同治五年五月二十六日、五四四頁。
(16) 同書、同治五年四月四日、五〇六頁。
(17) 同書、同治五年六月二十日、五六九、五七〇頁。
(18) 同書、同治五年六月八日、五五六頁。
(19) 吉見『博覧会の政治学』序章を参照。
(20) 『航海述奇』同治五年五月二十三日、五四二、五四三頁。
(21) 『郭日記』第三巻、四三九頁。なお西洋人による文明化のランク付けに関しては第二章、第二節、注(26)を参照。
(22) 『航海述奇』自序、四三九、四四〇頁。
(23) 『欧美環游記』(原名は『再述奇』、『走向世界叢書』所収の『林鍼・西海紀游草　斌椿・乗槎筆記、詩二種　志剛・初使泰西記　張徳彝・航海述奇、欧美環游記』鍾叔河等校点、岳麓書社、一九八五年所収)同治七年閏四月十六日、六五八頁。
(24) 『航海述奇』同治五年四月十七日、五二〇頁。
(25) 同書、同治五年四月二十五日、五二七頁。清末の地方自治論における『周礼』の郷官などへの言及については、増淵「歴史認識における尚古主義と現実批判」、同『歴史家の同時代史的考察について』Ⅱを参照。
(26) 李長莉は、洋務運動期に洋務事業を遂行するために民間から抜擢されたり、新式教育機関で養成されたいわゆる洋務知識人(本書でいう洋務世代の新型知識人)が置かれていた困難な状況を、およそ次のように説明している。政治経済文化の特権的地位を占めていた伝統型知識人にとって、洋務運動の中で養成された洋務知識人の官吏階層への進入は自らの特権領域を侵犯するものであった。それ故伝統型知識人は洋務事業に従事する洋務知識人を「雑品」「末流」と軽蔑し、彼らが政治の参与することを拒否した。特権的地位にあった伝統型知識人一般のこうした態度は、洋務知識人に自卑心理を抱かせることになる。こうした中で在野の洋務知識人を抜擢あるいは養成し、彼らの活躍の場を与えたのは伝統型知識人ながら洋務運動の推進を主張したいわゆる洋務官僚であった。任用制度の不安定な中にあって洋務知識人は洋務官僚に強く依存する立場にあったが、その洋務官僚にしても洋務知識人に実権を与えることはほとんどなく、道具として彼らを使いながら、常にその思想行動を束縛した。現実の変革への強烈な責任感を有していた洋務知識人は、洋務官僚を介して自己の主張を実現することを目指したが、保守派官僚の圧力のもとでそれも容易ではなかった。彼らは自己の能力を発揮し得ない挫折感を抱き、改革論を文章化せず、文章化しても刊行しないか、表現を極力抑制するなど、政治を回避する傾向を強めた（李長莉『先覚者的悲劇――洋務知識分子研究』第四章、一一九―一三六頁、第五章、一四一―一五四頁）。こうした状況下にあって、張徳彝は例外的に高い信頼を受けていたといえるが、そうであればこそ以上のような状況には、一層敏感にならざるを得なかったともいえよう。

なお、張徳彝の儒教的素養と八旗子弟の受けた教育の関係についていえば、清朝を通じて八旗の子弟における漢文化（儒教文化）の吸収は相当程度進んでいったのであり、科挙についても、清初、八旗の子弟のために独自の科挙が設けられたものの、康熙年間以降は漢人の科挙との一体化がはかられた。この結果、八旗子弟からも少数とはいえ科挙合格者がでるようになり、清末の総理衙門にも倭仁、文祥、崇厚、那桐ら八旗出身の進士、挙人がいた（滕紹箴『清代八旗子弟』中国華僑出版公司、一九八九年、特に三、四、五章）。こうした状況からすれば、儒教的素養における劉錫鴻、郭嵩燾らとの差は、科挙受験を目指さず、若くして洋務人材の養成機関たる同文館に学んだことによるものとみるべきであろう。

(27)『欧美環游記』同治七年閏四月十六日、六五七頁。

(28) 同書、同治七年五月六日、六六五、六六六頁、同治八年正月九日、七四四頁。なお『孟子』離婁上篇に「不孝有三、無後為大」とある。

(29) 同書、同治七年十二月二十六日、七四一頁。

(30) 前掲のP・J・マーシャル、G・ウィリアムズ著、大久保桂子訳『野蛮の博物誌――十八世紀イギリスがみた世界』、東田『大英帝国のアジア・イメージ』、R・ドーソン著、田中正美他訳『ヨーロッパの中国文明観』などを参照。

(31) 『欧美環游記』同治七年五月十三日、六六九頁。

(32) 『随使法国記』(原名は『三述奇』、『走向世界叢書』所収の『容閎・西学東漸記　祁兆熙・游美洲日記　張徳彝・随使法国記　林汝耀等・蘇格蘭游学指南』楊堅等標点、岳麓書社、一九八五年所収)同治九年十二月十七日、三九六―三九七頁。

(33) 同書、同治九年十二月十七日、三九七頁。

(34) 同書、同治十年正月四日、四〇四頁。

(35) 同書、同治九年十一月十五日、三六〇頁。

(36) 同書、同治九年閏十月二十四日、三五一頁。

(37) 同書、同治十年正月二十九日、四一五頁。また陳叔平『巴黎公社与中国』第一章、第二節を参照。

(38) 同書、同治十年四月五日、四四八頁。

(39) 同書、同治九年十二月二十七日、四〇一頁。

(40) 同書、同治九年閏十月二十六日、三五三頁。

(41) 同書、同治九年十二月五日(この日書いた普仏戦争の経緯のうち一八七一年一月六日の部分)、三八二頁。

(42) 同書、同治十年八月二十七日、五一一―五一三頁。

(43) 同書、同治十年九月六日、五一七頁。

(44) 関連して、張徳彝は『公法便覧』(*Woolsey's International Law* の訳書、マーチン鑑定、一八七七年、同文館刊)を汪鳳藻、鳳儀らとともに訳している（蘇精『清季同文館及其師生』一七七頁）。また万国公法に関しては郭嵩燾も関心を持っていた。出使中郭は西洋諸国間の国際組織である万国公法会の会議に馬建忠を派遣するなど、国際関係における万国公法の機能を高く評価していた（『郭日記』第三巻、光緒四年七月十三日、六〇〇、六〇一頁、光緒四年八月八日、六二一、六二二頁）。もっとも、郭のそうした評価は儒教的価値観とも深く関わっていた。例えば、彼は英国への航海中の日記に、マカートニーから聞いた西洋諸国における戦時の捕虜の扱いについて記し、捕虜を殺さないというルールについて「即此足見西洋列国敦信明義之近古也」と述べている（『郭日記』第三巻、光緒二年十一月十四日、八一頁）。ここで郭は万国公法の名を挙げていないが、その三週間後には欧米諸国が万国公法を生み出し互いに信義を重んじていることを、「視春秋列国殆遠勝之」（『郭日記』第三巻（『使西紀程』原稿）、光緒二年十二月六日、一三六頁）と述べている。こうした記述からは、郭が万国公法を生んだ西洋諸国間の関係を、理想の秩序が乱れた春秋時代の列国間の関係に勝り、古の理想の秩序に近いものと捉えていたことがうかがえる。張徳彝の場合も、一八六六年の出使の時点では、万国公法が定める戦時の捕虜への人道的扱いなどに注目しており、西洋観察の初期段階では郭と同様に、儒教的価値観によって万国公法を評価していた可能性は否定できない。

(45)『随使法国記』凡例、三一五頁。なお、この「凡例」の記述は『四述奇』においてもほぼ同様である。

(46) 崇厚は張徳彝のロシアへの随行を郭嵩燾に要請した際、張について「練達勤能、留心洋務、迭次奏帯出洋、於外国情形最為熟悉」と述べており、また郭も「趨公勤敏、練達謹慎、足資委任」と張を評している（張徳彝『随使英俄記』、原名は『四述奇』、『走向世界叢書』所収の『劉錫鴻・英軺私記　張徳彝・随使英俄記』岳麓書社、一九八六年所収、光緒四年十一月十五日、六三八頁）。

(47)『随使英俄記』光緒四年正月二十二日、五三二頁。なお、劉錫鴻『英軺私記』（『走向世界叢書』所収の『劉錫鴻・英軺私記　張徳彝・随使英俄記』岳麓書社、一九八六年所収）二〇五頁にも類似の記載がみえ、また、ほかにも劉錫鴻の『英軺私記』には張徳彝の『四述奇』と類似ないし同一の記載が少なくない。『四述奇』においては、ほぼ全体を通じて西洋の風俗への細かい観察が見出せること、また、『四述奇』の記述は『英軺私記』より詳しいこと、さらに、張には通訳官として情報提供の役割があったことなどを考慮すると、それらの記載については、劉が『四述奇』を写していた可能性が高い。なお、郭嵩燾の日記にも張の日記からの引用がみられる。

(48)『随使英俄記』光緒三年六月十九日、四三五頁。

(49)同書、光緒四年十一月七日、六三六頁。

(50)同書、光緒三年九月十八日、四八九頁。

(51)宣教師の中西比較の言説については、本章、第三節一五三—一五七頁及び結論、一七一—一七四頁を参照。厳復の中西文明論については、序論、五頁を参照。

(52)例えばアレンの影響が考えられる。郭嵩燾は英国への航海中、中西両文明の比較により中国文明批判を展開し清末知識人に強い影響を与えたアレンの『中西関係略論』を読み、西洋理解の指針としていた（『郭日記』第三巻、光緒二年十一月十一日、七八頁、同（『使西紀程』原稿）光緒二年十一月十一日、一一八頁、『郭年譜』下冊、光緒四年七月二十七日、七八四頁）。郭の身近にいた張も同書に関心があったはずで、郭を介し、あるいは別ルートで、同書を読んでいた可能性がある。

(53)『随使英俄記』光緒三年九月二十九日、四九二頁。

(54)同書、光緒三年正月二十九日、三五五頁。

(55)同書、光緒三年十月二十五日、五〇五頁。

(56)同書、光緒三年八月二十三日、四八一頁。

(57)張徳彝の目的意識的な観察ぶりを示す主な記述を、郭嵩燾と比較しつつ紹介しておく。①〈公式行事における儀礼〉例えば、一八七七年二月七日（光緒二年十二月二十五日）、バッキンガム宮殿での英国女王謁見と国書捧呈について、郭は宮殿到着から退出までを簡潔に記すが（約三三〇字、『郭日記』第三巻、一〇三、一〇四頁）、張は敬礼の打ち合わせ、双方の服装、郭の挨拶と国書の全文、送迎馬車の様式まで詳細に記している（約一八〇〇字、『随使英俄記』三一七―三二〇頁）。同年三月二日（光緒三年正月十八日）の同宮殿での朝見会について、郭は君主や参加者の礼、服装を簡単に記すが（一七五字、『郭日記』第三巻、一五〇、一五一頁）、張は招待状の様式、宮殿の飾付け、君主・王族・各国公使らの位置、謁見順序を含め詳細に記し（約八五〇字）、さらに謁見規定集を訳出する（約三五〇〇字、『随使英俄記』三三九―三四八頁）。②〈駐英各国公使間のルール・慣行〉例えば、一八七七年二月九日（光緒二年十二月二十七日）の各国公使への挨拶回りについて、郭は簡潔に記すが（一〇〇字、『郭日記』第三巻、一〇五頁）、張は加えて挨拶回りのマナーや英国外務省作成の各国公使館職員名簿の内容を紹介する（二八〇字、『随使英俄記』三二四頁）。③〈茶会・舞踏会・昼食会・晩餐会の開催要領〉ほぼ連日、多い日は五、六件に及ぶ社交の場について、郭は出会った人物の情報や発言を記録することが多かった。一方張の関心は、社交の場が如何に準備・運営されるのかにあり、社交の場についての詳細な描写のほか、時折その開催要領等を詳述している。主なものには、午後の茶会（約七六〇字、『随使英俄記』三九六、三九七頁）、晩の茶会（四五〇字、同書、三九七頁）、舞踏会（二〇〇〇字、同書、四三九―四四三頁）、昼食会（一一〇〇字、同書、五八九―五九一頁）、晩餐会（三九〇〇字、同書、六二〇―六二七頁）、普通の晩餐（一六〇〇字、同書、六二七―六三〇頁）など。また訪問・接客時のマナー、召使いの種類と接客時の役割などについても詳述している（同書、五三五、四九八、四九九、五三六、五六四―五六六頁）。

（58）詳しくは補論「張徳彝の総理衙門・在外公館改革論と国際認識」を参照。

第三章第三節

（1）鍾天緯の著作・翻訳及び従来の研究の概要は以下の通りである。今日知られる鍾の著作・翻訳のほとんどは上海図書館（古籍部）に所蔵されている。ここでは同館所蔵のものを列挙する。書誌情報は上海図書館の古籍目録（カード）及び現物に拠った（二〇〇二年八月調査）。ただし（二）については『中国近代史文献必備書目』中華書局、一九九六年に拠った。

鍾の著作としては、まず鍾の死後遺族により編纂された『刖足集』（鍾天緯撰、内篇一巻、光緒二十七年刻本、外篇一巻、民国二十一年女鏡芙鉛印本、附「鍾鶴笙徵君（鍾天緯）年譜」一巻、以下『刖』）がある。編者鍾鏡芙（鍾天緯の長女）の跋文によれば、鍾の著作には詩文若干巻、『格致課存』二巻、『随軺載筆』二巻、『救時百策』一巻、『佐幕芻言』一巻、『時事芻議』一巻、『捫蝨録』一巻などがあったが、鍾の死後、戦乱で大半が散逸し、残った著作が『刖』に収められたという。『刖』は遺像、序、内篇（論文、書簡等十九篇）、外篇（論文等三十五篇）、詩詞、跋、「鍾徵君伝」、「鍾徵君墓表」及び「鍾鶴笙徵君年譜」（以下「年譜」）からなる。内篇、外篇には山東機器局期及び出使期の書簡、論文も含まれるが、論文の多くはその題目が格致書院の季課・特課（一八八六―九四）の出題と同一であることから、季課・特課の答案として書かれたものと考えられる。その一部は、季課・特課の優秀答案を収録した王韜輯『格致書院課芸』（一八八七―九四）、さらには葛士濬編『皇朝経世文続編』（上海図書集成局、一八八八年）や陳忠倚編『皇朝経世文三編』（宝文書局、一八九八年）などに収録され知識人の間に流布した。なお『刖』所収の「年譜」によれば、鍾は季課・特課に毎回参加しており、また季課・特課は鍾が格致書院山長王韜に提案したものとされる。著作には、ほかに以下のものがある。

（イ）『学堂宜用新法教授議』鍾天緯撰、光緒二十二年（一八九六）上海三等学堂重刻本、一冊（書名と同名の論文のほか、三等学堂関係の資料を収録）。

（ロ）『三等学堂課芸』不分巻、鍾天緯撰、光緒二十二年（一八九六）鉛印本、一冊。

（ハ）『字義教科書』（『蒙学鏡』巻一）鍾天緯編、男鏡寰校、光緒二十九年（一九〇三）、鉛印本、一冊。

（ニ）『時事芻議』光緒二十七年（一九〇一）刻本。

次に鍾の翻訳には以下のものがある。

（ホ）『西国近事彙編』鍾天緯訳、光緒八―十年（一八八二―八四）、上海機器製造局（すなわち江南製造局、以下同じ）鉛印本。

（ヘ）『英国水師考』*British Naval Examination,* 英国巴那比・美国克理同撰、傅蘭雅訳、鍾天緯述、不分巻、光緒十二年（一八八六）上海機器製造局鉛印本。
（ト）『美国水師考』*U.S.Naval Examination,* 英国巴那比・美国克理同撰、傅蘭雅訳、鍾天緯述、一巻、光緒十二年（一八八六）上海機器製造局鉛印本。
（チ）『法国水師考』*Naval Examination,* 美国杜默能撰、羅亨利・瞿昂来訳、鍾天緯述、一巻、光緒十二年（一八八六）上海機器製造局鉛印本。
（リ）『考工紀要』英国瑪体生撰、傅蘭雅訳、鍾天緯述、十七巻、光緒五年（一八七九）、上海機器製造局刻本。
（ヌ）『行船免撞章程』*Naval Regulation,* 傅蘭雅訳、鍾天緯述、一巻、光緒二十一年（一八九五）上海機器製造局鉛印本。
（ル）『船塢論略』*Treatise on Decks,* 傅蘭雅訳、鍾天緯述、一巻、光緒二十年（一八九四）上海機器製造局鉛印本。
（ヲ）『工程致富論略』*Aid book to Engineering enterprise,* 英国瑪体生撰、傅蘭雅訳、鍾天緯述、十三巻、光緒四年（一八七八）上海機器製造局鉛印本。
（ワ）『鋳銭工芸』傅蘭雅訳、鍾天緯述、三巻、光緒二十一年（一八九五）上海機器製造局鉛印本。
以上のほか鍾鏡芙の『刖』跋文は翻訳として『造銷理法』を挙げている。

なお鍾の書簡を収録する文献としては、『刖』があるほか、本節、注（5）（6）（7）（80）を参照。

次に鍾に関する専論及び比較的詳しい論及がある研究は、管見の限り以下の通りである。①陳旭麓「論中体西用」『歴史研究』一九八二年五期（後に『陳旭麓文集二巻・思弁留踪（上）』華東師範大学出版社、一九九七年所収）、②鄒振環「中国近代史上一個承上啓下的人物——鍾天緯簡論」『社会科学』（上海社会科学院）一九八五年六期、③劉学熙「論『洋務思潮』」『歴史研究』一九八六年三期（後に『洋務思潮与近代中国』山西高校聯合出版社、一九九四年所収）、④周輝湘「清末鍾天緯的思想特征」『衡陽師専学報（社会科学）』一九九四年二期、⑤李華興「論鍾天緯——中国近代化和富強之路的探索者」『史林』一九九四年三期、⑥丁偉志・陳崧『中西体用之間』第二章第五節、⑦李長莉『先覚者的悲劇――洋務知識分子研究』、⑧熊月之『西学東漸与晩清社会』（修訂版）、⑨李長莉「晩清対西学的両種誤読――論鍾天緯的西学観」『江蘇社会科学』一九九九年六期、⑩郝秉健・李志軍『十九世紀晩期中国民間知識分子的思想――以格致書院為例』。

①から⑥は、一八八〇年代における鍾の世界認識が、戊戌変法期の康・梁や厳復の変法思想の先駆をなす突出したものであったことを指摘する点でほぼ共通する。しかしあくまで洋務――変法――革命の段階論が前提とされ、洋務から変法へという既定のコースの中で鍾をどう評価しどこに位置づけるか（洋務派か、早期改良派か、あるいは早期改良派と維新改良派の仲介者か等々）に主要な関心があり、一八八〇年代における鍾の世界認識が、どのような環境の下で形成され、当時の知識人においてどの程度の広がりを持っていたのか、といった問題への関心は希薄である。その結果、鍾の西洋理解は例外的な特殊な事例として論じられ、またその西洋理解の先駆性への指摘も上記の段階論に収まりのいい範囲にとどめられている。

一方、一九八〇年代以降、中国で洋務運動期における出使日記など世界認識関係の史料整備が進み、また宣教師の出版・教育等の活発な活動の実態が明らかになる中で、清末における世界認識のための環境は、一八七〇年代後半以降飛躍的に高まったことが広く知られるようになった。⑦⑧⑨⑩は、そうした清末における世界認識のための環境の変化に即して、新たな視点から鍾に言及したものであり、本書にとっても有益であった。

以上のほか次のような研究がある。⑪李舒瑾「鍾天緯与近代中国市場経済意識的覚醒」『中州学刊』一九九五年三期、⑫叶世昌「鍾天緯的経済思想」、同『中国近代経済思想史』上海人民出版社、一九九八年、第四節、⑬周建波『洋務運動与中国早期現代化思想』山東人民出版社、二〇〇一年、⑭陳科美・金林祥『上海近代教育史1843―1949』上海教育出版社、二〇〇三年、⑮銭曼倩「鍾天緯与上海三等学堂」『華東師範大学学報』（教育科学版）一九八五年三期、⑯薛毓良『鍾天緯伝』上海社会科学院出版社、二〇一一年。

⑪⑫⑬は、経済思想史分野の研究で、近年中国が直面する国有企業改革など新たな経済体制の構築という問題意識から、鍾

の企業経営論、鉄道建設論、外資利用論などに注目している。⑭は、教育史分野の研究で、近代上海の教育者として王韜、盛宣懐、馬相伯、経元善、蔡元培、黄炎培、陶行知らと共に鍾を取り上げ、一節を割いて論じ、⑮は、三等学堂での教育実践について詳しい。⑯は、生平篇、思想篇、余篇及び「鍾天緯年譜新編」からなる。『刖』所収の史料のほか、盛宣懐をはじめ周辺人士の書簡・日記等豊富な史料によって鍾の生涯を跡付けており、鍾天緯研究に不可欠な評伝である。鍾に関する研究論文については、⑯所収の「徴引及参考文献」に詳しい。

わが国では、手代木「鍾天緯の中西文明論——西洋体験とアレン『中西関係略論』の影響——」『中国—社会と文化』第二十四号、二〇〇九年のほか、青山治世「清末中国の在外公館と博覧会」、柴田哲雄（研究代表）『地方博覧会と文化史的研究』平成十七—十九年度科研報告書、二〇〇八年所収が鍾に言及している。

（2）鍾天緯の経歴に関しては、『刖』所収の「年譜」に拠ったほか、同じく「鍾徴君墓表」「鍾徴君伝」及び鍾鏡芙の跋文を参照した。またあわせて薛毓良『鍾天緯伝』所収の「鍾天緯年譜新編」を参照した。なお、関連する史料がある場合は注記した。

（3）江南製造局（上海機器製造局）翻訳館での訳書については、本節、注（1）を参照。

（4）王爾敏『上海格致書院志略』五三、五四頁。

（5）武昌滞在時期に関わる史料としては「鍾天緯致盛宣懐函」（陳旭麓等編『漢冶萍公司』（一）盛宣懐檔案資料選輯之四、上海人民出版社、一九八四年、一五、一九、二一、二三、二七、五五、五七頁）を参照。

（6）天津滞在時期に関わる史料としては「鍾天緯致盛宣懐函」（陳旭麓主編『甲午中日戦争』（下）盛宣懐檔案資料選輯之三、上海人民出版社、一九八二年、一三九、一四〇、一七六、三八六、三八七頁）を参照。

（7）汪康年との交際に関しては汪康年宛書簡（上海図書館編『汪康年師友書札』上海古籍出版社、一九八六—八九年、第三冊、三〇八二—三〇八八頁）を参照。

（8）当時、文化の中心であった北京では西洋を低くみる風潮が強く、知識人には外国人との接触を恥辱とする傾向さえあった。

それに比してすでに西洋情報が大量に流入していた上海では、西洋文明に対する受容能力ははるかに高く、外国語教育への需要も多かった。そのため北京の同文館が八旗子弟のみを対象としたのに対し、上海の広方言館は広い範囲から意欲のある優秀な学生を選抜することができた。広方言館からは公使九名、外交総長二名、代理国務院総理二名がでたほか、教育界で活躍した人材も少なくない（熊月之『西学東漸与晩清社会』（修訂版）二七五―二七六頁）。

（9）すでに三十三歳だった鍾天緯が広方言館に入学できた経緯は不明だが、親戚の友人で同館の学生だった金菊人なる人物の紹介があったとされる（「年譜」）。

（10）「上海初次議立学習外国語言文字同文館試辦章程十二条」『史料』第一輯上冊、二一六、二一七頁。なお歴代の西洋人教習には、アレンのほかフライヤー（英国人、法文教習）、ボワイエ（Boyer 卜沃野、フランス人、法文教習）、ボテュ（Adolf Bottu 璞琚、フランス人、法文教習）、ベベルマン（Bebelmann 裴勃盟、フランス人、法文教習）、クレイアー（Carl T.Kreyer 金楷理、米国人、徳文教習）等がいた（熊月之『西学東漸与晩清社会』（修訂版）二七一頁「広方言館西教習名録」）。

（11）「計呈酌擬広方言館課程十条」『史料』第一輯上冊、二二三頁。七分野は①鉱物資源調査・精錬、②金属機器製造、③各種木鉄製品製造、④機器設計・操作、⑤行海理法、⑥水陸攻戦、⑦外国言語文字風俗国政。また改革により伝統学術の比重が増し、『春秋左伝』『資治通鑑』『通鑑外紀』『続通鑑』など経史諸書及び『養正遺規』『朱子小学』など小学諸書のほか時芸、八股の学習が奨励された。

（12）Knight Biggerstaff, *The Earliest Modern Government Schools in China*, Cornell University Press, 1961, p.162, 熊月之『西学東漸与晩清社会』（修訂版）二七〇頁。

（13）「再擬開辦学館事宜章程十六条」『史料』第一輯上冊、二二九頁。

（14）熊月之『西学東漸与晩清社会』（修訂版）二七三頁、熊月之「広方言館史略」『上海史研究』二篇、学林出版社、一九八八年、一九六頁。

（15）「再擬開辦学館事宜章程十六条」『史料』第一輯上冊、二三〇頁。
（16）「自与洋人互市各口通商、一統之天下忽変為列国之天下、開千古未有之局、兆混一六合之機」「読金少愚徴士雑著書後」『刖』内篇二二葉右。
（17）「読金少愚徴士雑著書後」『刖』内篇二二葉左。
（18）鍾天緯を含め洋務世代知識人の不安定な立場とそれに起因する複雑な心理については、本章、第二節、注（26）を参照。
（19）夏東元『晩清洋務運動研究』四川人民出版社、一九八五年、九六―一〇二頁、同『洋務運動史』華東師範大学出版社、一九九二年、一三〇―一三八頁。
（20）夏東元『洋務運動史』一三〇―一三八頁、汪広仁、徐振亜『海国擷珠的徐寿父子』科学出版社、二〇〇〇年、八四―九三頁。
（21）「議覆機器局事宜開具説略」『刖』内篇二八葉左、二九葉。
（22）「代擬稟李爵相裁撤機器局条議」『刖』内篇五葉左、六葉。
（23）「与李茂才夢莒論開礦書」『刖』内篇八葉左、一一葉、一二葉右。後述するように鍾天緯はアレンの『中西関係略論』から強い影響を受けていたが、アレンは同書の中で、炭鉱開発の必要を強調するとともに、各自バラバラに商売を営む中国人を批判しつつ、西洋の優れた制度として公司制度に言及している。『略論』「論謀富之法」一三葉左、一四葉右、一二葉左。
（24）「年譜」によれば出使中の日記などをまとめた『随軺載筆』二巻はすでに散逸しているが、『刖』内篇には出使期の論文が収められており、当時の西洋理解をうかがうことができる。他に徐建寅『欧游雑録』（『走向世界叢書』所収の王韜『漫遊随録』他との合訂本、楊向群・王傑成編集、岳麓書社、一九八五年所収）からもわずかながら当時の様子がうかがえる。
（25）「代擬覆粤督稿」（一八八〇―八一）『刖』内篇三七葉。
（26）「因之各西国亦不以我之藩服視之。胡為中国猶欲争此羈縻之虚礼数乎。与其貪藩部之虚名、而転受牽制之実患、孰若停其封貢、却其称臣。進藩属而与為隣邦、以示封植之大恵、明許其自主、彼此立約通商、両国約章一以万国公法従事、毋稍偏枯」「論処置高麗」（一八八〇―八二）『刖』内篇五五葉。
(27)「論処置高麗」『刖』内篇五五葉、五六葉右、「論結納日本」『刖』内篇六〇葉。
(28) 伝統的宗属関係及び朝鮮の条約締結に関する記述は、以下の文献を参照した。岡本隆司『属国と自主のあいだ』名古屋大学出版会、二〇〇四年、Ⅰ部、第二章、茂木『変容する東アジアの国際秩序』四―六頁、同「李鴻章の属国支配観」『中国――社会と文化』第二号、一九八七年、九九頁。
(29) 岡本『属国と自主のあいだ』Ⅰ部、第二章、茂木「李鴻章の属国支配観」一〇一頁。
(30) 一八七五年から八二年までに李鴻章が書いたとされる奏疏、咨文、書信の多くは薛福成によって起草されたものであった。薛福成の『庸盦文別集』についてみると、収録された一一八篇中、李鴻章のために起草した文章が九四篇を占めるという（丁鳳麟『薛福成評伝』七九頁）。
(31)『籌洋芻議』藩邦、『薛選集』五三八―五四〇頁。世界秩序の大きな変動を認識しつつも、なお伝統的宗属の論理を放棄してはいなかった薛福成のこうした立場は、一八八二年七月、朝鮮で発生した大院君ら保守派による反日クーデター壬午軍乱の際の発言にも見出せる。薛福成は当時李鴻章の代理だった張樹声への意見書で、乱党の討伐、大院君の逮捕と北京連行などについて詳細な提案を行なうとともに、「中国属藩之事、不願他国与聞」として日本の介入を拒否するよう求め、この意見書が事態の収拾に重要な役割を果たしたのだった。「上張尚書論援護朝鮮機宜書」（一八八二年、八月十二日）『薛選集』一七八頁、丁鳳麟『薛福成評伝』一〇一―一〇七頁。
(32)「蓋泰西通例国之律法最尊、而君次之（中略）而国之律法、則集億兆公議、而定、君之威権亦本億兆公助、而成」「総論時勢」『刖』内篇三四葉右。
(33)「合通国之君臣上下、斉心併志、詢謀僉同。不啻謀一人一家之私計」「総論時勢」『刖』内篇三四葉左。
(34)「捺政柄於一人、則民心日渙。雖有九州十八省、実則家自為政、人各有心、不啻瓜分為百千万国」「総論時勢」『刖』内篇三五葉右。
（35）「君臣上下」が一体化した西洋社会とは対照的に、中国社会は民がバラバラで団結がない社会であるとの認識は、清末知識人の言説にはしばしば見られるものであり、本書でも郭嵩燾に同様の言説が見られることを指摘した。岡本隆司は、明清時代の経済史研究をふまえて、こうした中国社会のあり方が、国家と社会が遊離した明清以来の政治経済社会の特質に起因するものであることを指摘している（岡本『中国「反日」の源流』講談社、二〇一一年、特に二〇八―二一六頁）。
（36）厳復の有機体的国家像については手代木「『群』と『民徳』――厳復における西洋体験と『群学』の形成」『日本中国学会報』四十六集、一九九四年を参照。なお鍾天緯が「格致説」（『刖』外篇所収、一八八九年格致書院春季課答案、『己丑課芸』一八八九年上冊所収）で紹介しているスペンサーの著作 *Education: Intellectual, Moral, and Physical* の部分訳『肄業要覧』（史本守著、顔永京訳、光緒八年（一八八二）刻本、一巻、上海図書館蔵）には、社会有機体説をふまえた記述（同書「人事有五」七葉左）が見出せるから、鍾天緯は「格致説」を書いた時点では、スペンサーの社会有機体説からも刺激を受けていた可能性がある。
（37）この書簡について『刖』外篇目次には執筆時期の記載がないが、同じ程禧芝宛に書かれた内篇所収の書簡（一八八〇―八一）と連続する内容が多く、後者が書かれてから精々数ヵ月の間に書かれたものと考えられる。
（38）「使閭閻家自教戦、勝於国家之練兵、使閭閻家自求財、勝於国家之厚斂、人人明格致而製造自精、人人勤治生而利源日闢」「与程禧芝書」『刖』外篇八一葉左。
（39）「君臣之分、雖厳而小民皆有自主之権、其言曰、君者民之所擁戴、而非天之所授権。所以代兆民辦事、而非強以轄我也」「与程禧芝書」『刖』内篇六四葉左。
（40）「父母撫育子女、年至二十二歳、不復饍養聴其謀生自食、其力所得資、則由其自擅、（中略）是以人人奮勉自立、不敢游惰好閑」「与程禧芝書」『刖』内篇六四葉左、六五葉右。
（41）「夫婦無異合夥、各私其産業不相通融、苟不相投、即下堂求去。妻有自主之権、不服役於夫」「与程禧芝書」『刖』内篇六五葉右。

(42)「試取我中国三代之風俗観之、孰同孰異、当必有所去取矣」「与程禧芝書」『刖』内篇六五葉左。

(43)『薛日記』光緒十六年十二月十日、二七二、二七三頁、『随使英俄記』(『走向世界叢書』所収の『劉錫鴻・英軺私記　張徳彝・随使英俄記』岳麓書社、一九八六年所収) 光緒三年九月二十九日、四九二頁。

(44)ロブシャイド『英華字典』一八六六―六九年、香港刊(佐藤武義・成沢勝編、CD-ROM複刻版、一九九五年) 一一〇七頁、八七〇頁。なおロブシャイドの『英華字典』については、沈国威『近代英華華英辞典解題』関西大学出版部、二〇一一年、九七頁などを参照。

(45)小林武「近代中国における『自主』」、小林武・佐藤豊『清末功利思想と日本』研文出版、二〇一一年、第一章、梁一模「自由と公私――清末における日本経由の『自由』論以外の『自由』論」『中国哲学研究』第十号、一九九六年などを参照。

(46)第二章、第二節、五七頁を参照。

(47)「格致之学中西異同論」『刖』内篇六九葉右。この「格致之学中西異同論」は、『刖』内篇目次に執筆時期の記載がなく、また、格致書院季課・特課の優秀答案を収録した『格致書院課芸』には、収められていないが、一八八七年の格致書院春季課の出題と同一の題目であることから、同春季課での鍾天緯の答案と考えられる(以下、同様の場合は?を付す)。

(48)「必聚各国物産之菁華、製造之奇巧、評其貴賤而殿最之、考其工拙而奨賞之、所以風示天下、使民増識見、広聡明、勤懋遷、工製作也」「賽珍会論」『刖』内篇三二葉右。なお一八七八年パリ万博が開催されているが、鍾天緯がドイツに出発したのは八〇年三月であり(薛毓良『鍾天緯伝』二八八頁、注①)、彼は出使中に万国博覧会自体をみてはいなかったはずである。しかし様々な機会に万国博覧会について聞き及び、また類似した催しを見学することも多かったであろう。また鍾天緯と行動をともにすることが多かった徐建寅(鍾天緯の一年前に出使)は、西洋の科学技術に学ぶべく各国で工場や工業製品の展示を精力的に見学しており、パリ万国博覧会についても情報をもっていたであろうから、鍾天緯は徐建寅から情報を得ていた可能性もある。

出使中の徐建寅については鍾叔河「技術専家徐建寅」、同『走向世界――近代中国知識分子考察西方的歴史』第十七章を参照。

(49) 厳復「論世変之亟」、王栻主編『厳復集』中華書局、一九八六年、第一冊一頁。

(50) B・I・シュウォルツ著、平野健一郎訳『中国の近代化と知識人』東京大学出版会、一九七八年、四五、五四、五五頁。なおシュウォルツのいう動的ビジョンの厳復への影響を示すものとしては、「論世変之亟」から引用した部分のほか、序論、五頁で紹介した「論世変之亟」の中西文明論を参照。

(51) 十九世紀後半におけるスペンサーの社会進化論の流行については、永井道雄「スペンサー主義の流行――日本とアメリカの場合について――」『思想』三九三号、一九五七年などを参照。

(52) 中国では一八七〇年代から、宣教師の著作や翻訳の中で進化論が紹介されていた。詳しくは馬自毅「進化論在中国的早期伝播与影響」『中国文化』第五輯、復旦大学出版社、一九八七年、易惠莉「中国近代早期対西方社会進化論的反響」『江蘇社会科学』二〇〇〇年四期を参照。

進化論に関する鍾天緯の言及は、一八八九年の格致書院春季特課（李鴻章出題）での答案として書かれた「格致説」（『刖』外篇所収、また『己丑課芸』上冊、一八八九年所収）に見出せる。鍾天緯はその中で、ダーウィンの『種の起源』（一八五九）は「万物分種類之根源」と「万物強存弱滅之理」を論じたものだとし、その要旨は「凡植物動物之種類、時有変遷、並非締造至今、一成不変。其動物植物之不合宜者、漸漸消滅、其合宜者、得以永存」（「格致説」『刖』外篇九一葉左）ということだと記している。またスペンサーについては「推論達文所述之理、使人知生活之理、霊魂之理」（同上）と指摘するとともに、スペンサーの *Education: Intellectual, Moral, and Physical* の部分訳『肄業要覧』（顔永京訳）を紹介している（注（36）を参照）。なおこの李鴻章の出題（結論、注（17）を参照）は、西洋におけるダーウィン、スペンサーを含む学術の発展を論じさせたもので、ダーウィン、スペンサーに関する記述は他受験者の答案にも見出せる。

宣教師の社会進化論的な言説の清末知識人への影響に関しては、易惠莉「中国近代早期対西方社会進化論的反響」が、王韜においては一八六〇年代末の時点ですでに社会進化論の受容がみられることを指摘している。ただし、王韜は社会進化論と伝統的天命観の間を揺れ動き、社会進化論を洋務自強の理論的根拠とすることはなかったとする。

（53）西洋近代において万国博覧会がもった意味については、吉見『博覧会の政治学』特に序章、第五章を参照。清末に万国博覧会を見学した中国知識人の反応を示す一例として、張徳彝は、一八六七年の開催に向けて準備中だったパリ万博会場を訪れた際、国の大小によりパビリオンの面積が異なることに注目し、「国之大者備楼十数間、小者五六間、再小者二三間」（『航海述奇』同治五年三月二十四日、四九二頁）と記している。またこうした記述は中国人だけのものではなく、同じくパリ万博を見学した幕臣渋沢栄一も主会場の展示面積の割り当てが、国ごとに大きく異なることを記している（松沢弘陽『近代日本の形成と西洋体験』一二九頁）。清末知識人の万国博覧会への多様な関心や理解については、青山治世「清末中国の在外公館と博覧会」及び陳占彪「論清末民初中国対万国博覧会的三種認知」などを参照。

（54）「統観大勢、西人之性好動、動則勤、勤則奮発、而好為更張。視学問為後来居上、往往求勝前人、厭故喜新。雖有決裂之時、終収歴試之効、其究也、人心固日起有功、国勢亦坐成強大。華人之性好静、静則懶、懶則自画而憚於有為。視古人為万不可及、往往墨守成法、不知変通。雖有謙遜之美、実伏衰弱之機、其究也、人心因之委靡、国勢亦於焉不振」「与程禧芝書」『刖』外篇八三葉左。これとほぼ同様の記述は「格致之学中西異同論」（『刖』内篇）にも見出せる。

（55）このことは中西両文明の根底にある異質な価値観に関する指摘においても見出せる。李長莉「晩清対西学的両種誤読——論鍾天緯的西学観」『江蘇社会科学』一九九九年六期は、鍾天緯が指摘する西洋人の価値観のうち、「重芸軽道」「喜新厭故」などは、中国の伝統的二分法的思惟形式によって西学を理解したもので、西学への誤読をもたらしたと指摘している。李長莉の指摘は的確なものであるが、他方で、中国知識人の西学受容を促進するために、宣教師がそうした伝統観念による西学解釈に積極的だったことも見逃せない。王立新『美国伝教士与晩清中国現代化』第三章を参照。

（56）「策題三篇」（一八八七）『刖』外篇二六葉、「格致之学中西異同論」『刖』内篇七一葉右。また「策題三篇」『刖』外篇二四葉左、二五葉参照。

(57)『中西関係略論』（以下『略論』）は、『万国公報』（テキストには台北、華文書局影印本、一九六八年、全四十冊を使用）三五二巻（一八七五年九月五日）―三八三巻（一八七六年四月十五日）に掲載された。本書ではテキストに一八七六年の単行本（光緒二年孟秋中浣刊、鉛印、全四巻、上海図書館蔵）を使用し、あわせて李天綱編校『万国公報文選』生活・読書・新知三聯書店、一九九八年所収の選録を参照した。

(58)この時期の宣教師の活動については王立新『美国伝教士与晩清中国現代化』を参照。

(59)王立新『美国伝教士与晩清中国現代化』第一章一―一五頁。

(60)『略論』「論中外交接宜如何聯絡如何維持」。

(61)『略論』「論天道之学」及び「総結前論」。

(62)『略論』「論謀富之法」。

(63)「君民一体、上下宜通也。倘君処深宮、民居草野、不相聯絡、以致国貧民弱、所中飽者惟居官人耳」『略論』「論中外交接其聯絡維持之法究竟如何辦理」一一葉右、「彼疆此界、畛域之見太明。小而一家一族、大而一郡一省、各顧己之平安、不念他人之危困」『略論』「総結前論」二九葉左。

(64)「外国視古昔如孩提、視今時如成人、中国以古初為無加、以今時為不及。故西国有盛而無衰、中国毎頽而不振。西洋万事争先、不甘落後、中国墨守成規、不知善変。此弱与貧所由来也」『略論』「論中外交接其聯絡維持之法究竟如何辦理」一〇葉左。なお中国人の尚古志向批判の早い時期の事例としては、ウェード「新議論略」（一八六六）が中国人の「好古悪新」を批判している。

(65)「東人好静不好動、故所嗜者、以静為縁、而収斂尚焉。（中略）西人好動不好静、故所嗜者、以動為主、而発揚尚焉」『略論』「論鴉片烟之害」二七葉右。またアレンは中西の差が生じた原因について、「西人勇於奮興、華人安於旧習」「華人好静不好動」（『略論』「総結前論」二九葉左）とも指摘している。

(66)「惟是利之所在、害即随之、而争端漸啓矣。或因政事失和者有之、或因通商生隙者有之、或因新疆肇釁者有之、力小者弱、力大者強」『略論』「論欧洲人分布天下之意」七葉右。

(67) 結論、一七四頁及び注(12)、また第三章、第一節、八四頁及び注(38)を参照。

(68)「策題三篇」(一八八七)『刖』外篇二四葉左、二五葉。また「与程禧芝書」『刖』外篇八三葉右など。

(69)「挽回中国工商生計利権論(一)」『刖』外篇、四一葉左―四三葉。薛毓良『鍾天緯伝』二九一頁、注①及び五五―五八頁は、同論文について、一八八八年の格致書院夏季課で、鍾天緯が「朱震甲」という「化名」で提出した答案ではないかとする。

(70) 西洋の商会に関しては、一八八六年頃書かれた「拡充商務十条」(『刖』外篇所収、また『皇朝経世文続編』(上海書局、一八九八年石印本、台北、国風出版社、一九六四年影印)洋務十六所収)の「設商会」の条において一層詳しく、「各埠均設商会、京都且設総会、而延爵紳為之領袖、其権足与議院相抗。毎有屈抑、許径愬諸巴力門衙門、故商人得恃無恐、貿易盛而国勢日強」(『刖』外篇、七四葉右)と述べ、中国での商会設立を提唱している。

(71)「与李茂才夢莒論開礦書」『刖』内篇一一葉。

(72)「開鉄路置電線論」『刖』内篇五二葉右。

(73) 李玉『晩清公司制度建設研究』人民出版社、二〇〇二年、第一章、第二節、一七―二九頁。

(74)「倣造西洋火車無利多害摺」『劉光祿遺稿』近代中国史料叢刊三編、第四十五輯、台北、文海出版社、一九八八年、巻一、二葉左。

(75)「然使如外洋公司之例、総辦由董事保挙、董事由各股東保挙、復派股東監之、層層鉗制、事事秉公、何致如他局等之不振。至於集股之法、第一関鍵須由国家保利若干、贏則帰公、虧則賠補、此即官為保険也。而又無論鉄路貿易之贏縮、必按期付利、不爽各股分。(中略)則人皆倚信而集資自易矣」「中国創設鉄路利弊論」『刖』外篇三葉右(一八八六年格致書院冬季課答案?『皇朝経世文続編』一八八八年、洋務三所収)。また国家による株主保護の主張は「中国鉄路如何取道為便論」『刖』外篇一五葉

（一八八九年格致書院秋季課答案、『己丑課芸』下冊、一八八九年所収、また『皇朝経世文三編』（宝文書局、一八九八年刊本、台北、国風出版社、一九六五年影印）下冊、巻六十三、工政三、所収）にもみえる。

（76）「欲救其弊、宜減軽総辦之権、以収群策群力之效。苟董事合成五人以上、即可随時会議、抽閲巻宗、査問出入款項。毎有詰問総辦不能不対、執事人等不能不聴」「輪船電報二事応如何剔弊方能持久策」『刖』外篇二三葉右（一八八七年格致書院夏季課答案、『丁亥課芸』一八八七年所収、また『皇朝経世文三編』下冊、巻二十六、戸政三、理財下、所収）。

（77）鍾天緯のいう西洋人の教授法と関わって想起されるのは、児童心理の発展段階に即して児童教育を簡単な内容から進めることを説くスイスの教育家ペスタロッチの理論である。だが、中国へのその本格的紹介は、鍾天緯の新教授法の考案より遅く、一八九九年二月『万国公報』第一二一冊に載った秀耀春・汪振声の論文「養蒙正規・柏思大羅斉訓蒙新法」においてであった。マーチンの『西学考略』（光緒九年（一八八三）、総理衙門印、同文館聚珍版）にもペスタロッチの紹介（同書、巻下、師道館、四七葉左）はみえるがその教育理論を知りうるほどのものではなく、鍾にペスタロッチの影響があったかどうかは不明である。だが、新教授法が、鍾天緯が広方言館などで体験した西洋人の教授法をもとに、考案されたことは確かであろう。なお中国へのペスタロッチの紹介については、王立新『美国伝教士与晩清中国現代化』一六九、一七〇頁を参照。

（78）新教授法に関する以上の記述と引用文は、「学堂宜用新法教授議」一葉―四葉右に拠る。同論文は同名の『学堂宜用新法教授議』（上海三等学堂重刻本、光緒二十二年、上海図書館蔵）所収。なお、『史料』第一輯下冊は『学堂宜用新法教授議』所収の三等学堂関係資料を収録する。

（79）この時期の教育実践については「年譜」参照。

（80）公済善堂については「同仁公済堂紀事」、虞和平編『経元善集』華中師範大学出版社、一九八八年、一七九―一八一頁に詳しい。また高橋孝助「『公益善挙』と経元善」、日本上海史研究会『上海――重層するネットワーク』汲古書院、二〇〇〇年所収を参照。なお、『経元善集』は鍾天緯の経元善宛書簡一通を収録する。

（81）中国女学堂への関与については「鍾徴君伝」に記載があるほか、経元善「中国女学堂縁起」『経元善集』一八一―一八五頁に鍾天緯の名が見える。

（82）汪家熔『民族魂――教科書変遷』商務印書館、二〇〇八年、一三―一六頁。他に王建軍『中国近代教科書発展研究』広東教育出版社、一九九六年、第二章などを参照。なお『字義教科書』は『蒙養鏡』十二冊中の一冊とされる。

（83）鍾天緯の公司経営論には、国家による株主保護や経営監督システム導入の提言等を含む「輪船電報二事応如何剔弊方能持久策」「中国鉄路如何取道為便論」「中国創設鉄路利弊論」などがある。これらは、『格致書院課芸』や『皇朝経世文続編』、『皇朝経世文三編』に収録され当時の知識人に広く流布し、特に「中国創設鉄路利弊論」は反響を呼び、『万国公報』（一八九一年三月―五月）にも掲載され（署名は王佐才、結論注（19）参照）、また『富強策』として刊行された。近年では、中国で企業経営への関心が高まる中で、これらの論文が新たに研究者の注目を浴びている（本節、注（1）の研究文献参照）。また鍾天緯の幼童教育に対しては、教育事業に熱心だった盛宣懐が積極的に支援し（「年譜」参照）、鄭観応もその新教授法を賞賛している（「鍾鶴笙『論学堂新法教授書』」、夏東元編『鄭観応集』下冊、上海人民出版社、一九八八年、二三八―二四一頁）。今日でも中国近代教育史上、研究者の高い評価を得ている（本節、注（82）を参照）。

結論

（1）変法期における宣教師の言説の影響に関する従来の研究としては、王樹槐『外人与戊戌変法』上海書店、一九九八年重印、初版は台北、一九六五年など。近年の研究としては藤井隆「『一盤散砂』の由来」『現代中国』八十二号、二〇〇八年など。

（2）A・H・スミスは米国宣教師（公理会）。*Chinese Characteristics* は、一八八九年、上海の *North-China Daily News* に連載後、一八九四年にニューヨークで出版され、その後一八九六年には渋江保による日本語訳『支那人気質』、一九〇三年には上海の作新社から渋沢訳日本語版による中国語訳『支那人之気質』が刊行された（リディア・リウ著、中里見敬・清水賢一郎訳「国民性を翻訳する――魯迅とアーサー・スミス――」『言語文化論究』九州大学大学院言語文化研究院、二十三号、二〇〇八年）。同書が魯迅をはじめ五四新文化運動期の中国知識人に強い影響を与えたことはつとに知られる。近年の研究としては、リウ前掲論文のほか、黄興濤「美国伝教士明恩溥及其『中国人的気質』」（美）明恩溥著、佚名訳、黄興濤校注『中国人的気質』中華書局、二〇〇六年所収、摩羅『中国的疼痛――国民性批判与文化政治学困境』復旦大学出版社、二〇一一年など。なおリウ前掲論文は、魯迅はスミスの国民性の言説にひきつけられながらも、中国人としての主体性ゆえに、スミスの理論をそのまま受け入れたわけではなかった、と指摘する。

（3）『略論』巻一、「論中外交接其聯絡維持之法究竟如何辧理」一〇葉左、及び巻二、「論鴉片烟之害」二七葉右。

（4）『自西徂東』上海書店出版社、二〇〇二年、一九頁。『自西徂東』は『万国公報』六三六巻（一八八一年四月）から七五〇巻（一八八三年七月）にかけて掲載された文章をまとめて、一八八四年香港の中華印務総局より刊行された。なお宣教師による中西比較による中国文明批判については熊月之『西学東漸与晩清社会』（修訂版）第九章、第十五章などを参照。

（5）「生利分利之法一言破万迷説」『万国公報』第五一冊、一八九三年四月、一三五一三―一三五一七頁。

（6）王立新『美国伝教士与晩清中国現代化』第三章、一六三頁。

（7）アレンはその後、一八九六年に出版した『中東戦紀本末』初編八巻所収の『治安新策』において、中国人の性格として驕傲、愚蠢、恇怯、欺詐、暴虐、貪婪、因循、游惰の八つをあげている。こうした宣教師の中西比較による中国文明批判の中でも、中国近代において知識人に大きな影響を与えたことで知られるのが、スミスの *Chinese Characteristics* であった。参考までに、ニューヨークで出版された一八九四年版、全二十七章のタイトル（白神徹訳『支那的性格』中央公論社、一九四〇年に拠る）を記しておく。第一章、面子、第二章、節倹、第三章、支那流の勤勉、第四章、礼儀、第五章、時間の観念の無視、第六章、精確緻密ということに無頓着、第七章、勘違いの才、第八章、率直を避け婉曲に言う才、第九章、面従後言、第十章、智的渾沌、第十一章、無神経、第十二章、外人蔑視、第十三章、公共心の欠如、第十四章、保守主義、第十五章、西洋流の安楽ということがない、第十六章、旺盛な生活力、第十七章、辛抱強さ・粘り強さ、第十八章、知足・楽天性、第十九章、支那の孝、第二十章、支那の仁恵、第二十一章、思い遣りのなさ、第二十二章、社会的颶風、第二十三章、支那の責任と遵法の観念の原始性、第二十四章、疑心暗鬼、第二十五章、不誠実、第二十六章、多神論汎神論無神論、第二十七章、支那の実状と当面の必要事。

（8）熊月之『西学東漸与晩清社会』（修訂版）三二四―三二五頁。

（9）『盛世危言』『鄭観応集』上海人民出版社、一九八二年、上冊、四〇七頁。

（10）その後、民国期に第一次大戦を契機として西洋文明の限界が指摘されるようになると、東西文明の調和（杜亜泉、梁啓超）や中国文化の優位性（梁漱溟）を主張する議論が現れることになる（佐藤「『アジア』という価値」）。

（11）『中西関係略論』は『万国公報』三五二巻―三八三巻（一八七五年九月―七六年四月）に掲載後、一八七六年秋に単行本（光緒二年孟秋中浣、全四巻、鉛印、上海図書館蔵）として刊行された。しかし知識人の需要を満たせず、一八九二年にはフライヤーの強い勧めで増補のうえ再版された（熊月之『西学東漸与晩清社会』（修訂版）四九五、四九七頁）。その影響の広がりに関する十分な研究はまだないが、例えば、アレンの助手として『万国公報』の編集に関わった沈毓桂（一八〇七―一九〇七）の文章には、中国人における格致への不明、古法への拘泥などに対する批判をはじめ、『中西関係略論』の影響が少なからず見出せる（手代木「清末中西文明観の形成」、中嶋先生退休記念事業会編『中国の思想世界』イズミヤ出版、二〇〇六年所収）。また、梁啓超は『西学書目表』（一八九六）で『中西関係略論』を紹介しており、例えば、その「新民説」（一九〇二―〇六）にみえる「白人之優於他種人者何也、他種人好静、白種人好動、他種人狃於和平、白種人不辞競争、他種人保守、白種人進取」（「新民説」第四節一〇頁、『飲冰室合集』専集第三冊、上海中華書局、一九四一年再版）といった記述が、アレンの言説を意識していた可能性は少なくないであろう。

（12）『郭日記』第三巻、光緒二年十一月十一日、七八頁、同書第三巻（『使西紀程』原稿）光緒二年十一月十一日、一一八頁、『郭年譜』下冊、光緒四年七月二十七日、七八四頁。なおアレンが郭嵩燾を訪ねたことは張徳彝も記録している『随使英俄記』『劉錫鴻・英軺私記　張徳彝・随使英俄記』所収、光緒四年七月二十七日、五九二頁。

（13）第三章、第一節、八四頁及び注（38）。

（14）熊月之は、清末知識人のこうした態度の背景には、宣教師の西洋中心主義に対する読者層の複雑な民族感情への配慮があったことを指摘している（熊月之『西学東漸与晩清社会』（修訂版）四四五、四四六頁）。

（15）王爾敏『上海格致書院志略』香港中文大学出版社、一九八〇年、三九、四〇頁。

（16）王爾敏『上海格致書院志略』五三—五五頁、六九—七三頁、熊月之『西学東漸与晩清社会』（修訂版）二八七頁。なお後者で熊月之が指摘する通り、『格致書院課芸』は光緒十二年（一八八六）から光緒二十年（一八九四）まで九年分、計十五冊が発行されており、前者で王爾敏が光緒十九年（一八九三）までの計十三冊が発行されたとするのは誤り。

（17）この三回の季課・特課における中西格致の異同に関する出題及び『格致書院課芸』に答案が収録された成績優秀者（超等）は次の通り。①一八八七年春季課、浙江布政許鏻応出題「格致之学中西異同論」、彭瑞熙、葛道殷、趙元益（『丁亥課芸』目録）。②一八八九年春季特課、李鴻章出題「問大学格致之説、自鄭康成以下無慮数十家、於近今西学有偶合否、西学格致始於希臘之阿盧力士託徳爾至英人貝根出、尽変前説、其学始精、逮達文施本思二家之書、行其学益備、能詳遡其源流歟」、蔣同寅、王佐才、朱澄叙、鍾天緯（『己丑課芸』上冊、目録）。③一八八九年春季課、浙江按察使龔照瑗出題「泰西格致之学与近刻繙訳諸書詳略得失何者為最要論」、孫維新、車善呈、鍾天緯（『己丑課芸』上冊、目録）。なおこうした中西の異同への問題意識と関わって、李長莉は一八八〇年代の上海ではすでに一般庶民の間に科学技術において中国が西洋に及ばない原因への関心が形成されていたことを指摘している。第一章、注（21）を参照。

（18）一八八七年春季課（許鏻応出題）での葛道殷（湖南湘郷監生）の答案は、「格致之理固無不同、而格致之事各有詳略精粗之不

同」と述べ、中西格致を基本的に同質と見ている（『丁亥課芸』春季課、葛道殷答巻一葉右）。一八八九年春季課（龔照瑗出題）での孫維新（山東登州府文生）の答案は、中西の格致の異質性を全く認識せず両者を同質のものとみなしており、それ故に中国で「失伝」した格致を、西人が訳した西学書によって再発見できるとみている（『己丑課芸』上冊、春季課、孫維新答巻一葉右、十四葉右）。また同じく車善呈（浙江鎮海縣職監）の答案は、「泰西之格致、究不出中国格致之範囲」（『己丑課芸』上冊、春季課、車善呈答巻一葉左）と述べ、中国聖人の万能性を強調し、中西の格致の異質性への関心はみられない。

(19) 『己丑課芸』上冊、春季特課、鍾天緯答巻一葉右。アレンは『中西関係略論』で「古今求之大学問有三、一曰天道之学（キリスト教のこと、手代木注）、即天地万物本源之謂也。一曰人性当然之理、即誠正修斉治平之謂也。一曰物理之学、即致知格物之謂也。三者並行不悖、缺一不足為士也。而今之中国士人、天道固不知矣。即格致亦存其名而已。所偽為知者、誠正修斉治平之事耳」（『略論』巻一「論謀富之法」十五葉右）といい、また「中国空言格致、而失其真伝、泛論当然之理、而不深窮其奥」（『略論』巻二「論天道之学」十七葉左）と述べている。鍾天緯はこのうち「天道之学」には触れず、「人性当然之理」と「物理之学」をふまえて中西の格致を「義理」と「物理」で捉えている。

なお同じ一八八九年春季特課（李鴻章出題）での王佐才（浙江定海、附貢生）の答案には、中国の格致は「義理之格致、而非物理之格致也」（『己丑課芸』上冊、春季特課、王佐才答巻一葉右）とあり、鍾天緯の答案との類似がみとめられ、ほかにも鍾天緯の「格致之学中西異同論」（『刖』内篇所収）での中西両文明の異質性に関する記述とほぼ同様の記述も含まれている。これに関して薛毓良『鍾天緯伝』は、『格致書院課芸』を詳細に検討し、編者王韜の指摘等をふまえて、王佐才は鍾天緯の「化名」であり、その答案は鍾天緯の手になること、また王佐才の答案以外にも鍾天緯が「化名」で書いて答案が存在していたことを指摘している。筆者は、旧稿「鍾天緯の中西文明論――西洋体験とアレン『中西関係略論』の影響――」において、王佐才を鍾天緯の強い影響を受けた人物と推測したが、いまは薛毓良の指摘に従う。

(20) 『己丑課芸』上冊、春季特課、蔣同寅答巻一葉左。

(21)『己丑課芸』上冊、春季特課、朱澄叙答巻一葉。

(22)『丁亥課芸』春季課、彭瑞熙答巻一葉、三葉右。

(23)『丁亥課芸』春季課、趙元益答案、六葉右。

(24) アレンについては結論、注（19）を参照。またマーチンは『西学考略』において、西洋の格致について「格致之学、意在即物而明其理、即事而求其故」（『西学考略』光緒九年（一八八三）、総理衙門印、同文館聚珍版、巻下、西学源流、六一葉左）と述べている。王立新『美国伝教士与晩清中国現代化』一六一頁を参照。

(25) 王爾敏『上海格致書院志略』七三頁。

(26) 王爾敏『上海格致書院志略』八三頁及び同書七四—八三頁の「上海格致書院課芸徴引書目表」を参照。

(27) 格致書院の季課・特課を受験した知識人たちが読んでいた宣教師らの著作・翻訳については、一八八九年春季課での龔照瑗出題「泰西格致之学与近刻翻訳諸書詳略得失何者為最要論」への孫維新、車善呈及び鍾天緯の答案（『己丑課芸』所収）が参考になる。また王爾敏『上海格致書院志略』七四—八三頁は、『格致書院課芸』所収答案に紹介された書籍のリスト「上海格致書院課芸徴引書目表」（王爾敏作成、合計二三九種、大半は西学関係の著作と翻訳）を載せている。これらは宣教師の西学関係の著作・翻訳が当時の広範な一般の知識人に影響を与えていたことを示す興味深い史料である。

　上記のうち、鍾天緯の答案（『己丑課芸』上冊、春季課、鍾天緯答巻。『刖』外篇には「西学古今辨」として収録）は、以下の三十二種を挙げている。天文学関係ではワイリー訳、徐建寅述『談天』。地理学関係ではミュアヘッド（William Muirhead 慕維廉）著『地理全志』、マーチス（M. Marquès 瑪吉士）著『万国地理備考』、ウェイ（Richard Quanterman Way 禕理哲）編『地球説略』、リッチ（Matthieu Ricci 利瑪竇）制『万国輿図』、オーウェン（George Owen 文教治）訳、李慶軒述『地学指略』、徐継畬著『瀛環志略』、魏源著『海国図志』、マクゴーワン（Daniel Jerome MacGowan 瑪高温）訳、華衡芳述『地学浅釈』、マクゴーワン訳、華衡芳述『金石識別』、フライヤー訳、王徳均述『開煤要法』、フライヤー訳、趙元益述『井礦工程』、フライヤー訳、徐寿述『宝蔵興焉』。気学関係ではフライヤー訳、徐建寅述『汽機新製』、フライヤー訳、徐建寅述『汽機必以』、ワイリー訳、徐寿述『汽機発軔』。水学関係ではホブソン（Benjamin Hobson 合信）著『博物新編』、マーチン著訳『格物入門』。電学関係ではフライヤー訳、徐建寅述『電学』、フライヤー訳、周郇述『電気鍍金略法』、フライヤー訳、徐華封述『電気鍍鎳』。化学関係ではフライヤー訳、徐寿述『化学鑑原』、フライヤー訳、徐建寅述『化学分原』、フライヤー訳、徐寿述『化学考質』、フライヤー訳、徐寿述『化学求数』、ケール（John Glasgow Kerr 嘉約翰）訳編『化学初階』。重学（力学）関係ではエドキンズ（艾約瑟）著『重学』、マーチン著訳『格物入門』。医学関係ではフライヤー訳、趙元益述『儒門医学』、フライヤー訳、趙元益述『西薬大成』、『四種医書』（ホブソンの医書四種か、手代木）、ケール訳、林湘東述『西薬略釈』（以上、三十二種。ただし答案は書名を記すのみ。著訳者名については、熊月之『西学東漸与晩清社会』（修訂版）四二三―四三二頁の「江南製造局訳書目録」、及び王爾敏『上海格致書院志略』七四―八三頁の「上海格致書院課芸徴引書目表」に拠った）。

(28) 『同文書会年報』第二号（一八八九）にウィリアムソン（Alexander Williamson 韋廉臣）が、「格致之学泰西与中国有無異同」及び「泰西算学何者較中国為精」との題目で征文を行ない、二十篇の応募があり四篇が入選した（熊月之『西学東漸与晩清社会』（修訂版）、四四二、四四八頁）。

(29) 入選論文は『万国公報』第一九冊、一八九〇年八月、第二〇冊、一八九〇年九月、第五三冊、一八九三年六月、第五六冊、一八九三年九月、第五七冊、一八九三年十月に掲載された。

(30) 郝秉健・李志軍『十九世紀晩期中国民間知識分子的思想――以格致書院為例』八頁。

(31) 本書におけるこうした理解と深く関わって、近年、清末の「文明」をめぐる概念史的、語彙史的研究には注目すべき進展がみられる。そのうち黄興濤「晩清民初現代文明和文化概念的形成及其歴史実践」は、ほぼ次のように指摘している。

中国にも古来文明の概念は存在し、それらは近代的な文明 civilization 概念がもつ含意と相通ずる意味を有していたが、人類の営みの進歩・発展という観念を含まなかった。中国における近代的な文明の概念と「文明」の語は、明治初期の日本から受容されたものだった。その早期の使用例は一八七〇年代末から八〇年代初の黄遵憲、顔永京、マーチンらの著作にみられ、日清戦争後、危機感の高まりと進化論の影響のもと、戊戌変法から数年間に梁啓超をはじめ康有為、厳復、譚嗣同、章太炎、盛宣懐、葉徳輝あるいはアレンやリード（Gilbert Reid 李佳白）ら宣教師の論文等で頻繁に使用され、近代的価値観（進化論、物質軍事の強盛、科学の発達、教育の平等、議会民主制、効能の追求などの重視）を伴う形で伝播し、変法運動の思想的基礎となった。また明治日本で「文明」「文化」の語が混用された影響で、清末中国でも「文明」「文化」の語が同義で使われることになった。その後民国期には、政治体制変革への失望から政治以外の精神価値を重視する風潮が生じ、さらに第一次大戦を契機とする文明への反省も加わり、五四運動前後には文明とは異なり、言語、宗教、文学、美術、科学、歴史、哲学などを意味する狭義の文化概念が広まり、広狭両義の文化概念が並存する状況が出現することとなった。

本書は、清末における近代的な文明概念や「文明」の語の形成に焦点を当てた研究はないが、以上のような黄興濤の指摘は、本書における新たな文明観の形成に関する指摘が、近代的な文明概念や「文明」の語の形成とほぼ対応するものであることが、確認できるであろう。なお関連する研究として、石川「梁啓超と文明の視座」、方維規「近現代中国〝文明〟、〝文化〟観的嬗変」『史林』一九九九年四期、羅検秋「清末民初知識界関于〝文明〟的認知与思辨」鄭大華・黄興濤・鄒小站主編『戊戌変法与晩清思想文化転型』社会科学文献出版社、二〇一〇年所収などを参照。

（32） 佐藤「進化と文明——近代中国における東西文明比較の問題について」を参照。

補論

＊本文中の記述や引用が出使大臣や随員等の出使日記に拠っている場合は、その末尾の（ ）内に史料の略号及び頁数を記した。略号及び略号が示す史料は次の通り（すべて鍾叔河主編『走向世界叢書』岳麓書社、一九八四年—八六年所収）。

『航』：張徳彝『航海述奇』（原題も同じ、期間一八六六年三月〜同年十月、『林鍼・西海紀游草　斌椿・乗槎筆記、詩二種　志剛・初使泰西記　張徳彝・航海述奇、欧美環游記』鍾叔河等校点、岳麓書社、一九八五年所収）

『再』：張徳彝『欧美環游記』（原題『再述奇』、期間一八六七年十一月〜六九年十月、同右、所収）

『三』：張徳彝『随使法国記』（原題『三述奇』、期間一八七〇年十月〜七二年三月、『容閎・西学東漸記　祁兆熙・游美洲日記　張徳彝・随使法国記　林汝耀等・蘇格蘭游学指南』楊堅等標点、岳麓書社、一九八五年所収）

『四』：張徳彝『随使英俄記』（原題『四述奇』、記録期間一八七六年十月〜八〇年九月、『劉錫鴻・英軺私記　張徳彝・随使英俄記』岳麓書社、一九八六年所収）

『倫』：郭嵩燾『倫敦与巴黎日記』（岳麓書社、一九八四年）

『英』：劉錫鴻『英軺私記』（『劉錫鴻・英軺私記　張徳彝・随使英俄記』岳麓書社、一九八六年所収）

（1）張徳彝については、第三章第二節を参照。中国近代の外交制度、外交官制度については、陳体強『中国外交行政』商務院書館、一九四五年（以下『行政』）及び王立誠『中国近代外交制度史』甘粛人民出版社、一九九一年（以下『制度史』）に詳しいほか、清末の外交官制度論に関する研究として、坂野正高「フランス留学時代の馬建忠――外交官および外交官制度についての二つの意見書を中心に」、同『中国近代化と馬建忠』東京大学出版会、一九八五年所収、川島真「光緒新政下の出使大臣と立憲運動」『東洋学報』第七五巻三・四号、一九九四年など。また近年の外交官制度に関する本格的研究として箱田恵子『外交官の誕生――近代中国の対外態勢の変容と在外公館』名古屋大学出版会、二〇一一年、馬建忠研究として岡本隆司『馬建忠の中国近代』京都大学学術出版会、二〇〇七年がある。なお清末の世界像変動については佐藤慎一『近代中国の知識人と文明』東京大学出版会、一九九六年を参照。

（2）「瑪賽復友人書」『適可斎記言』中華書局、一九六〇年所収、四四、四五頁。

（3）『行政』一六、一七頁、『制度史』六二頁。

（4）『制度史』六一頁。郭が選ばれた経緯は『行政』一四七頁に詳しい。
（5）『制度史』六六、一二六、一二七頁。
（6）「出使章程」『光緒朝東華録』中華書局、一九五八年、第一冊、一一一一、一一一二頁。
（7）「巴黎復友人書」『適可斎記言』四三頁、「瑪賽復友人書」『適可斎記言』四六頁。
（8）「巴黎復友人書」『適可斎記言』三五―三八、四三頁。
（9）「保薦使才疏」（一八九四）「治術学術在専精説」（一八九二）、ともに丁鳳麟等編『薛福成選集』上海人民出版社、一九八七年所収。
（10）「論中国在公法外之害」（一八九二）『薛福成選集』所収。ただし、薛福成は、西洋諸国が中国に対して軍事的に圧的優位にあることを認識する一方で、第三章第一節で述べたように、出使前、出使期を通じて、伝統的文明観とそれにもとづく華夷的秩序観を維持していたのであり、出使期には西洋人への評価を従来の貪欲で野蛮という否定的なものから、礼義・交誼を重んじるという肯定的なものに改めるが、中国の中華としての位置が否定されることはなかった。
（11）張徳彝の経歴は『光禄大夫建威将軍張公集』（民国年間鉛印本、四巻、中国社会科学院近代史研究所資料室所蔵、後に張徳彝纂『醒目清心録』国家図書館分館編、全国図書館文献縮微中心刊、二〇〇四年、全十三冊に収録）所収の年譜に拠った。従来の張徳彝研究については第三章、第二節、注（1）を参照。
（12）「上慶邸書」（光緒十六年八月）及び「再上慶邸書」（光緒十九年）は、ともに『光禄大夫建威将軍張公集』「条陳」所収。
（13）馬建忠の意見書が書かれた当時、張徳彝は郭嵩燾とともにしばしば馬と同席しており、そうした中で張が馬の外交官制度に関する議論に接した可能性は少なくない。
（14）同文館期及び一八六六年、一八七〇年、一八七六年の出使時における万国公法への関心については、第三章、第二節、一〇五、一〇七、一二一、一二二、一二九頁を参照。

（15）坂野正高『近代中国政治外交史』東京大学出版会、一九七三年、九二、二五九、二九三頁、『制度史』七一—七五頁。

（16）一九〇四年、一九〇七年、一九一〇年の上奏（『光禄大夫建威将軍張公集』「奏疏」所収）を参照。

（17）「論中国在公法外之害」（一八九二）、『薛福成選集』所収。

（18）『制度史』一七五—一七八頁、一九六頁。

（19）『制度史』一八八、一九四、一九七、一九八頁、川島「光緒新政下の出使大臣と立憲運動」一四三—一四五頁。

（20）坂野正高『近代中国政治外交史』三三四頁、『欽定大清会典』（光緒十二年勅撰、光緒二十五年刻本、国立中央図書館蔵書景印）台湾中文書局、一九六三年、第一冊、巻九十九、総理各国事務衙門、『制度史』一六〇頁。

あとがき

本書は、私が一九九八年から二〇〇九年にかけて学会誌等に発表した四篇の論文をまとめ直し、東北大学大学院文学研究科に博士学位授与の申請のために提出した学位論文（二〇〇九年十一月学位取得）に、全体にわたる大幅な加筆・削除・修正を加え、さらに補論、参考文献、索引及び中文要旨を加えて、一書としたものである。学位論文の審査にあたられた三浦秀一教授（主査）、花登正宏教授（当時）、熊本崇教授からは、構成上の問題点から史料の誤読にいたるまで、多岐にわたる貴重なご指摘をいただき、本書をまとめる上で大きな助けとなった。この場をかりて各位に深くお礼申し上げる。

本書の構成と原型である初出論文の関係は次の通りである。

序論は、「清末初代駐英使節（一八七七―七九）における西洋体験と世界像の変動――文明観と国際秩序観――」（一）―（四）（『商学論集』福島大学経済学会、第六七巻、第一号、第六八巻、第一・二号、第七〇巻、第三号、一九九八―二〇〇二年、以下、第一論文）の「序説」をもとに大幅に書き加えた。

第一章「アヘン戦争以降の世界像と洋務運動期の西洋体験」は、第一論文の「序説」、及び「洋務世代知識人における西洋体験と文明観の転換――薛福成と鍾天緯の場合――」（一）―（三）（『商学論集』第七四巻、第二・三号、第八〇巻、第一号、二〇〇六―二〇一一年、以下、第二論文）の「序説」をもとに大幅に書き改めた。

第二章「夷務世代知識人における西洋体験と世界像の変動」は、第一論文の第二節及び第三節をもとに大幅に書き改めた。

第三章「洋務世代知識人における西洋体験と新たな文明観の形成」は、第二論文の第二節、第一論文の第四節、及び第二論文の第三節（拙稿「鍾天緯の中西文明論——西洋体験とアレン『中西関係略論』の影響——」『中国—社会と文化』第二十四号、二〇〇九年、以下、第三論文、を大幅に加筆し二〇一一年に発表）をもとに大幅に書き改めた。

結論は、「清末中西文明観の形成」（中嶋先生退休記念事業会編『中国の思想世界』イズミヤ出版、二〇〇六年所収）及び第三論文の第四節をもとに書き改めた。

補論「張徳彝の総理衙門・在外公館改革論と国際認識」は、「清末の外交制度論と国際認識——張徳彝の場合」（村上哲見先生古希記念論文集刊行委員会編『中国文人の思考と表現』汲古書院、二〇〇〇年所収）を一部修正の上、収録した。

次に、上記の初出論文のうち本書の骨格をなす「清末初代駐英使節（一八七七—七九）における西洋体験と世界像の変動——文明観と国際秩序観——」及び「洋務世代知識人における西洋体験と文明観の転換——薛福成と鍾天緯の場合——」の二篇について、その執筆の経緯を記しておきたい。

この二篇を構想する以前、私は大学院以来、中国伝統思想の近代における変容に関心を持ち、主に厳復の西洋思想受容について未熟ながら数篇の論文を書いてきた。その過程で痛感したのは、従来の研究では洋務運動期における厳復の思想形成、とりわけ英国留学期の世界認識について研究の蓄積が乏しく、日清戦争後に四十歳を過ぎて提唱された厳復の西洋モデルによる中国改革論を考える際、洋務運動期に形成された世界認識との関連性が明らかに軽視されていることであった。その原因は、史料が失われているためだけではなく、戦後の中国近代史研究を強く規定し歪めてきた洋務—変法—革命という段階論が、少なからず作用しているためと考えられた。私は可能な限り周辺史料を収集し、厳復の英国留学期における世界認識を明らかにすることを試みたが（「厳復の英国留学——その軌跡と西洋認識——」『中国—社会と文化』第九号、一九九四年）、到底満足できるものではなかった。ただ、この時留学期の厳復を知る上で役立ったのが、私が一九八四年から八六年まで南京大学に留学（中国政府給費普通進修生）した際、南京で買い求めた『郭嵩燾日記』（湖南人民出版社、一九八一—八三年）や、洋務運動期に西洋に出使した多様な知識人の出使日記を収録した『走向世界叢書』（岳麓書社、一九八四—八六年）など、文革後の洋務運動への再評価の下で出版された史料だった。特に『走向世界叢書』が、厳復と同じ洋務世代（序論八頁を参照）で、八回の出使を経験した張徳彝の出使日記四種を収録していたことは目を引いた。これらの史料を、郭嵩燾ら洋務世代以前の知識人から張徳彝ら洋務世代へと読み進めば、洋務運動期における広義の西洋体験により、伝統的な世界認識のあり方が変化していった様相を克明に捉えられるのではないか、という期待がふくらんだ。こうした意図の下に、佐藤慎一先生の清末知識人における世界像転換に関する一連の研究から多くの示唆を受けながら、初代駐英使節として英国に出使した劉錫鴻、郭嵩燾、張徳彝における世界像変動の解明を試みたのが、「清末初代駐英使節（一八七七—七九）における西洋体験と世界像の変動——文明観と国際秩序観——」である。

私はこの論文での張徳彝への検討を通じて、清末知識人における世界像転換、とりわけ伝統的文明観に代わる新たな文明観の形成が、洋務世代の知識人において明確になるとの見通しを得た。だがそれを検証するには、さらに張徳彝と同世代の多様な出使経験者について検討する必要があった。そこで、伝統型知識人ながら洋務運動のブレインとして活躍した薛福成、及び一八八〇年代すでに日清戦争後の厳復、梁啓超らに近い西洋認識を有していたことで知られる新型知識人鍾天緯を取り上げようと考えた。幸いにも、折よく二〇〇二年四月から一年間、上海の華東師範大学で海外研修の機会を得ることがかない、上海図書館等で特に鍾天緯関係の史料を収集しつつその閲読を進めた。同時に熊月之先生（上海社会科学院歴史研究所）、易恵莉先生（華東師範大学歴史系）ら優れた研究者との交流を通じて、一九八〇年代以降の上海史研究、とりわけ洋務運動期の西洋情報の受容・普及に関する研究から大きな刺激を受け、当初念頭になかった清末知識人への宣教師の影響を強く意識することになった。帰国後、上海での成果を土台に、さらに持ち帰った関係史料や周辺史料を読み込んで書いたのが、「洋務世代知識人における西洋体験と文明観の転換――薛福成と鍾天緯の場合――」である。

このように本書は、従来研究が手薄だった洋務運動期における出使知識人の世界認識に関して、文革後の洋務運動再評価（ただしあくまで限定つきの）という歴史的条件の下で、主に中国と日本を中心とする前世代及び同世代の研究者によって切り開かれてきた、史料整備と研究の進展に導かれる中で生まれたものである。私は自分の関心と理解の及ぶ限りそれらを吸収し、私なりの見解を提示したつもりだが、不勉強ゆえに考えが及ばぬ点や誤りも多いであろう。宣教師の影響のさらなる検討など残された課題もある。本書が先行研究をどれほど発展させることができたかについては、読者各位の評価を待ちたい。

私は、大学院で中国近代史を研究した父の影響もあって、一九七八年四月、東北大学文学部に入学すると同時に、中国語を学びはじめ、大学院（修士課程は中国文学専攻、博士課程は中国哲学専攻）に進むと、中国近代思想史の研究を開始した。かえりみればこれまでの研究生活は、迷いが多かった分、人一倍多くの方々に支えていただいてきた。

まがりなりにも博士学位を取得し本書の刊行が果たせたのは、大学院（中国哲学研究室）でご指導いただいた中嶋隆藏先生に、長年にわたりあたたかくまた粘り強く励まし続けていただいたお蔭である。また教養部で中国語を教えていただいて以来、困難にぶつかるたびに相談にのっていただき、仙台における魯迅の研究を通しても示唆を与えていただいた阿部兼也先生にも、終始ご心配いただいた。まずお二人に心よりお礼申し上げたい。

東北大学法学部におられた佐藤慎一先生には、院生時代、研究の方向が定まらず相談にのっていただいたことがあった。先生はその後東京大学文学部に移られたが、先生のご研究からの影響はむしろ強まり、今日まで様々な機会と多くの示唆を与えていただいている。

修士論文を書き直すために留学した南京大学で出会った王友三先生（哲学系、中国無神論研究）と孫応祥先生（歴史系、厳復研究）から受けた学恩も忘れられない。お二人はいわば「おしかけ弟子」だった私のために、史料収集の援助、研究者への紹介、学会参加の手続きなど多くの労をとって、私の研究への意欲をふくらませてくださった。

大学に職を得てからは、有田和夫先生が東京外国語大学（のち東洋大学）で主宰されていた『新青年』精読会に長年参加させていただいた。それまで集団で中国近代の文献を読む機会がなかった私には、貴重な勉強の場であった。

このたび本書を汲古書院から刊行できたのは、留学中の一九八五年五月、広州で開かれた中国近現代哲学研討会でお会いして以来、長年ご指導いただいてきた坂出祥伸先生にご推薦いただいたお蔭である。また東北大学中国文学研究室の佐竹保子教授にも何かとお力添えをいただいた。

本書の原型となった論文については、一九九六年二月と二〇〇〇年十一月に、近藤邦康先生が東京大学社会科学研究所で主宰されていた現代中国思想研究会で報告させていただいたほか、二〇〇二年十一月、李長莉先生のお世話により北京の中国社会科学院近代史研究所で、二〇〇六年三月には易惠莉先生のお世話により華東師範大学歴史系で報告の場を設けていただいた。出席された諸賢からは、その都度多くの有益なご指摘、ご批判をいただき、本書をまとめる上で参考にさせていただいた。またまだお会いしたことのない後藤延子先生からは、抜き刷りをお送りするたびにお手紙で貴重なご教示と激励をいただき、本当にありがたかった。ほかにも本書は、注や参考文献にあげた多くの方々の研究から恩恵を受けている。この機会に各位にお礼申し上げたい。

年齢相応に職場での役目が増える中で、本書が刊行までこぎつけることができたのは、汲古書院編集部の小林詔子さんのご尽力による。科研費申請の手続き以来この一年半、終始私のペースを最優先に作業を進めてくださったことに深く感謝申し上げる。また中文要旨については景慧先生のお手を煩わせた。

大学入学以来、父公助、母萩子はいつも私の希望通りの道を歩ませてくれた。ささやかな成果ではあるが、本書を私の歩みの証として、今も元気でいてくれる両親に捧げる。あわせて両親を近くで支えてくれる弟の建にも深い感謝の気持ちを伝えたい。本書の最初の構想からこれまでは、丁度、妻と子育てに励んだ時期と重なる。二人の娘の成長とともに、構想は徐々に形をなし、一昨年三月以来の予期せぬ困難をこえて、まもなく書物となる。いつも私に活力を与えてくれる由美、さづき、みずきに心から感謝し、本書の刊行をともに喜びたい。

二〇一三年一月　福島にて

手代木　有児

付記　本書の刊行にあたっては、日本学術振興会平成二十四年度科学研究費補助金（研究成果公開促進費）の交付を受けた。

著者略歴

手代木　有児（てしろぎ　ゆうじ）

1958年　東京都に生まれる

1988年　東北大学大学院文学研究科博士課程後期退学

福島大学経済学部講師，同助教授を経て

現　在　福島大学経済経営学類教授，博士（文学）

著　作　「厳復『天演論』におけるスペンサーとハックスリーの受容――中国近代における「天」の思想」『集刊東洋学』第58号，1987年

『近代中国の思索者たち』佐藤慎一編，共著，大修館書店，1998年

「鍾天緯の中西文明論――西洋体験とアレン『中西関係略論』の影響――」『中国―社会と文化』第24号，2009年など

清末中国の西洋体験と文明観

二〇一三年二月一日　発行

著　者　手代木有児

発行者　石坂叡志

整版印刷　富士リプロ㈱

発行所　汲古書院

〒102-0072　東京都千代田区飯田橋二-五-四

電　話　〇三（三二六五）九七六四

FAX　〇三（三二二二）一八四五

ISBN978-4-7629-2997-7　C3022

Yuji TESHIROGI ©2013

KYUKO-SHOIN, Co., Ltd. Tokyo.

中文要旨

本书旨在考察鸦片战争后，特别是洋务运动时期，中国知识界认识世界的传统框架有何变化，希望能通过对此早期转型情况的梳理，澄清并析明中日甲午战争后视中西文明为异质文明的新文明观的形成过程。本着这一目的，拙著对五位知识人士进行了研究。这五人均在洋务运动时期经传教士接受西学，且自身也曾作为外交使节出使海外亲身观察体验过西方，对外界的认知比较深刻。以下是本书结论部分的中文译文。

一

首先说明本书的考察要旨。

中国对世界的传统认识是，唯中国文明才是普世之文明，并以此为准绳，按文明程度的优劣来划分世界，文明的中心为华，以此为圆心向外伸延的未开化的地域则为夷，此华夷秩序观就是中国看待世界的传统模式。鸦片战争以后，中国的败北以及西方信息的涌入乃至与洋人的接触，这些虽然对传统的世界认知多少有所触动，但并没有达到动摇瓦解它的程度。比如鸦片战争后，魏源的《海国图志》（1844）为华人提供了大量的西方信息，梁廷枏的《海国四说》（1846）对美国的民主制度以肯定的态度加以了介绍，但这些名著仍然在传统的华夷框架下视西洋人为夷狄。就是 1861 年恭亲王等设置总理衙门之际，其世界认知也仍然一成不变，在谈到总理衙门为何要资助付印丁韪良所译惠顿的《万国公法》时，其解释依然是“欲借彼国事例以破其说”，可见以西方为中心的世界认知并未取代传统的华夷观。由此我们可以知道，鸦片战争之后，传统的华夷观并未马上动摇，除一部分有关西方消息的翻译书籍外，西洋人依旧在中国传统的价值观下被界定为野蛮贪婪的夷狄。

然而，先进知识分子内部却开始有了变化。首先显而易见的优劣对比现实使

他们的世界秩序观逐渐转向以西洋为中心，继而视中国文明为唯一普世文明的传统文明观也开始发生演变，他们不再固执地把中西之差看成是中华夷狄之差，而考虑是两个性质不同的文明之别。给这个演变带来契机的，是洋务运动期间经外国传教士介绍而骤然猛增的西方信息，以及十九世纪七十年代后期中国驻外使节们对西方的亲身体验和观察。

这些较为广泛地接触了西方文化的知识人士中，士大夫型的传统知识人尽管在历来被认为是夷狄的西方发现了文明，但由于自身的传统文明观根深蒂固，所以反把此看成是中国文明的延续。他们以中华价值观为矩尺，对优异的事物，哪怕地处西方也加以肯定，但却坚持认为是沿袭继承了中华文明的结果。作为郭嵩焘（1818－89；出使经历:1876－79）的副使出使英国的刘锡鸿（生年未详，一说是 1822 或 1823 年生）就认为，中国的价值观传到西方，经过教化，尽管还只是某个方面，但优雅之政教风气得以了实现。归根结底，刘锡鸿只承认西方比起昔日来向中国靠近了一大步，而没有将西方与中国同等看待。

然而抱着传统的文明观不放并坚持以中华价值为准绳，当西方优于中国、中国=中华；西方＝夷狄之传统框架发生逆转时，这就不仅仅是肯定西方，连中国也被否定，中国已不再是中华而将降为夷狄，更何况这个现实已经呈现在人们眼前了。出使英国的首任大臣郭嵩焘曾这样比喻，如今的洋人观中国，犹如古时的中国“三代”观夷狄，这个间接的言表暗示着他对华夷逆转的把握。但是郭嵩焘仍然认为，要重振中华，依旧需要正确行使中国的价值观。也就是说，他只是将中西优劣的原因归结于在为中华还是为夷狄的发展进程中是否真正贯彻了中华的价值观，而未清楚认识到，西方的富强是根植于不同的价值取向。当然不否定他对这个问题还是有一些朦胧认识的，比如郭嵩焘认为“三代”的德治靠圣人“一身之圣德”是不会绵延后世，而西洋的法治则因是“公之臣民”，所以善政才能日益盛行。他肯定后者，并且对不同于中华价值观的西方价值 —— 重视女子参与社会 —— 也给予了关注。

洋务时期的学人薛福成（1838－94；出使经历:1890－94）与郭嵩焘一样同是传统型知识人，他在出使英国期间也看到了西方的文明，从而纠正了对洋人的固有看法，但他本质上还是维持着传统的文明观，所以在他身上暂时还发现不到他

对西方独自价值观的清醒认识。不过薛福成早在出使以前就积极摄取西方信息，尽管他的思辨还停留在文明框架外，但对中西文明源于不同的价值观之感知，虽然还只是零星的、片段性的，却也有了一定的积累。比如他认为中国人顾全大局、节俭、图求安稳，而西人则注重事物的实质和现实，讲究繁荣创新。

以上这些传统型知识人士，鉴于自身对西方文明的广泛接触和体验，华夷秩序观得以崩溃乃至转换，然而对于两个文明源于不同的价值观，虽说也能从他们身上捕捉到一些零星或片段的认识，但总的说来，仍然是受着传统文明观的支配。与这些传统知识人士相比，在洋务运动中接受了新式教育的开明知识分子，由于他们出使海外前就开始接受西洋中心的秩序观，且本身的传统观念也没有旧式士人那么顽固执着，所以尽管并未放弃中华的价值观，却能将此相对化。他们出使海外以后，随着对西方了解的加深，开始明确认识到，中西优劣之差并不是因为在优劣的发展进程中是否实行了中华的价值观，而是因为西方也许存在着不同的价值取向。在他们中间，视中西文明为异质文明的新文明观逐渐取代原本就已形式化了的传统文明观，而且对两种不同价值观的理解和认识也越来越明确深化了。

在京师同文馆习得英语，曾八次出使海外的张德彝（1847－1919），在跟随郭嵩焘出使英国之际，将中国为何衰败西方为何富强之原因归纳为：中国搞迷信崇拜，而西洋则尚进步重实学。并认为之所以出现如此差异是因为各自的价值观不同，中国人崇尚静，强调自我克制，而西方人则指向动，重视强调自我。张德彝在认识到中西文明的不同价值观后，以驻外使馆随员的角度有目的地观察了解主权国家在近代外交上应该导入哪些不可欠缺的人事制度和礼仪等等，从而向总理衙门呈上了改革总理衙门和驻外使馆的奏折。

在上海广方言馆跟随林乐知学习英语，后在江南制造局翻译馆从事翻译的钟天纬（1840－1900；出使经历 1880－81），通过出使海外直接观察了解西方，得知中西两地政教风气不同：西方人重视自主（liberty），民众可以按照自己的意志进行政治经济活动，所以国情活跃，而中国则遵循三纲，以致国民的主体性受到压抑，国家衰退。而这些差异的根本则来自于华人的价值取向是好静，因循守旧，洋人则好动，不畏改革。实际上，钟天纬的这些思辨也许是林乐知的翻版，不过正因为他通过自身的西方体验深刻认识到了两个文明的根本不同，所以才能

对林乐知的观点一拍即合，他出使后提出的中国改革论是他对两文明异质性思考的产物。

十九世纪七十年代后期，出使海外对西方有较深了解的洋务期知识人，特别是开明知识分子，他们通过对中西两个文明的观察和思索，逐渐认识到两文明各为性质不同的文明，最后将其差异归结于来自中西各自不同的价值取向。新的文明观就是这样逐渐萌芽衍生并不断深化下去的。

至今的研究中，特别是洋务－变法－革命这个阶段论在今日仍有很大影响力的中国学界，因一般认为洋务运动的思想支柱是中体西用论，而中体西用的思想奠基则是传统的文明观，所以对新文明观的形成时期都倾向于界定在中日甲午战争之后。然而如上所叙，自 1870 年代后期以来，特别是在洋务期新式知识分子身上，已经可以明显地看到新文明观的存在了，这就意味着对至今的晚清思想史研究中的阶段论框架，有必要加以重新审视和考察。

二

其次，对在知识人士的个案讨论中尚有不足的地方，略作一点补充。

如本书所揭示的那样，一八七〇年代后期的洋务知识人士在言及中西两文明所根植的不同价值观时，都几乎异口同声地指出中国人好静、保守、追求安稳，而西人则好动，期改革求繁荣，这是为什么？ 诚然，从他们对西洋富强中国衰败这个共同的现实认知来说，肯定西方价值、否定中国价值是能够理解的，但是他们对西方的了解仍在探索中，从而每个人观察西方、比较中西文明的视角应该是不尽相同的。然而以本书所涉及的薛福成、张德彝、钟天纬的言论为例，这些具有丰富的西方知识和长期西方体验的人，为何在言及中西价值观的异质性时，其捕捉视角以及口径都如此相似？ 先说结论，那是因为在他们所接受的西方信息中有类似的话语，无形中影响制约了他们的语言表达。这些话语的主要来源可考虑为西方的传教士。至今有关晚清时期的传教士，多被提及的是戊戌变法时对康有为、梁启超很有影响的李提摩太（Timothy Richard）；对中国改革论很有影响的林乐知[(1)]；对批判传统思想的五四新文化运动、如对鲁迅等的国民性批判有直接

影响的阿瑟·亨·史密斯（Arthur Henderson Smith，中国名:明恩溥）的《中国人之气质》(Chinese Characteristics)(2)。然而，自上个世纪八十年代后期以来，中国国内对西方传教士的研究已取得相当成果，结合本书的考察，可以说，传教士对先进知识人士在言论上的影响早在1870年代后期至1880年代初期就已经开始了，下面将给予具体说明。

十九世纪七十年代后期，中国开始向外派遣驻外使节以及官费留学生，而在此之前，驻华传教士的中西比较论以及对中国文明的批判就已经出现在《万国公报》上了。洋务运动期间，在华西人为了把中国纳入以西方为中心的国际秩序框架中，对中国的内政和外交展开了猛烈批评，这些批判中国的初期代表作中，有为让中国学习西方尽快富强而提出的具体方策赫德（Sir Robert Hart）的《局外旁观论》(1866)、以及威妥玛（Sir Thomas Wade）的《新义论略》(1866)。西方传教士通过对中国文明的不断研究，最终将批判的矛头深入到中国文明本身、以及该文明的根基——中国价值观上。

前面已经提到，林乐知在发表于《万国公报》上的《中西关系略论》(1875)中指出:“西洋万事争先不甘落后，中国墨守成规不知善变”，“东人好静不好动，西人好动不好静”(3)。诸如和林乐知的中国文明批判类似的话语，在此后的1880～1890年间，主要以《万国公报》为据点不断地被反复唱诵。比如花之安（Ernst Faber）在《自西徂东》（1879－83）里写到“西洋人强壮好动，东洋人柔弱好静”(4)；李提摩太在《生利分利之法一言破万迷说》(1893)中指出，西人造新法以增新利益，华人守旧法以致不得已将原有利源分给多数人(5)。另外，艾约瑟（Joseph Edkins）在《富国养民策》里也谈到，中国统治者所重视的“蓄财”并不利于“增利”和“生财”，“增利之法”是买股票，“生财之源”是增加土地、劳力和资本(6)。综观这些传教士的文章，可知西洋人好动、东洋人好静等林乐知类语录，在此后很长时间内不断被重复使用，已成为传教士言说中的一种固定格式(7)。

几乎是传教士喉舌的《万国公报》，其发行量一八七四年还只有1000部，九四年则递增到4000部。总理衙门一八九一年曾定期购览，中国的上层官吏也经常围绕刊物中的记事展开议论，张之洞的秘书们也是该刊物的读者，据说张之洞本

人也曾阅览过该报。除此以外，郭嵩焘、王韬、郑观应、曾纪泽、薛福成等不少名士都曾在《万国公报》上撰文发表，广学会甚至于在一八八九年给在杭州、南京、济南、北京参加乡试的科举考生共分发了 1200 份该报 (8)。郑观应是反对基督教的传教活动的，但对林乐知、李提摩太、傅兰雅、艾约瑟、花之安等传教士的工作还是给予了肯定 (9)，这也说明驻华传教士的言论对中国士人具有很大的影响力。

洋务期先进知识人士能够认识到中西文明基于不同的价值观，很大程度上是受了传教士话语的影响和牵制，这是不可置否的。传教士在研究中国文明后所展开的中西比较、中国批判以及中国改革倡议，除基督教至上不能被接受认可外，效法西方致富中国正是当时知识人士的共同愿望，所以才有可能在晚清中国具有很大的说服力 (10)。而洋务期先进知识分子则直接或间接地吸收摄取传教士议论，将从中获得的启示用来整理归纳自己通过直接了解和体验所得到的西方知识，或者将自己的西方体验置于传教士的言说中加以验证。先进的知识人士就是这样在传教士言说或多或少的触发和刺激下，逐渐辨明了两文明的不同价值取向，进而认识到中西文明原来是两个根本不同的异质文明，只有这样考虑，才能理解他们的中西价值观议论中为何会出现类似的话语。

传教士的论著中，林乐知的《中西关系略论》(11) 在一八七〇至一八九〇年间曾风靡一时。除本书所言及的钟天纬外，可以认为其他很多知识人士都与此书有过不解之缘。郭嵩焘在去英国的航海中读到此书，他在伦敦接受林乐知的访问时，特别称赞此书对了解西方是一个很好的指南 (12)。当时在郭嵩焘左右的张德彝、严复都有可能通过郭而邂徊此书，或者说即便不通过郭嵩焘，以他们对中西文明异质性的关心而论，就假定他们是通过《万国公报》知悉的也不足为怪。关于薛福成，如前所叙，他在《筹洋趋议》(1879) 中的某些叙述和《中西关系略论》中的类似 (13)，所以他很有可能看过此书。然而，包括他们在内的当时的知识人士，都不主动坦言自己受了传教士的影响 (14)，所以有关传教士对晚清知识分子之影响的研究工作还有很多困难，有待于今后的拓展。

三

还想指出一点，其实对中西文明异质性的思考，甲午战争以前除了本书所考察的先进知识人士外，周边的一般知识阶层也开始展开了。可窥视当时此情况一斑的，格致书院的季课·特课的考生答卷是最好的例子。

格致书院是由中外人士合资于1876年在上海开设的新式教育机构，主要由傅兰雅、徐寿、王韬执教授业。每年四次的季课和每年两次的特课，是格致书院于1886（光绪十二年）至1894（光绪二十年）年间，为加强推行西学和认识时务而举行的征文活动。格致书院的学生以及全国学子都纷纷来此参试。据王尔敏对1886～1893年在季课特课中获得最高评价（超等）的86名考生的调查，江苏、浙江、广东等沿海地区出身的考生占总数的63%，而且正途（贡生、监生、举人）出身的占72%。考生中的出众答案按年分册收录在《格致书院课艺》（1887～94）上。如今已无法知道季课特课的所有参试者，但据熊月之的统计，登上了《格致书院课艺》的优秀考生（超等、特等、一等）共达1878人，所以季课特课对晚清思想界的影响是非常大的(15)。

季课特课的命题反映着当时出题人的思想意识，试题中让考生阐述中西之异同泛及各个领域。以1887年春季课（浙江布政许铄应出题）、1889年特课（李鸿章出题）以及同年春季课（浙江按察使龚照瑗出题）的试题、论中西格致之异为例，可知选登在《格致书院课艺》上的十篇优秀答卷中（两篇为钟天纬所作），一半以上对中西格致的理解尽管有程度上的不同，均都以这样或那样的形式指出了两文明在性质上的根本不同之处。

其中参加了1889年春季特课的钟天纬，在课卷中写到，中国的格致“专以义理为重”，西洋的格致“偏于物理为多”，当然钟天纬的认识里不否认有林乐知的影响(16)。蒋同寅（江苏太沧州宝山县附生）则如此回答：中国“以格致为开物之资”，而西人则“以格致为阐物之源”，主张二者并用(17)。同样，朱澄叙（江苏松江府上海县附生）也指出，先儒“主穷理、非泛然逐物格之”，而西学“则举万物之形质、究察其底里、明辨其异同”(18)。参加了1887年春季课试的彭瑞熙（湖南长沙善化县附生）在答卷中陈述道，中国的格致是“探造化之源、究性命

之理”，西人的器数之学则是“竭力殚精、探求实验”，主张在究明万物之性质而加以有效利用的同时，力主中西二者兼用[19]。赵元益在答卷中也指出，中人“以身心性命三纲五常为格致之根源”，而西人则“以水火光声化算电热为格致之纲领”[20]。

从以上引文，至少从收录在《格致书院课芸》中的考生答卷可以知道，当时有不少考生已经意识到中西格致在根本上存在着不同的价值观，在事物的认识处理上，是注重对天地万物本源之理的究明还是注重对每一现象事物的实质性探讨。考生们的这些理解也许也来自丁韪良的“格致之学，意在即物而明其理，即事而求其故”[21]、以及传教士有关西学的著书的影响。当时的格致书院为给来馆者提供阅读，曾广泛搜集刚出版的传教士有关西学的著书和译书，同时还在书院发行的《格致汇编》上，列出由江南制造局翻译出版的西书价目表等，以此来宣传各地刊行的西学书籍，并为读者进行代购[22]。季课特课的开设正好有力地推动了格致书院对西学书籍的宣传和普及。据王尔敏的调查，收录在《格致书院课芸》中的考生答卷，卷中所引傅兰雅、丁韪良、伟烈亚力等传教士的西学书目共有239种[23]。可以说季课特课的设置对西学的普及发挥了极大作用[24]。以上季课特课的考生答案也告诉我们，应试者对中西格致的异质性有如此这般的认识，是与传教士为普及西方文明所作出的积极努力截然分不开的。

由上可知，最迟在十九世纪八十年代后期，不仅是新式知识分子等先进士人，就是格致书院等新式教育机构以及在有机会接触传教士书籍的上海沿海地区，一般的知识阶层也开始对中西文明的异质性问题加以关注和重视了。刊登在《格致书院课芸》上的出色答卷，除陈忠倚编《皇朝经世文三编》(1898) 里辑有一百多篇外，葛士浚辑《皇朝经世文续编》(1888)、麦仲华辑《皇朝经世文新编》(1901)、储桂山辑《皇朝经世文新编续集》(1902) 里都皆有收录。由这些史料可知，中日甲午战争之后，对中西文明异质性的关注和思考在知识阶层中得到了更为广泛的展开[25]。

四

如上所叙，十九世纪七十年代后期至中日甲午战争之前，以洋务期新式知识分子为中心的先进知识学人，由于受传教士的中西比较以及包括中国批判的西方舆论的影响，加之知识学人自身的西方观察，他们开始认识到中西文明为性质不同的文明，而且这种新文明观越来越清晰明确了。如格致书院的季课特课的课卷所明示的那样，随着传教士之于西方信息的引进宣传，对中西文明异质性的关注已不限于先进的知识人士，已经扩大到一般的知识阶层。洋务运动时期随着传统框架的转换而衍生的新文明观，其发展趋势受传教士著书译著的作用自不待言，同时，在当时流行于世的先进士人的出使日记、登载在《格致书院课芸》上的季课特课答卷、还有将这些汇集成册的《小方壶斋舆地丛钞》以及甲午战争前后所刊行的经世文编类书的影响和推动下，日益被知识阶层广泛关注和接受。新的文明观在甲午战争之后之所以能够如此迅速地扩展，正是由于早在洋务时期，当时的先进知识人士就已经具有新文明观的雏形认识，而他们周边的一般知识分子对中西文明的异质性也开始了广泛的讨论(26)，这个历史背景是不能忽略的。

中日甲午战争之后，严复的《论世变之亟》以及其他书籍问世，从而新文明观在广大知识阶层中得以迅速传播，直至辛亥革命，新文明观又有了更新的拓展。西学东渐随时都伴随着剧烈的政治变动，中国应该在什么范围内并以何等速度接受西学，在对时务的争议中，知识分子对文明的关心已不仅仅停留在辨别中西文明的异质性，而发展到评判两文明的优劣之差以及讨论两者不同的原因所在。各阶层的知识人士以各自不同的政治立场和视角就两个文明的异同展开了广泛的议论，其中，特别对两文明差异性的性质探讨，之后在社会进化论的影响下，将此差异看成是在同一轨道上前行时所出现的快慢之差，即文明在单线发展进程中于某个阶段所出现的差异性，尽管对此见解也伴有异议，但基本上是以此为主轴而不断开展下去的(27)。

注：

（1）有关变法期传教士的言论对中国之影响，其研究论文有王树槐的《外人与戊戌变法》

（重印本，上海书店，1998年。初版：中央研究院近代史研究所，1964年）等论著，近年的研究有藤井隆的〈《一盤散砂》の由来〉，《现代中国》第82号，2008年。

（2）A.H.史密斯，美国传教士（公理会）。其著作《Chinese Characteristics》1889年在上海《North-China Daily News》连载后，1894年于纽约出版。1896年日人涩江保将此译成日文，书名为《支那人气质》。1903年上海作新出版社以涩江的日文版为底本译成中文刊行，书名：《支那人之气质》。该书给鲁迅以及五四新文化运动期的中国知识分子带来了极大影响，此是经常被论及的。参见 Lydia H.Liu, “Translating National Character: Lu Xun and Arthur Smith”, Translingual Practice: Literature,National Culture, and Translated Modernity —China, 1900-1937, Chapter2 ,Stanford: Stanford Univeity Press,1995。

（3）《中西关系略论》卷一，〈论中外交接其联络维持之法究竟如何办理〉第10页左。卷二、〈论鸦片烟之害〉第27页右。

（4）《自西徂东》（上海书店出版社 2002年）第19页。《自西徂东》1881年4月—1883年7月载于《万国公报》第636—750卷上后，1884年由香港中华印务总局刊行。拙著使用的是林乐知主编《万国公报》台北，华文书局的影印本（1968年），全四十册。关于传教士的中西比较和对中国文明的批判可参见熊月之《西学东渐与晚清社会》（修订版）中国人民大学出版社，2011年，第9章，第15章等。

（5）〈生利分利之法一言破万迷说〉《万国公报》第51册，1893年4月，第13513—13517页。

（6）王立新《美国传教士与晚清中国现代化》天津人民出版社，1997年，第3章，第163页。

（7）林乐知后来在1896年出版的《中东战纪本末》初编第8卷所收的〈治安新策〉中列举了八项中国人的性格:骄傲、愚蠢、恇怯、欺诳、暴虐、贪婪、因循、游惰。而在这些传教士通过中西比较所展开的中国文明批判中，史密斯的《Chinese Characteristics》可谓集大成。

（8）熊月之《西学东渐与晚清社会》（修订版）第324—325页。

（9）《盛世危言》，《郑观应集》上海人民出版社，1982年，上册，第407页。

（10）民国时期因第一次世界大战爆发，人们开始怀疑西洋文明是否已经到头。这时主张东西调和（杜亚泉、梁启超）和中华文明至上（梁漱溟）的意见相继问世。参照佐藤慎一〈《アジア》という价值〉，岩波讲座世界历史28《普遍と多元》岩波书店，2000年所收。

（11）《中西关系略论》在《万国公报》第352—383卷（1875年9月—1876年4月）上发表后，1876年秋以单行本形式发行（光绪二年孟秋中浣，全四卷，铅印，上海图书馆藏书）。之后因满足不了知识人士的需要，1892年在傅兰雅的强烈推荐下加以增补

并再版（熊月之《西学东渐与晚清社会》（修订版）第 495－497 页）。就该书的影响范围所作的考察研究目前尚不多。沈毓桂（1807－1907）曾作为林乐知的助手参与《万国公报》的编辑，从他在文章中批判中国人不明格致、拘泥古法等措辞来看，可知是受了《中西关系略论》的影响。另外，梁启超在《西学书目表》（1896）中对《中西关系略论》也作过介绍。他在《新民说》（1902－1906）中道："白人之优于他种人者何也。他种人好静、白种人好动、他种人狃于和平、白种人不辞竞争、他种人保守、白种人进取"（〈新民说〉四节第 10 页，《饮冰室合集》专集第三册，上海中华书局，1941 年再版）。可见梁启超的意识里有林乐知言论的影子。

（12）《郭嵩焘日记》第三卷，光绪 2 年 11 月 11 日，第 78 页。该书第三卷（〈使西纪程〉原稿），光绪 2 年 11 月 11 日，第 118 页。《郭嵩焘先生年谱》下册，第 784 页。另外，林乐知曾访问郭嵩焘之事在张德彝的著书《刘锡鸿・英轺私记 张德彝・隋使英俄记》（光绪 4 年 7 月 27 日，第 572 页）里也有记载。

（13）本书第三章第一节，第 84 页以及注（38）。

（14）熊月之指出，清末文人采取这种态度是为了顾及读者们对传教士的西洋中心主义所抱有的复杂的民族感情（熊月之《西学东渐与晚清社会》（修订版）第 445、446 页）。

（15）王尔敏《上海格致书院志略》香港中文大学出版社，1980 年，第 53－55 页，第 69－73 页。熊月之《西学东渐与晚清社会》（修订版），第 287 页。如熊月之所指出的那样，熊月之本人的考察结果是，《格致书院课艺》登载了光绪 12 年（1886）至光绪 20 年（1894）共九年的课试卷文，共发行了 15 册，所以王尔敏的至光绪 19 年共发行了 13 册之说有误。

（16）《格致书院课艺》己丑（光绪 15 年），上册，春季特课，钟天纬答卷第 1 页右。林乐知在《中西关系略论》中道"古今求之大学问有三，一曰天道之学（指基督教，手代木注），即天地万物本源之谓也。一曰人性当然之理，即诚正修齐治平之谓也。一曰物理之学，即致知格物之谓也。三者并行不悖，缺一不足为士也。而今之中国士人天道故不知矣。即格致亦存其名而已。所伪为知者、诚正修齐治平之事耳」（《略论》卷一〈论谋富之法〉第 15 页右）。又道："中国空言格致，而失其真传，泛论当然之理，而不深穷其奥」（《略论》卷二「论天道之学」第 17 页左）。钟天纬在其答卷中未涉及"天道之学"，仅对"人性当然之理"和"物理之学"加以了叙述，然后将中西格致之别解释为"义理"和"物理"之别。无独有偶，同是 1889 年春季特课考生的王佐才（浙江定海附贡生）在其答案中也写道，中国的格致是"义理之格致，而非物理之格致也"，与钟天纬的答案异曲同工（《格致书院课艺》己丑（光绪 15 年），上册，春季特课，王佐才答卷第一页右）。另外，1889 年春季特课考生王佐才的答卷，其中的部分叙述和钟天纬的其他文章酷似。对此薛毓良在其著《钟天纬传》（上海社会科学院出版社，2011 年）里，通过对《格致书院课艺》的详细研究，根据编者王

韬的提示，指出王佐才即钟天纬的化名，该答卷出自钟天纬之手。笔者曾在旧稿中推测王佐才是受钟天纬强烈影响的人物，现赞同薛毓良的意见。

(17)《格致书院课艺》己丑（光绪 15 年），上册，春季特课，蒋同寅答卷第 1 页左。

(18)《格致书院课艺》己丑（光绪 15 年），上册，春季特课，朱澄叙答卷第 1 页。

(19)《格致书院课艺》丁亥（光绪 13 年），春季课，彭瑞熙答卷第 1 页，第 3 页右。

(20)《格致书院课艺》丁亥（光绪 13 年），春季课，赵元益答卷第 6 页右。

(21)《西学考略》1883 年，卷下，西学源流，第 61 页左，王立新《美国传教士与晚清中国现代化》第 161 页。

(22) 王尔敏《上海格致书院志略》第 73 页。

(23) 王尔敏《上海格致书院志略》第 83 页及第 74—83 页，参见〈上海格致书院课艺徵引书目表〉。

(24) 关于格致书院季课特课的参试者们所读过的传教士的著作和翻译，可参阅 1889 年春季课，孙维新、车善呈和钟天纬对〈泰西格致之学与近刻翻译诸书详略得失何者为最要论〉（龚照媛命题）之试题所交的答卷（《格致书院课艺》己丑（光绪 15 年）所收）。另外王尔敏的《上海格致书院志略》里（第 74—83 页）列有《格致书院课艺》答案中被言及的书目表——〈上海格致书院课艺徵引书目表〉（王尔敏制作，共收书目 239 种，大部分为西学的著作及翻译）。这表明传教士有关西学的著作和翻译给当时的一般知识分子带来了很大的影响，是非常有意义的资料。

(25) 郝秉建・李志军《十九世纪晚期中国民间知识分子的思想——以格致书院为例》中国人民大学出版社，2005 年，第 8 页。

(26) 近年来，对晚清“文明”一词的概念和语意，就其形成发展的轨迹加以考察的研究取得了很大的进展，其中特别值得关注的，是黄兴涛的〈晚清民初现代文明和文化概念的形成及其历史实践〉，《近代史研究》2006 年 6 期。虽然拙著的目的并不在于阐释近代“文明”之概念以及“文明”一词的形成过程，但通过黄兴涛的研究可以确认，拙著对新文明观形成的探讨与近代中国之文明概念以及“文明”一词的语意变迁基本上是相对应的。

(27) 佐藤慎一〈进化と文明——近代中国における东西文明比较の问题について〉《东洋文化》75，1995 年。

（景 慧 译）

人名索引

この索引は、本文と注の人名を対象としているが、注の史料及び研究文献の著者名等は一部を除いてとっておらず、網羅的なものではない。

史料索引

この索引は、本文と注の史料名を対象としている。
ただし、一部省略したものがある。

た行

な行

は行

参考文献

Ｉ史料

【中国語史料（拼音順）】

『籌辦務始末（道光朝）』文慶等纂，近代中国史料叢刊第56輯，80巻（全10冊），台北，文海出版社，1966年。
『籌辦夷務始末（咸豊朝）』賈楨等纂，近代中国史料叢刊第59輯，80巻（全10冊），台北，文海出版社，1966年。
『籌辦夷務始末（同治朝）』宝鋆等修，近代中国史料叢刊第62輯，100巻（全16冊），台北，文海出版社，1966年。
『出使公牘・奏疏』薛福成撰，全10巻，近代中国史料叢刊第81輯，台北，文海出版社，1972年。
『稿本航海述奇匯編』張徳彝撰，全10冊，北京図書出版社，1997年。
『格致彙編』英国傅蘭雅輯，光緒２年（1876）―光緒18年（1892），影印版，南京古舊書店，1992年。
『格致書院課芸』王韜輯，全15冊，上海大文書局等鉛印本，1887―94年，上海図書館蔵。
『光祿大夫建威将軍張公集』民国年間鉛印本，４巻，中国社会科学院近代史研究所資料室所蔵。
『光緒朝東華録』朱壽朋編，全５冊，中華書局，1958年。
『郭嵩燾：倫敦与巴黎日記』鍾叔河・楊堅整理，楊向群責任編輯，岳麓書社，1984年，『走向世界叢書』所収。
『郭嵩燾日記』楊堅・鍾叔河責任編輯，全４冊，湖南人民出版社，1981―83年。
『郭嵩燾詩文集』楊堅点校，岳麓書社，1984年。
『郭嵩燾先生年譜』郭廷以編定，尹仲容創稿，陸寶千補輯，全２冊，台北，中央研究院近代史研究所，1971年。
『郭嵩燾奏稿』楊堅校補，岳麓書社，1983年。
『海国四説』梁廷枏著，中華書局，1993年。
『漢冶萍公司』（一）陳旭麓等編，盛宣懐檔案資料選輯之四，上海人民出版社，1984年。
『皇朝経世文三編』陳忠倚編，宝文書局（光緒24年）刊本，台北，国風出版社，1965年影印。
『皇朝経世文続編』葛士濬編，上海書局（光緒24年）刊本，台北，国風出版社，1964年影印。

『甲午中日戦争』（下）陳旭麓主編，盛宣懐檔案資料選輯之三，上海人民出版社，1982年。
『経元善集』虞和平編，華中師範大学出版社，1988年。
『林鍼：西海紀游草　斌椿：乗槎筆記・詩二種　志剛：初使泰西記　張徳彝：航海述奇・欧美環游記』鍾叔河等校点，王傑成・楊向群責任編輯，岳麓出版社，1985年，『走向世界叢書』所収。
『劉光禄遺稿』劉錫鴻撰，全２巻，近代中国史料叢刊三編，第45輯，台北，文海出版社，1988年。
『劉錫鴻・英軺私記　張徳彝・随使英俄記』朱純・楊堅校点，楊向群・鄢琨責任編輯，岳麓書社，1986年，『走向世界叢書』所収。
『欽定大清会典』光緒12年勅撰，光緒25年（1899）刻本，国立中央図書館蔵書景印，台湾中文書局，1963年，第１冊。
『容閎：西学東漸記　祁兆熙：游美洲日記　張徳彝：随使法国記　林汝耀等：蘇格蘭游学指南』楊堅等標点，楊向群・馮天亮責任編集，岳麓書社，1985年，『走向世界叢書』所収。
『適可齋記言』馬建忠著，張豈之・劉厚祜校点，中華書局，1960年。
『四国新檔』中央研究院近代史研究所編，全４冊，影印版，台北，中央研究院近代史研究所，1986年。
『弢園文録外編』王韜著，中州古籍出版社，1998年。
『万国公報』林樂知主編，全40冊，影印版，台北，華文書局，1968年。
『万国公報文選』李天綱編校，生活・読書・新知三聯書店，1998年。
『汪康年師友書札』上海図書館編，全４冊，上海古籍出版社，1986―89年。
『王韜：漫游随録　李圭：環游地球新録　黎庶昌：西洋雑誌　徐建寅：欧游雑録』陳尚凡等校点，楊向群・王傑成編集，岳麓書社，1985年，『走向世界叢書』所収。
『魏源集』中華書局編輯部編，全２冊，中華書局，1983年。
『戊戌変法』中国史学会主編，全４冊，中国近代史資料叢刊第八種，神州国光社，1953年。
『西国近事彙編』金楷理等撰，全108冊，江南製造局，1873―99年，上海図書館蔵。
『西学考略』美国丁韙良著，２巻，光緒９年（1883），同文館聚珍版，総理衙門印，東京都立日比谷図書館蔵。
『西学書目表』梁啓超著，光緒22年（1896）序，時務報館代印，東北大学図書館蔵。
『小方壺斎輿地叢鈔』王錫祺輯，上海著易堂印，光緒17年序（1891）。
『醒目清心録』張徳彝纂，国家図書館分館編，全13冊，全国図書館文献縮微中心，2004年。

『薛福成：出使英法義比四国日記』張玄浩・張英宇標点，王傑成・馮天亮責任編輯，岳麓書社，1985年，『走向世界叢書』所収。
『薛福成日記』蔡少卿整理，全２冊，吉林文史出版社，2004年。
『薛福成選集』丁鳳麟・王欣之編，上海人民出版社，1987年。
『学堂宜用新法教授議』鍾天緯撰，光緒22年（1896），上海三等学堂重刻本，上海図書館蔵。
『厳復集』王栻主編，全５冊，中華書局，1986年。
『洋務運動文献彙編』楊家駱主編，全８冊，台北，世界書局，1963年。
『肄業要覧』史本守著，顔永京訳，光緒８年（1882）刻本，一巻，上海図書館蔵。
『飲冰室合集』文集16冊，専集24冊，上海中華書局，1936年初版，1941年再版。
『英華字典』W.Lobscheid 著，初版４冊本，1866—69年，香港刊，佐藤武義・成沢勝編，CD-ROM 復刻版，1995年。
『庸庵文別集』薛福成著，上海古籍出版社，1985年。
『刖足集』鍾天緯撰，内篇１巻，光緒27年（1901）刻本，外篇１巻，民国21年（1931）女鏡芙鉛印本，附「鍾鶴笙徵君（鍾天緯）年譜」１巻，上海図書館蔵。
『鄭観応集』夏東元編，全２冊，上海人民出版社，1988年。
『中東戦紀本末』林楽知著訳，蔡爾康纂輯，全８巻（４冊），近代中国史料叢刊続編，第71輯，台北，文海出版社，1980年。
『中国近代学制史料』朱有瓛主編，第１輯，華東師範大学出版社，1983年。
『中国人的気質』（美）明恩溥著，佚名訳，黄興濤校注，中華書局，2006年。
『中西関係略論』美国林樂知著，全４巻，光緒２年（1876）孟秋中浣，鉛印本，上海図書館蔵。
『自西徂東』（徳）花之安著，上海書店出版社，2002年，近代文献叢刊所収。
『走向世界叢書』湖南人民出版社，1980—83年。
『走向世界叢書』鍾叔河主編，全10冊，岳麓書社，1984—86年。

【英語史料】

Smith,Richard J., John K.Fairbank, and Katherine F.Bruner, eds., *Entering China's Service, Robert Hart's Journals, 1854-1863*, The Council on East Asian Studies, Harvard University, 1986 .
Smith,Richard J., John K.Fairbank, and Katherine F.Bruner, eds., *Robert Hart and China's Early Modernization, His Journals 1863-1866*, The Council on East Asian Studies, Harvard University. 1991.
The North China Herald, Shanghai.

Ⅱ研究文献

【日本語文献（五十音順）】

青山治世「清末における『南洋』領事増設論議——清仏戦争後の議論を中心に——」『歴史学研究』第800号，2005年。

————「清末中国の在外公館と博覧会」，柴田哲雄（研究代表）『地方博覧会と文化史的研究』平成17—19年度科学研究費補助金研究成果報告書，2008年，所収。

————「清末出使日記リスト」，岡本隆司（研究代表）『中国近代外交史の基礎的研究—19世紀後半期における出使日記の精査を中心として』平成17—19年度科学研究費補助金研究成果報告書，2008年，所収。

安部健夫『清代史の研究』創文社，1971年。

有田和夫『近代中国思想史論』汲古書院，1998年。

石川禎浩「東西文明論と日中の論壇」，古屋哲夫編『近代日本のアジア認識』京都大学人文科学研究所，1994年，所収。

————「梁啓超と文明の視座」，狭間直樹編『共同研究梁啓超——西洋近代思想受容と明治日本』みすず書房，1999年，所収。

————「近代東アジア“文明圏”の成立とその共通言語——梁啓超における『人種』を中心に」，狭間直樹編『京都大学人文科学研究所七〇周年記念シンポジウム論集　西洋近代文明と中華世界』京都大学学術出版会，2001年，所収。

石橋崇雄『大清帝国』講談社，2000年。

王　　賓「『中華』の国から『夷狄』の国へ——近代中日両国初めての遣外使節団の西洋見聞」『日本学報』大阪大学文学部日本研究室，第9号，1990年。

岡本隆司『属国と自主のあいだ』名古屋大学出版会，2004年。

————『馬建忠の中国近代』京都大学学術出版会，2007年。

————（研究代表）『中国近代外交史の基礎的研究——19世紀後半期における出使日記の精査を中心として』平成17—19年度科学研究費補助金研究成果報告書，2008年。

————「清末の在外公館と出使日記」，同（研究代表）『中国近代外交史の基礎的研究——19世紀後半期における出使日記の精査を中心として』所収。

————『世界のなかの日清韓関係史』講談社，2008年。

————『中国「反日」の源流』講談社，2011年。

————『李鴻章』岩波書店，2011年。

岡本隆司・川島真編『中国近代外交の胎動』東京大学出版会，2009年。

小倉芳彦『中国古代政治思想研究』青木書店，1970年。

小野泰教「郭嵩燾・劉錫鴻の士大夫観とイギリス政治像」『中国哲学研究』第22号，2007年。

小野川秀美『清末政治思想研究』（増訂版）平凡社，2009―10年，初版は東洋史研究会，1960年，再版はみすず書房，1969年。

金谷　治『管子の研究』岩波書店，1987年。

川島　真「光緒新政下の出使大臣と立憲運動」『東洋学報』第75巻３・４号，1994年。

――――「天朝から中国へ――清末外交文書における『天朝』『中国』の使用例」『中国―社会と文化』第12号，1997年。

――――『近代中国外交の形成』名古屋大学出版会，2004年。

小林　武「近代中国における『自主』」，小林武・佐藤豊『清末功利思想と日本』研文出版，2011年，第１章。

坂出祥伸『中国近代の思想と科学』改訂増補版，朋友書店，2001年，初版，同朋舎，1983年。

阪本英樹『月を曳く船方――清末中国人の米欧回覧』成文堂，2002年。

坂元ひろ子『中国民族主義の神話――人種・身体・ジェンダー』岩波書店，2004年。

佐々木揚「郭嵩燾（1818―1891年）における中国外交と中国史――アロー戦争期」（『研究論文集』（佐賀大学教育学部）第37集第１号（Ⅰ），1989年。

――――「郭嵩燾（1818―1891年）の西洋論――初代駐英公使の見た西洋と中国」『研究論文集』（佐賀大学教育学部）第38集第１号（Ⅰ）（Ⅱ）合併，1990年。

――――「清国駐英公使郭嵩燾の明治初期日本論」『東方学』第83輯，1992年。

――――『清末中国の西洋観と日本観』東京大学出版会，2000年。

――――「清末の『憲法』――日清戦争前後」『東洋史論集』九州大学文学部東洋史研究会，第31号，2003年。

佐藤慎一「『文明』と『万国公法』――近代中国における国際法受容の一側面」祖川武夫編『国際政治思想と対外意識』創文社，1977年。

――――「『清末啓蒙思想』の成立――世界像の変容を中心にして」（一）（二）『国家学会雑誌』第92巻第５・６号，第93巻第１・２号，1979―80年。

――――「鄭観応について――『万国公法』と『商戦』」『法学』第47巻第４号，第48巻第４号，第49巻第２号，1983―85年。

――――「模倣と反発――近代中国思想史における『西洋モデル』について」『法学』第51巻第６号，1988年。

――――「儒教とナショナリズム」『中国―社会と文化』第４号，1989年。

――――「進化と文明――近代中国における東西文明比較の問題について」『東洋文化』75，1995年。

――――『近代中国の知識人と文明』東京大学出版会，1996年。

――――「『アジア』という価値」，岩波講座世界歴史28『普遍と多元』岩波書店，2000年，所収。

島田虔次『大学・中庸』上，朝日新聞社，1978年。

シュウォルツ，ベンジャミン．I『中国の近代化と知識人』（平野健一郎訳）東京大学出版会，1978年。

沈国威・内田慶市編著『近代啓蒙の足跡』関西大学出版社，2002年。

鈴木智夫『近代中国と西洋国際社会』汲古書院，2007年。

園田節子『南北アメリカ華民と近代中国――19世紀トランスナショナル･マイグレーション』東京大学出版会，2009年。

高橋孝助「『公益善挙』と経元善」，日本上海史研究会『上海――重層するネットワーク』汲古書院，2000年，所収。

張　　競『近代中国と「恋愛」の発見』岩波書店，1995年。

手代木有児「厳復の英国留学」『中国―社会と文化』第９号，1994年。

――――「『群』と『民徳』――厳復における西洋体験と『群学』の形成」『日本中国学会報』第46集，1994年。

――――「清末初代駐英使節（1877―79）における西洋体験と世界像の変動――文明観と国際秩序観――」(1)―(4)『商学論集』福島大学経済学会，第67巻第１号，第68巻第１・２号，第70巻第３号，1998―2002年。

――――「清末の外交制度論と国際認識――張徳彝の場合――」，村上哲見先生古稀記念論文集刊行委員会編『中国文人の思考と表現』汲古書院，2000年，所収。

――――「洋務世代知識人における西洋体験と文明観の転換――薛福成と鍾天緯の場合――」(1)―(3)『商学論集』福島大学経済学会，第74巻第２・３号，第80巻第１号，2006―11年。

――――「清末中西文明観の形成」，中嶋先生退休記念事業会編『中国の思想世界』イズミヤ出版，2006年，所収。

――――「鍾天緯の中西文明論――西洋体験とアレン『中西関係略論』の影響――」『中国―社会と文化』第24号，2009年。

東田雅博『大英帝国のアジア・イメージ』ミネルヴァ書房，1996年。

ドーソン，レイモンド『ヨーロッパの中国文明観』（田中正美他訳）大修館書店，1971年。

トビ，ロナルド『近世日本の国家形成と外交』（速水融他訳）創文社，1990年。

永井道雄「スペンサー主義の流行――日本とアメリカの場合について」『思想』第393号，1957年。

中嶋隆藏『六朝思想の研究——士大夫と仏教思想』平楽寺書店，1985年。

長島伸一『大英帝国——最盛期イギリスの社会史』講談社，1989年。

箱田恵子「清朝在外公館の設立について——常駐使節派遣の決定とその意味を中心に——」『史林』第86巻第２号，2003年。

————「清末公使館員表（1876—1894年）」，岡本隆司（研究代表）『中国近代外交史の基礎的研究——19世紀後半期における出使日記の精査を中心として』平成17—19年度科学研究費補助金研究成果報告書，2008年，所収。

————「在外公館の伝統と近代」，岡本隆司·川島真編『中国近代外交の胎動』東京大学出版会，2009年，所収。

————『外交官の誕生——近代中国の対外態勢の変容と在外公館』名古屋大学出版会，2012年。

狭間直樹「小野川秀美『清末政治思想研究』解説」同書，平凡社版，2009—10年，所収。

浜下武志『朝貢システムと近代アジア』岩波書店，1997年。

坂野正高『近代中国外交史研究』岩波書店，1970年。

————『近代中国政治外交史』東京大学出版会，1973年。

————『中国近代化と馬建忠』東京大学出版会，1985年。

平野　聡『清帝国とチベット問題』名古屋大学出版会，2004年。

深沢秀男『中国の近代化とキリスト教』新教出版社，2000年。

藤井　隆「『一盤散砂』の由来」『現代中国』第82号，2008年。

ボブズボーム,エリック．J『産業と帝国』（浜林正夫他訳）未来社，1984年。

堀　敏一『中国と古代東アジア世界』岩波書店，1993年。

マーシャル,P．J・ウィリアムズ,グリンデュア『野蛮の博物誌—十八世紀イギリスがみた世界』（大久保桂子訳）平凡社，1989年。

増淵龍夫『歴史家の同時代史的考察について』岩波書店，1983年。

松沢弘陽『近代日本の形成と西洋経験』岩波書店，1993年。

溝口雄三『方法としての中国』東京大学出版会，1989年。

三石善吉『伝統中国の内発的発展』研文出版，1994年。

村尾　進「梁廷枏と海国四説—魏源と『海国図志』を意識しながら」『中国—社会と文化』第２号，1987年。

————「『海国四説』の意味」『東洋史研究』第51巻第１号，1992年。

村田雄二郎「中華ナショナリズムと最後の帝国」，蓮見重彦・山口昌之編『いまなぜ民族か』東京大学出版会，1994年，所収。

————「中華民族論の系譜」，飯島渉・久保亨・村田雄二郎編『シリーズ20世紀中国史１　中華世界と近代』東京大学出版会，2009年，所収。

毛里和子『周縁からの中国』東京大学出版会，1998年。

茂木敏夫「李鴻章の属国支配観」『中国—社会と文化』第2号，1987年。

————『変容する東アジアの国際秩序』山川出版社，1997年。

梁　一模「自由と公私——清末における日本経由の『自由』論以外の『自由』論」『中国哲学研究』第10号，1997年。

吉川忠夫『六朝精神史研究』同朋舎，1984年。

吉田　寅『中国プロテスタント伝道史研究』汲古書院，1997年。

吉見俊哉『博覧会の政治学』中央公論社，1992年。

リウ，リディア「国民性を翻訳する——魯迅とアーサー・スミス——」（中里見敬・清水賢一郎訳）『言語文化論究』第23号，九州大学大学院言語文化研究院，2008年。

林　毓生『中国の思想的危機』（丸山松幸他訳）研文出版，1989年。

渡辺　浩『東アジアの王権と思想』東京大学出版会，1997年。


【中国語文献（拼音順）】


畢乃徳（Biggerstaff, Knight）「同文館考」（傅任敢訳）『中華教育界』第23巻第2期，1935年，後に張静廬輯註『中国出版史料二編』群聯出版社，1954年，所収。

陳科美・金林祥編『上海近代教育史1843－1949』上海教育出版社，2003年。

陳叔平『巴黎公社与中国』中国人民大学出版社，1988年。

陳体強『中国外交行政』商務印書館，1945年。

陳向陽『晩清京師同文館組織研究』広東高等教育出版社，2004年。

陳旭麓『陳旭麓文集二巻・思弁留踪（上）』華東師範大学出版社，1997年。

陳占彪「論清末民初中国対万国博覧会的三種認知」，上海市社会科学界聯合会編『世界舞台的中国角色』上海人民出版社，2010年，所収。

丁偉志・陳崧『中西体用之間』中国社会科学出版社，1995年。

丁鳳麟『薛福成評伝』南京大学出版社，1998年。

丁鳳麟・張道賓『薛福成』江蘇人民出版社，1983年。

范鉄権「張徳彝「述奇」日記中的西方」『廊坊師範大学学報』（社会科学版）2009年6期。

方維規「近現代中国“文明”，“文化”観的嬗変」『史林』1999年4期。

費成康『薛福成』上海人民出版社，1983年。

費南山（Vittinghoff, Natascha Gentz）「19世紀中国新学領域的社会行動者」（于文・趙婧訳，于文校），復旦大学歴史学系等編『中国現代学科的形成』上海古籍出版社，2007年，所収。

郝秉健・李志軍『十九世紀晩期中国民間知識分子的思想——以格致書院為例』中国人民

大学出版社，2005年。
侯厚吉・呉其敬主編『中国近代経済思想史稿』黒龍江人民出版社，1983年。
黄興濤「晩清民初現代文明和文化概念的形成及其歴史実践」『近代史研究』2006年 6 期。
―――「美国伝教士明恩溥及其『中国人的気質』」，（美）明恩溥著，佚名訳，黄興濤校注『中国人的気質』中華書局，2006年，所収。
李長莉『先覚者的悲劇―洋務知識分子研究』学林出版，1993年。
―――「晩清対西学的両種誤読――論鍾天緯的西学観」『江蘇社会科学』1999年 6 期。
―――『晩清上海社会的変遷』天津人民出版社，2002年。
李恩涵『曾紀沢的外交』（再版）台北，中央研究院近代史研究所，1982年。
李華興「論鍾天緯――中国近代化和富強之路的探索者」『史林』1994年 3 期。
李舒瑾「鍾天緯与近代中国市場経済意識的覚醒」『中州学刊』1995年 3 期。
李　玉『晩清公司制度建設研究』人民出版社，2002年。
劉学熙『洋務思潮与近代中国』山西高校聯合出版社，1994年。
劉悦斌『薛福成外交思想研究』学苑出版社，2011年。
羅検秋「清末民初知識界関于“文明”的認知与思辨」，鄭大華・黄興濤・鄒小站主編『戊戌変法与晩清思想文化転型』社会科学文献出版社，2010年，所収。
馬自毅「進化論在中国的早期伝播与影響」『中国文化』第 5 輯，復旦大学出版社，1987年。
茂木敏夫「劉錫鴻『英軺私記』的世界観」『南京大学学報社会史専輯』1989年。
摩　羅『中国的疼痛――国民性批判与文化政治学困境』復旦大学出版社，2011年。
銭曼倩「鍾天緯与上海三等学堂」『華東師範大学学報』（教育科学版）1985年 3 期。
沈国威『近代英華華英辞典解題』関西大学出版部，2011年。
蘇　精『清季同文館及其師生』台北，上海印刷廠，1985年。
滕紹箴『清代八旗子弟』中国華僑出版公司，1989年。
田文栽「試述新教在華出版事業」『基督教学術』第 1 輯，上海古籍出版社，2002年。
王春燕・張堂明「張徳彝眼中的西方近代教育：以八部『航海述奇』為考察中心」『魯東大学学報』（哲学社会科学版）2008年 6 期。
王爾敏『上海格致書院志略』香港・中文大学出版社，1980年。
汪広仁・徐振亜『海国擷珠的徐寿父子』科学出版社，2000年。
汪家熔『民族魂――教科書変遷』商務印書館，2008年。
王建軍『中国近代教科書発展研究』広東教育出版社，1996年。
王立誠『中国近代外交制度史』甘粛人民出版社，1991年。
王立新『美国伝教士与晩清中国現代化』天津人民出版社，1997年。
王　林『西学与変法――『万国公報』研究』斉魯書社出版，2004年。

汪栄祖『走向世界的挫折——郭嵩燾与道咸同光時代』台北，東大図書，1993年。

王樹槐『外人与戊戌変法』（重印）上海書店，1998年，初版は台北，1965年。

王興国『郭嵩燾評伝』南京大学出版社，1998年。

———『郭嵩燾研究著作述要』湖南大学出版社，2009年。

呉宣易「京師同文館史略」『読書月刊』第２巻第４号，1933年，後に張静廬輯註『中国出版史料二編』群聯出版社，1954年，所収。

呉以義『海客述奇——中国人眼中的維多利亜科学』台北，三民書局，2002年。

夏東元『晩清洋務運動研究』四川人民出版社，1985年。

———『洋務運動史』華東師範大学出版社，1992年。

熊月之「広方言館史略」『上海史研究』二篇，学林出版社，1988年，所収。

———『西学東漸与晩清社会』（修訂版）中国人民大学出版社，2011年，初版は上海人民出版社，1994年。

熊月之・周武『聖約翰大学史』上海人民出版社，2007年。

薛化元『晩清「中体西用」思想論（1861—1900）』（再版）台北，稲郷出版社，2001年，初版は弘文館出版社，1987年。

薛毓良『鍾天緯伝』上海社会科学院出版社，2011年。

楊　易「晩清外交官与戊戌維新運動」，王暁秋・尚小明主編『戊戌維新与清末新政』北京大学出版社，1998年，所収。

叶瑞昕『危機中的文化抉択』商務印書館，2007年。

叶世昌『中国近代経済思想史』上海人民出版社，1998年。

易惠莉『西学東漸与中国知識分子——沈毓桂個案研究』吉林人民出版社，1993年。

———「中国近代早期対西方社会進化論的反響」『江蘇社会科学』2000年４期。

余冬林「従張徳彝七種『航海述奇』看西方的議会文化：以議会述語為中心的考察」『河北科技師範学院学報』（社会科学版）2010年３期。

袁　進「試論晩清士大夫対西方民主的理解」『安徽史学』1998年２期。

———「試論清代出使士大夫対西洋文明的認識」『社会科学』上海社会科学院，1998年5期。

曾永玲『中国清代第一位駐外公使郭嵩燾大伝』遼寧人民出版社，1989年。

張　静『郭嵩燾思想研究』南開大学出版社，2001年。

張宇権『思想与時代的落差——晩清外交官劉錫鴻研究』天津古籍出版社，2004年。

趙金敏「関於張徳彝『七述奇』手稿」『近代史研究』1985年６期。

趙靖・易夢虹主編『中国近代経済思想史』中華書局，1980年。

鄭師渠・史革新『近代中国中西文化論争的反思』高等教育出版社，1991年。

鍾叔河『走向世界——近代中国知識分子考察西方的歴史』中華書局，1985年。

―――「張徳彝的《四述奇》」朱純・楊堅校点『劉錫鴻・英軺私記　張徳彝・随使英俄記』岳麓書院，1986年，所収。

舟　晨「近代外交風雲中的張徳彝（1847―1918）」『文物天地』1983年 6 期。

周輝湘「清末鍾天緯的思想特征」『衡陽師専学報（社会科学）』1994年 2 期。

周建波『洋務運動与中国早期現代化思想』山東人民出版社，2001年。

鄒振環「中国近代史上一個承上啓下的人物――鍾天緯簡論」『社会科学』（上海社会科学院）1985年 6 期。

―――「薛福成与『瀛環志略』続編」『学術集林』巻14，上海遠東出版社，1998年。

―――『晩清西方地理学在中国』上海古籍出版社，2000年。

―――「光緒皇帝的英語学習与進入清末宮廷的英語読本」『清史研究』2009年 3 期。

【英語文献（アルファベット順】

Biggerstaff,Knight, *The Earliest Modern Government Schools in China*, Cornell University Press, 1961.

――― *Some Early Chinese Steps toward Modernization*, Sanfrancisco, Chinese Materials Center, Inc,1975.

Dikötter,Frank, *The Discourse of Race in Modern China*, Hong Kong University Press, 1992.

Drage,Charles, *Servants of The Dragon Throne, Being the lives of Edward and Cecil Bowra*, Peter Dawnay LTD.London, 1966.

Frodsham,J.D.,trans.and annot., *The First Chinese Embassy to the West:The Journals of Kuo Sung-tao, Liu Hsi-hung and Chang Te-yi*, Clarendon Press, Oxford, 1974.